John Ross
Barbara McKinney

Welpenkindergarten

W0082961

John Ross
Barbara McKinney

Welpenkindergarten

Erfolgreiche Hunde-Erziehung von Anfang an

Kosmos

Aus dem Amerikanischen übersetzt von Eva-Maria Krämer.

Titel der Originalausgabe: »Puppy Preschool. Raising Your Puppy Right – Right from the Start!«, erschienen bei St. Martin's Press, New York 1996, ISBN 0-312-14029-0. Copyright © 1996 by John Ross und Barbara McKinney.
Mit 91 Schwarzweißfotos. Das Foto auf Seite 212 stammt aus dem Archiv des Kosmos-Verlages, die anderen Aufnahmen aus der Originalausgabe.
Umschlaggestaltung von Atelier Reichert, Stuttgart, unter Verwendung von 3 Farbaufnahmen von Werner Layer (oben), Christine Steimer (Mitte) und Eva-Maria Krämer.

Dies Buch ist mit Liebe unserer Tochter Hannah Louise Ross, geboren am 4. Juli 1995, gewidmet.

Die Deutsche Bibliothek - CIP-Einheitsaufnahme

Ross, John:
Welpenkindergarten : erfolgreiche Hunde-Erziehung von Anfang an / John Ross ; Barbara McKinney.
[Aus dem Amerkan. übers. von Eva-Maria Krämer]. –
Stuttgart : Kosmos, 1997
Einheitssacht.: Puppy preschool <dt.>
ISBN: 3-440-07347-5

Für die deutschsprachige Ausgabe:
© 1997, Franckh-Kosmos Verlags-GmbH & Co., Stuttgart
Alle Rechte vorbehalten
Lektorat: Angela Beck
ISBN: 3-440-07347-5
Printed in Germany/Imprimé en Allemagne
Satz: Utesch, Hamburg
Herstellung: Die Herstellung, Stuttgart
Druck und Bindung: Westermann Druck Zwickau GmbH, Zwickau

Inhalt

John Ross und sein Welpe Crea

Vorwort

»Wir sind frustriert!« Das ist die Antwort, die ich als Tierarzt meistens zu hören bekomme, wenn ich mich danach erkundige, wie der frischgebackene Hundebesitzer mit seinem neuen Welpen zurechtkommt.

Ich habe nie verstanden, daß es bei einer solchen Fülle an Informationen zur Bedeutung der Kindesentwicklung für den erwachsenen Menschen nichts zur frühen Welpenerziehung gab. Es gibt Dutzende von Büchern über die Gesundheit, besondere Ausbildungsmethoden und Hunderassen allgemein. Versuchen Sie aber mal eines zu finden, das sich speziell der kritischen Periode widmet, die vor der eigentlichen Ausbildung liegt. Endlich haben wir ein solches Buch. Und wer wäre besser geeignet es zu schreiben, als John Ross und Barbara McKinney?

Einmal in einer Generation schreibt ein Hundeausbilder ein Standardwerk, das Amerikas Hunde erzieht. Ross und McKinneys »Hunde verstehen und richtig erziehen« bestimmt unsere und künftige Generationen. Sie haben der Hundeerziehung durch ihre praktische Herangehensweise alles Mystische genommen. Johns und Barbaras Trainingsmethode wurde durch die Ausbildung von Hunderten von Hunden aller Rassen entwickelt. Die Einfachheit ihrer Techniken beruht auf einem einzigen, wichtigen Grundprinzip: Erziehen Sie stets Ihren Hund aus der Sicht eines Hundes!

Nun kehren John und Barbara zum Beginn zurück, wenn der Hundebesitzer erste Bekanntschaft mit seinem Welpen macht. Gerade dann braucht er viel praktische Hilfe. In diesem Buch »Welpenkindergarten« finden Sie eine Fülle an Informationen, die Ihnen zu einem guten Start in ein gemeinsames Hundeleben mit Ihrem neuen Freund verhelfen. Vor allen Dingen lernen Sie, die üblichen Fehler zu vermeiden, die zu Problemen führen.

Für denjenigen Leser, der sich einen Welpen anschaffen möchte, gibt es nützliche Hinweise zur Auswahl der geeigneten Rasse oder Rassenmischungen. Sie sind außerordentlich wichtig. Denken Sie daran, daß Ihr neuer Welpe die nächsten 15 Jahre oder länger Ihr Heim mit Ihnen teilen wird. Die Rassebeschreibungen sind praktisch, korrekt und ohne den Schnickschnack, wie er in manchen anderen Hundebüchern zu lesen ist.

Eines meiner Lieblingskapitel ist das über die Stubenreinheit.

Viele Hundebesitzer tun dieses Problem damit ab, den Hund in einen Laufstall zu stecken. Ohne korrekte Anleitung kann das sehr frustrierend sein. Der gesamte Prozeß der Stubenreinheit wird gründlich erklärt – in einer Sprache, die jeder versteht und nachvollziehen kann.

Ein bissiger Welpe kann ebenfalls zu Verwirrung führen. Die heute stark beschäftigten Eltern verzweifeln oft darüber. Hinter Kindern und Hunden her zu sein ist anstrengend genug, auch ohne daß der Welpe in deren Socken oder Hände beißt. Auch hier helfen John und Barbara. Was Sie wissen sollten, wird Ihnen sorgfältig erklärt.

Lehnen Sie sich also bequem zurück und genießen Sie dieses leicht lesbare Buch, während Ihr kleiner Schelm gerade die Schnürsenkel zerkaut – er wird es nicht lange tun! Das lernen Sie aus diesem Buch.

Chuck Noonan, Tierarzt
Weston, Connecticut

Erste Überlegungen

Herzlichen Glückwunsch! Sie haben einen niedlichen Welpen im Haus – oder sind gerade dabei, sich einen anzuschaffen. Sie übernehmen eine große Verantwortung. Sind Sie dazu bereit? Die ersten Kapitel dieses Buches helfen Ihnen bei der Vorbereitung. Sie beschreiben die Freuden und Leiden der Welpenaufzucht und legen den Grundstock für all das, was Sie tun können und tun sollten, um Ihrem Welpen einen guten Start ins Leben zu gewährleisten.

Ist ein Welpe das Richtige für Sie?

Es gibt nur wenige Dinge auf dieser Welt, die entzückender sind als ein Welpe. Welpen sind warm, weich und niedlich. Kinder fliegen von Natur aus auf Welpen. Ebenso wie Erwachsene. Ich erinnere mich an einen denkwürdigen Tag, als ich meinen Australian Shepherd Drifter, der damals zehn Wochen alt war, zu einem College-Campus, in dessen Nähe ich wohnte, mitbrachte. Plötzlich war ich umringt von Studenten. Welpen sind unwiderstehlich. Aus diesem Grunde habe ich gelernt, niemals einen Wurf Welpen nur so anzuschauen, sofern ich nicht einen Hund haben wollte. (Der Einfachheit halber sprechen wir bei Welpen und erwachsenen Hunden allgemein in der männlichen Form. Die Autoren John Ross und Barbara McKinney drücken sich durch die Person von John Ross aus. Das Wort »ich« bezieht sich auf John Ross.)

Abgesehen davon, daß Welpen überaus herzig anzuschauen sind, machen sie sehr viel Arbeit. Der Satz, den ich alter Ausbildungshase meinen Kunden immer wieder sage, heißt: »Man muß die Welpenzeit durchstehen!« Das ist nicht leicht. Welpen sind sehr anstrengend. Wenn man sie läßt, bellen, knabbern, beißen sie und hinterlassen ihre Botschaften stets zur unangebrachtesten Zeit am falschen Ort. Sie zerstören wertvolle Dinge, terrorisieren die Kinder, graben den Garten um, rennen weg, wenn man sie ruft, springen Freunde an, usw. ... Sie tun all das, was sie als guter Hund nicht tun sollten.

11

Die Aufzucht eines Welpen kann ein großes Erlebnis sein, aber auch ein Alptraum. Überlegen Sie gut, ob Sie wirklich einen Welpen zu sich nehmen wollen!

Millionen von Hundebesitzern trennen sich jährlich von ihren Welpen, weil sie nicht mit ihnen umgehen können. Welpen verlangen unendlich viel Aufmerksamkeit und Arbeit, will man sie richtig aufziehen.

Leider gibt es kein Buch und keine Ausbildungsmethode, mit der man die Welpenzeit überbrücken kann. Man muß sie einfach durchstehen. Einen Welpen richtig aufzuziehen, braucht Zeit. Das gleiche gilt für ein Kind. Sie können die besten Eltern sein, mit der Geduld eines Heiligen und dem Verständnis eines Kinderpsychologen. Sie mögen die wirkungsvollsten Erziehungsmethoden anwenden, die je erfunden wurden, aber nichts wird Ihren Zweijährigen dazu bringen, sich wie ein Sechsjähriger zu benehmen. Nichts bringt Ihren Sechsjährigen dazu, sich zu benehmen wie ein 13jähriger oder den 13jährigen wie ein 20jähriger. Aufwachsen kostet Zeit. Kinder müssen auf ihrem Weg zum Erwachsensein Entwicklungen durchlaufen. Ebenso muß es der Welpe.

Heißt das nun, daß Sie einfach abwarten und nichts tun, bis der Welpe erwachsen ist? Keineswegs. Das wäre vielmehr das Schlimmste, was Sie tun können. Läßt man einen unkontrollierten Welpen heranwachsen, dann bekommt man einen unkontrollierbaren er-

Lassen Sie sich von dem Anblick des süßen Welpen nicht betören. Welpenaufzucht macht viel Arbeit!

wachsenen. Niemand möchte mit einer Nervensäge leben, ob sie nun acht oder 108 Pfund wiegt. Ich bin sicher, daß die Anzahl der unerwünschten, verstoßenen Hunde drastisch zurückginge, wenn jede Familie mit ihrem Hund ein paar Grundregeln der Erziehung befolgte. Es werden nur wenige niedliche, wohlerzogene Welpen abgegeben. Es sind die unerzogenen erwachsenen Hunde, die einmal niedliche, unerzogene Welpen waren, die im Tierheim landen.

Welpenzeit dauert nicht ewig

Wie lange dauert die Welpenzeit? Nicht annähernd so lange wie die Kindheit (Gott sei Dank!). Menschen werden rein technisch im Alter von 21 Jahren als erwachsen betrachtet, der Hund im zweiten Lebensjahr.

Es gibt keinen Zauberspruch, der Ihr Fellknäuel in einen ausgewachsenen Hund verwandelt, deshalb muß die richtige Erziehung schon im Welpenalter beginnen. Die Erziehung beginnt praktisch mit dem Tage, an dem Sie den Welpen nach Hause bringen. Wenn Sie sich die Mühe machen, das Verhalten Ihres Welpen in den ersten beiden Jahren zu formen, dann bekommen Sie einen Hund, den Sie die nächsten zehn, zwölf oder mehr Jahre aus vollem Herzen genießen werden.

Einer meiner Lieblingssprüche ist: Wenn es so einfach wäre, hätte jeder einen wohlerzogenen Hund. In Wahrheit hat nicht jeder einen gut erzogenen Hund, weil die Ausbildung nicht leicht ist; aber sie macht Spaß. Und Tausende von Hundebesitzern, die meinen Methoden gefolgt sind, können bestätigen: Es lohnt sich.

Welpe oder erwachsener Hund?

Mehrmals im Jahr werde ich nach meiner Meinung befragt, ob man einen erwachsenen Hund oder einen Welpen in die Familie aufnehmen sollte. Was ist am besten? Welches sind die Vor- und Nachteile?

Wenn Sie einen älteren Hund kaufen oder adoptieren, retten Sie möglicherweise ein Hundeleben. In den USA werden jährlich Millionen Hunde eingeschläfert. Viele sind liebenswerte Tiere, die nur eine Chance brauchen. Einen älteren Hund aufzunehmen, ist wunderbar und ein Liebesdienst. Abgesehen davon, daß Sie ein Hundeleben retten, ersparen Sie sich meist die Arbeit der Erziehung zur Stubenreinheit und die Mühsal mit einem Hund, der alles anknabbert.

Andererseits könnten Sie sich ein großes Problem einhandeln. Nach meiner Erfahrung hatten Hunde, die Menschen loswerden wollten, keinen erfreulichen Start ins Leben. Oft ließ man sie einfach frei laufen, was die Bindung des Hundes zu seiner menschlichen Meute verhindert. Sie sind möglicherweise verhaltensgestört, weil sie zehn oder mehr Stunden am Tag in Käfige gesperrt oder angekettet wurden. (Soziale Isolation schädigt die Persönlichkeitsentwicklung des Hundes.) Den Hunden wurde nie beigebracht, sich draußen zu lösen, oder sie blieben unbeaufsichtigt und zerstörten das Mobiliar. All das wird Ihnen die Erziehung eines solchen Hundes schwer machen. Schlimmstenfalls haben solche Hunde ihr Vertrauen zum Menschen verloren, beißen aus Angst oder haben andere ernsthafte Verhaltensstörungen.

Mit diesen Schilderungen möchte ich nicht die Arbeit Tausender von Tierschützern untergraben, die versuchen, ihre Tiere in gute Hände zu vermitteln. Tatsächlich zolle ich diesen Menschen tiefen Respekt. Ich möchte nur dem künftigen Hundebesitzer klarma-

chen, was auf ihn zukommen könnte. Ich habe es immer wieder in
all den Jahren als Hundeausbilder erlebt.

Wenn Sie sich für einen Welpen entscheiden, haben Sie den Vorteil, ihn zu dem Typ Hund zu formen, den Sie haben möchten. Zwar
fügen sich viele ältere Hunde schnell in ihre neue Familie ein, aber
der beste Zeitpunkt für die Bindung an den Menschen ist dann gegeben, wenn der Welpe in die neue Familie kommt, und zwar zwischen der siebten und achten Woche.

In diesem Alter können Sie anhand der Anleitungen in diesem
Buch dem Welpen beibringen, sich draußen zu lösen, Sie können
ihm zeigen, daß Beißen in Hände und Arme unerwünscht ist. Sie
können das Verhalten Ihres Welpen beeinflussen, so daß nach einem
Jahr die Knabberphase beendet ist und Sie den Hund unbeaufsichtigt in der Wohnung lassen können. Und vergessen Sie nicht die
herrlichen Fotos, an denen Sie sich noch auf Jahre hinaus erfreuen
können. Vergessen Sie aber nicht: Sie müssen bereit sein, die Welpenzeit durchzustehen!

Was heißt es wirklich, einen Welpen zu besitzen?

Welpenzeit ist eine Mischung aus Freude und Frustration. Sie nehmen ein nicht-menschliches Wesen in Ihr Haus auf – es spricht Ihre
Sprache nicht – und versuchen, es zu einem freundlichen, kontrol-
lierbaren Freund zu machen, der in Ihr Familienleben paßt. Richtig
betrachtet, verlangt man da recht viel.

Andererseits ist der Hund von Natur aus ein Rudeltier. Er hat einen starken Bindungsinstinkt an Rudelmitglieder (Sie und Ihre Familie) und mit ihnen in der Wohnhöhle (Ihrer Wohnung) zu leben.
Das versetzt den Hund in die einmalige Lage, sich in das Leben einer Menschenfamilie einzufügen. Natürlich fällt das manchen Hunden leichter als anderen, manchen Besitzern gelingt es besser als anderen. Aber allein die Tatsache, daß der Haushund uns als Mitglied
seiner Meute akzeptiert, finde ich erstaunlich. Ich weiß nicht, ob uns
die Hunde für Artgenossen oder sich für Menschen halten. Eines ist
gewiß: sie glauben, wir seien gleich.

Vorher überlegen

Ich halte nicht jeden Haushalt dafür geeignet, einen Welpen aufzuziehen. Das soll die ernsthaften Bemühungen einer Familie nicht schmälern. Aber ich habe Menschen erlebt, die mit den besten Vorsätzen am jungen Hund scheiterten. In manchen Fällen wären sie mit einem erwachsenen Hund besser bedient gewesen, manchmal eher mit einem Aquarium!

Wenn Sie glauben, daß Sie und Ihre Familie auf eine der folgenden Beschreibungen passen, dann sollten Sie lange und gründlich über Ihre Entscheidung, einen Welpen aufzuziehen, nachdenken. Ich habe versucht, für jede Situation eine Lösung zu finden, so daß Sie mit ein paar Veränderungen ihres Tagesablaufs oder mit Hilfe Dritter in der Lage sind, einen Welpen zu halten. Aber die Chancen stehen nicht gut, wenn folgendes auf Sie zutrifft:

Babys oder Kleinkinder im Haus

Ich kann die Leute schon gar nicht mehr zählen, die zu mir kommen und sagen, da sie nun ein Baby hätten, wollen sie einen Hund. Welcher würde sich wohl eignen? Meine etwas hochnäsige (aber wahre) Antwort lautet: Einen Stoffhund!

Ich gebe zu, daß Kinder und Welpen zueinander passen sollten. Und sie lieben einander. Aber sollte man unbedingt Kleinkinder und einen Welpen aufziehen? Theoretisch kann das klappen. In der Realität ist es meist nicht der Fall. Warum? Richtige Welpenaufzucht kostet viel Zeit und Mühe. Ebenso die eines Kindes. Nicht viele Menschen sind dem gleichzeitig gewachsen.

Wenn im Hause mehrere Erwachsene leben, kann es gehen. Leider ist das Szenarium aber meist wie folgt: Vater geht täglich zehn und mehr Stunden zur Arbeit, während sich die Mutter abstrampelt, dem Krabbelkind oder neugeborenen Baby gerecht zu werden und gleichzeitig einen wilden, beißenden, knabbernden Welpen, der ständig ins Haus pinkelt, zu erziehen. Sind Zeit und Geduld zu Ende, wird der Welpe sich selbst überlassen – und wächst zu einem wilden, beißenden, knabbernden erwachsenen Hund heran, der ständig in die Bude pinkelt.

Ich empfehle dringend, einen Welpen erst zu kaufen, wenn die Kinder in die Schule gehen – idealerweise wenigstens acht Jahre alt

Widerstehen Sie dem Wunsch, einen Welpen anzuschaffen, solange die Kinder noch sehr klein sind. Einen Welpen und ein Krabbelkind zu beaufsichtigen, ist eine schwere Aufgabe!

sind. Aber wenn Sie unbedingt einen Welpen in die Familie mit Kleinkindern aufnehmen wollen, suchen Sie Hilfe durch Dritte. Ein Teenager aus der Nachbarschaft geht sicher gerne mit ihm spazieren, oder eine Familie von nebenan hütet ihn, wenn es mal besonders turbulent zugeht.

Planen Sie Ihre ganze Kraft dafür ein, Welpen und Kinder zu überwachen und dem Hund beizubringen, wie er sich benehmen soll. Denken Sie immer daran: die Welpenzeit dauert nicht nur ein paar harte Wochen lang. Hunde erreichen ihre endgültige Persönlichkeit erst mit etwa zwei Jahren. Ihr süßer neun Wochen alter Golden Retriever mit all den Flausen im Kopf wird rasch ein süßer einjähriger Golden Retriever mit Flausen im Kopf, der 30 kg wiegt. Ohne richtige Erziehung springt er noch immer Ihre Freunde an, beißt spielerisch die Kinder, knabbert die Teppiche an und ist noch immer nicht ganz stubenrein, weil Sie nicht genug Zeit für ihn hatten, als er noch klein war.

Lange Arbeitstage

Sie sind nie zu Hause. Ihre berufliche Karriere hält sie 10 Stunden und mehr von zu Hause fern. Sie können mittags nicht nach Hause gehen, weil Sie eine dreiviertel Stunde fahren müssen. Sie wollen einen Welpen? Seien Sie fair! Um einen Welpen muß man sich kümmern. Das bedeutet Erziehung zur Stubenreinheit, mehrere Mahlzeiten am Tag, Auslauf, Kameradschaft. Katzen können lange Tage alleine überleben. Auch kleine Säuger wie Hamster, Meerschweinchen, Kaninchen, auch Reptilien. Aber keine Welpen.

Das heißt nicht, daß berufstätige Menschen keinen Hund haben sollen. Natürlich geht das. Aber Leute, die es ernst meinen, richten ihr Leben entsprechend ein. Kommt der Welpe ins Haus, nehmen Sie den ganzen Jahresurlaub, um ihn stubenrein zu bekommen. Sie bitten einen Nachbarn oder Hundehüterservice, den Hund mittags auszuführen, zu füttern und mit ihm zu spielen. Sie sind bereit, Ihren Freizeitsport aufzugeben. Mit anderen Worten, der Welpe wird zum Mittelpunkt Ihres Lebens. Wenn Sie sich diese Mühen nicht machen wollen, lassen Sie die Finger von einem Welpen. Statt dessen sollten Sie sich am Wochenende oder abends als Hundesitter für Freunde oder Verwandte betätigen. Sie können dabei Freude am Hund erleben, ohne eine Verantwortung übernehmen zu müssen, die sich über vierundzwanzig Stunden am Tag sieben Tage die Woche erstreckt.

Körperliche Grenzen

Welche körperlichen Grenzen könnten Sie abhalten, einen Welpen zu kaufen? Eingeschränkte Bewegungsfähigkeit z.B.: die Aufzucht und Erziehung eines Welpen erfordern bestimmte rasche Bewegungen, z.B. muß er rasch rausgebracht werden, damit er nicht in die Wohnung macht, er muß rasch vom Knabbern an Teppichen und Möbeln abgehalten werden (oder schlimmer, von etwas Gefährlichem wie Stromkabeln), man muß den Welpen einfangen können, wenn er sich entfernen will, und auch genügend Auslauf für einen temperamentvollen Junghund bieten können.

Die schlimmsten Situationen mit Welpen erlebe ich mit älteren Leuten, die ihr Leben lang Hunde geliebt und besessen haben. Stirbt ihr 16jähriger Begleiter, tun sie, was sie immer taten – Sie kaufen einen Welpen. Aber oft hindern sie die Beschwernisse des Alters daran, gute Welpenhalter zu werden. Sie haben zwar das Herz am rechten Fleck, aber der Körper schafft es nicht mehr so wie früher.

Ich rate in solchen Fällen zu einem ruhigen, erwachsenen Hund. Die Anforderungen, einen lebhaften Welpen zu überwachen, zu kontrollieren und auszuführen, sind oft zu hoch. Aber ein braver erwachsener Hund (jährlich werden Tausende in Tierheime gebracht) ist für jeden ein wundervoller Gefährte.

Häufiges Verreisen

Das Reisen selbst ist für einen Welpen kein Problem. Wenn man ihn während der Abwesenheit zuverlässigen Händen anvertrauen kann (entweder in einer gute Pension oder bei Freunden), übersteht der Welpe Ihre Abwesenheit bestens.

Aber das Problem liegt darin, daß Welpen eine regelmäßige Routine und ständigen Kontakt brauchen, wenn sie richtig aufwachsen sollen. Wenn Sie den Welpen wie eine Topfpflanze behandeln und sie dahin und dorthin stellen und nach Bedarf wässern, dann übersehen Sie die wesentlichen Aspekte der Hundehaltung. Hunde binden sich eng an denjenigen, der für sie sorgt. Soll sich Ihr Welpe an Sie binden und Sie als Rudelführer betrachten (wichtig für die Gehorsamsausbildung), müssen Sie viel Zeit zusammen verbringen. Sofern Sie Ihren Hund nicht mit auf die Reise nehmen können, wozu manche Leute durchaus in der Lage sind, ist es keine gute Lösung, öfter und länger von seinem Hund getrennt zu sein.

Allergien

Einige Menschen lieben Hunde, aber ihr Immunsystem tut es nicht. Wenn Sie oder ein Familienmitglied Allergien gegen Hunde plagen, dann haben Sie es schwer.

Mein erster Rat: lassen Sie sich von einem Allergiespezialisten beraten. Einfach einen Hund zu wählen, der nicht so viel haart, reicht bei einem Allergieproblem nicht aus. Ein Fachmann kann Ihnen Medikamente und Behandlungsmethoden empfehlen, die ein Leben mit Hund ermöglichen. Doch der Rat eines Arztes muß nicht mit dem eines Hundekenners übereinstimmen. Z.B. wird der Arzt raten, den Hund am besten im Zwinger auf dem Hof zu halten. Das mag zwar für die Allergie gut sein, aber nicht, um einen guterzogenes Familienmitglied zu bekommen.

Ein paar Kompromisse tun es manchmal auch, wie z.B. den Hund nicht ins Bett oder auf Möbel lassen, ihn im Haus eine Etage tiefer schlafen zu lassen (auch wenn der Welpe nachts zunächst weint), häufiges Bürsten und Staubsaugen, um im Haus lose Hundehaare weitgehend zu vermeiden, sich gegen die Allergie desensibilisieren zu lassen.

Einige Rassen lösen weniger Allergien aus als andere, dazu gehören Schnauzer, Pudel, Soft Coated Wheaten Terrier und Cairn Terrier. Ihr Arzt kennt vielleicht noch ein paar mehr.

Wenn Sie jedoch sehr heftig unter Allergien leiden und der Arzt von Haustieren abrät, sollten Sie sich besser daran halten. Sie können sich durch den Hund wirklich elend fühlen. Sie dürfen den Welpen nicht auf den Arm nehmen und mit ihm schmusen, ihn bürsten oder baden. Wenn es dann gar nicht mehr geht, was dann? Sie müßten sich von dem Hund trennen, der sich an Sie und Ihre Umgebung gewöhnt hat. Weggegeben zu werden, ist für den Hund gleichbedeutend damit, aus dem Rudel ausgestoßen zu werden. Das ist höchste Grausamkeit!

Wenn Sie Hunde lieben und keine halten können, können Sie vielleicht Geld für das örtliche Tierheim beschaffen. Oder Sie sammeln Dinge, die dort benötigt werden, werben und koordinieren freiwillige Helfer, verfassen Rundschreiben oder helfen bei der Pflege des Anwesens (ohne dabei den Hunden zu nahe zu kommen). Ich kenne einige sehr engagierte Hundeliebhaber, die keinen Hund haben. Sollten Sie auch nur ein paar Minuten Niesen verkraften können und dafür einen Heimhund streicheln, machen Sie ein einsames Hundeherz glücklich.

Aufbrausendes Wesen

Nur wenige Menschen geben zu, ungeduldig und aufbrausend zu sein. Noch weniger halten sich für inkonsequent und unfähig, eine Führungsrolle einzunehmen. Aber diese Charaktereigenschaften sind für einen Hundehalter wichtig, ganz besonders, wenn er einen Welpen hat.

Ungeduldige, ärgerliche Leute sind selten erfolgreiche Hundebesitzer. Sie lassen Frust und Ärger am Hund aus, schimpfen oder werden gar handgreiflich, oder sie beachten den Hund nicht, wenn sie schlechter Laune sind. Das Verhältnis zum Hund beruht dann nicht auf Vertrauen, sondern eher darauf, daß er sich damit abfindet. Hunde, die so leben, trauen ihren Menschen selten. Der Hund mag aus Angst gehorchen, aber sobald er kann, entwischt er zu anderen Hunden oder zu Nachbarn, die freundlicher sind. Wenn Sie sich selbst in obiger Beschreibung erkennen, schaffen Sie sich keinen Hund an!

Ein weiterer großer Fehler ist Unbeständigkeit, z.B. wenn man sich mal vom Hund beißen läßt und ihn mal dafür straft, oder ihn nach einem Leckerbissen hochspringen läßt und ihn ein anderes Mal dafür rügt, wenn man nicht entsprechend gekleidet ist. Glücklicherweise kann das Problem durch gute Schulung überwunden werden. Ich stelle oft fest, daß die Menschen gar nicht sehen, wie inkonsequent sie mit ihren Hunden sind. Unter richtiger Anleitung nehmen sie sich zusammen und werden gute Hundehalter.

Warum ist Beständigkeit so wichtig? Weil für Hunde Beständigkeit gleichbedeutend mit Rudelführung ist. Ich vergleiche gerne mit dem alten Leitwolf. Er ist stärker und zäher als alle anderen in der Gruppe. Versucht ein junger Emporkömmling, ihm das Futter oder den Schlafplatz streitig zu machen, schickt ihn der dominante Leitwolf ständig weg. Da er jedesmal so reagiert, verdeutlicht er seine Führungsrolle.

Das gleiche gilt für den Haushund, auch wenn es keines wolfgleichen Kampfes bedarf. Beständigkeit ist alles, was Sie brauchen. Zeigen Sie dem Welpen, daß Sie immer knurren, wenn er Sie beißt, und immer knurren und ihn aus dem Zimmer schicken, wenn er am Teppich knabbert, und ihn immer korrigieren, wenn er die Kinder umrennt – dann zeigen Sie, daß Sie Rudelführer sind. Und das ist die Voraussetzung, wenn Sie jemals Kontrolle über Ihren Hund haben wollen.

Was aber, wenn Ihr Welpe Sie nicht als Führungsperson ernst nimmt? Selbst der unterwürfigste Hund wird in einem führerlosen Rudel die Führungsrolle einnehmen. Das bedeutet, er gehorcht keinem, kommt heran, wenn ihm danach ist, knurrt, wenn jemand seiner Futterschüssel, einem Spielzeug oder seinem Platz auf dem Sofa zu nahe kommt, wenn er einen Knochen herausgeben oder sich die Krallen schneiden lassen soll. Sicher kennen Sie solche Hunde. Ich weiß aus Erfahrung und Hundeverständnis heraus, daß solche

Hunde nicht notwendigerweise böse Hunde sind, sie sind nur Produkte ihrer Besitzer, die nicht wissen, wie sie das Rudel anführen sollen.

Was ist der Welpenkindergarten?

Der ideale Zeitpunkt, die formelle Gehorsamsausbildung mit einem Welpen zu beginnen, liegt im Alter von vier Monaten. Er ist nun so weit entwickelt, sich auf die Strukturen der Ausbildung konzentrieren zu können. Aber die meisten Leute kaufen einen Welpen im Alter von acht Wochen und müssen mit ihm leben, ehe sie mit der Ausbildung beginnen können. Das können frustrierende zwei Monate sein, wenn man nicht weiß, wie man mit einem Welpen umgehen soll. Es ist auch verschenkte Zeit, weil man das Verhalten des Welpen in diesem Zeitraum formen kann und soll.

Am besten fängt man mit dem an, was ich Welpenkindergarten nenne. Welpen lernen natürlicherweise schnell und leicht. Zwischen acht Wochen und vier Monaten sind sie genau im richtigen Alter, die Grundregeln für gutes Benehmen zu lernen. Die Mühe, die man sich in dieser Zeit macht, zahlt sich vielfach aus, sofern man von Anfang an richtig vorgeht.

Was kann man erreichen?

Am wichtigsten ist wohl die Stubenreinheit. Das bedeutet, dem Welpen beizubringen, sich nur im Freien zu lösen. Mit der richtigen Methode können Sie Wochen und Monate sparen, in denen Sie hin und wieder Pfützchen und Häufchen wegputzen müssen. Tatsächlich kann er vom ersten Tag im neuen Heim an lernen, sich draußen zu lösen.

Beißen zu verhindern ist ebenfalls ein wichtiger Teil der Welpenschule. Beißen heißt hier, Hände, Arme und Kleidung zu beknabbern. Manche glauben, der Welpe wolle spielen. Er spielt nicht. Es ist Hundeart festzustellen, inwieweit man Rudelgenossen dominieren kann. Die Welpen lernen diese Technik mit Mutter und Geschwistern im Alter von drei bis acht Wochen. Welpen, denen man erlaubt, weiterhin zuzubeißen und zu zerren, werden bestenfalls niemals gehorsame und schlimmstenfalls aggressive erwachsene Hunde. Am besten überzeugt man den Welpen sanft, aber fest, daß man es nicht duldet, von ihm dominiert zu werden – lange bevor echte Probleme auftauchen.

Im Welpenkindergarten gewöhne ich die Welpen gerne daran, sich abtasten zu lassen. Ich berühre die Pfoten, damit Krallenschneiden kein Problem wird. Ich schaue in Ohren und Augen. Ich berühre die Rute. Ich öffne den Fang und überprüfe die Zähne. Ich habe ausgewachsene Hunde mit alltäglichen Problemen kennengelernt – z. B. einem Stock, der sich im Fang verklemmt hatte –, die narkotisiert werden mußten, weil sie nicht duldeten, am Fang berührt zu werden. Regelmäßiges Handhaben des Welpen ergibt einen erwachsenen Hund, der sich vom Besitzer und Tierarzt alles gefallen läßt, was zu einer Behandlung nötig ist, ohne daß der Mensch Gefahr läuft, gebissen zu werden. Dem Hund dieses wichtige Verhalten beizubringen, beginnt im Welpenkindergarten.

Gehorsamsgrundregeln

Man kann schon während des Welpenkindergartens mit Gehorsamsausbildung beginnen, wie den Welpen an Halsband und Leine zu gewöhnen. Ziel ist, dem Welpen Selbstvertrauen an der Leine zu geben, nicht, ihm Bei-Fuß-Gehen beizubringen (etwa nicht an der Leine zu zerren). Wenn Welpen ab dem vierten Monat ausgebildet werden, sollen sie sich nicht durch Halsband und Leine beeinträchtigt fühlen.

Man kann mit den Übungen Sitz und Platz beginnen. Bei älteren Welpen und erwachsenen Hunden mache ich das in drei Phasen. Phase 1: Ich zeige dem Hund, was ich von ihm will. Phase 2: ich übe dies jeden Tag, damit der Hund das Hörzeichen mit dem Tun verbindet. Phase 3: ich überprüfe den Hund. Das bedeutet, ich gebe das Hörzeichen, und wenn der Hund nicht reagiert, korrigiere ich.

In der Welpenschule wird weder überprüft noch korrigiert. Ich lasse den Welpen die Übungen lediglich ausführen, indem ich ihn sanft dazu bringe, zu sitzen oder zu liegen, sobald das Hörzeichen ertönt. Mein Ziel in dieser Zeit ist, dem Welpen zu zeigen, was er tun soll, wenn ich Sitz und Platz sage. Es gibt noch sehr viel Zeit, das ganze zu überprüfen.

Welpen können schon viele wichtige Verhaltensweisen im Welpenkindergarten lernen. An der Leine gehen, sich sanft anfassen lassen, sich auf Kommando setzen sind nur drei der vielen Dinge, die man ihnen beibringen kann.

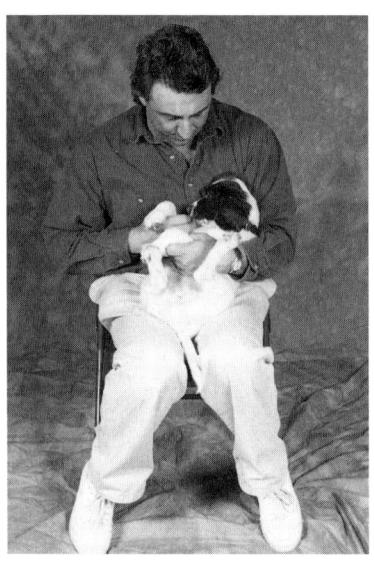 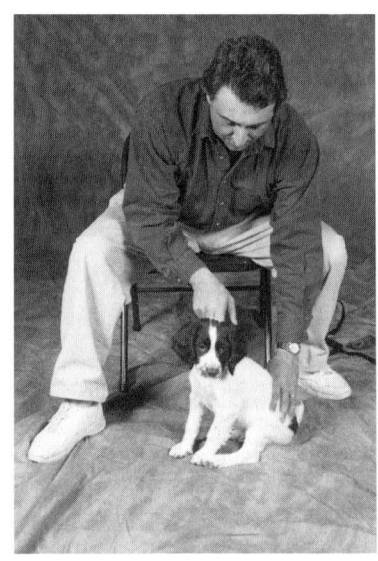

Sitz und Platz zu lernen, verschafft Ihrem Junghund große Vorteile bei der Ausbildung, wenn er lernen soll, Menschen zu begrüßen, ohne sie anzuspringen. Sitz-bleib bewahrt Ihren Welpen davor, durch die Tür zu preschen oder aus dem Auto zu springen. Es ist ebenfalls eine großartige Kontrollmethode. Mein neun Jahre alter Australian Shepherd Drifter wurde gezüchtet, um Schafe und

Rinder zu hüten. Leider ermöglicht meine Lebensweise dies Drifter nur sehr selten. Statt dessen hält er Menschen auf Fahrrädern für seine »Stadtschafe«. Er würde sie nur zu gerne jagen, in die Reifen beißen und sie hüten! Weil Drifter das Sitz-bleib beherrscht, kann ich ihn unter Kontrolle halten. Wenn ich auf einem Spaziergang einen Fahrradfahrer heranradeln sehe, lasse ich Drifter Sitz-bleib machen. Er kann nicht gleichzeitig hinterherhetzen und stillsitzen.

Auch das Platz-bleib ist ein wirksamer Kontrollmechanismus. Ein Hund kann ein sehr viel besseres Leben führen, wenn er diese Übung beherrscht. Drifter macht Platz auf Dinnerparties, bei Fußballspielen, Besuchen bei Freunden, beim Einkaufen und vielen anderen Aktivitäten. Er nimmt an fast allem teil, weil er weiß, wie man sich hinlegt und liegenbleibt. Wenn ich einem Hund nur ein einziges Kommando beibringen könnte, dann wäre es Platz-bleib. Ich beginne damit sehr früh im Leben des Hundes, ohne harte Töne, Korrekturen oder zu lange Übungszeiten. Es ist ein einfacher, aber wichtiger Teil des Welpenkindergartens.

In meinen Büchern, Videos und Ausbildungskursen lege ich großen Wert auf Hunde, die zuverlässig auf Ruf herankommen. Acht Wochen ist dafür nicht zu jung! Herankommen auf Kommando ist

In ein oder zwei Wochen verlassen diese Welpen ihre fürsorgliche Mutter und ziehen in ihr neues Zuhause ein. Schon so früh sollte die Erziehung jedes einzelnen Welpen im Welpenkindergarten beginnen.

eine der lustvollsten Übungen für den Welpen. Aber man braucht eine effektvolle Ausbildungsmethode. Gleichzeitig muß man alle Aspekte des Herankommens verstehen, damit man den Welpen nicht verwirrt oder entmutigt, heranzukommen. Jeder Hund kann mit einem guten Programm frühzeitig lernen, zuverlässig zu seinem Besitzer zurückzukommen.

Letztlich ist ein wichtiger Aspekt des Welpenkindergartens die Sozialisierung. Welpen begegnen Menschen und Kindern, gehen an der Leine irgendwo hin, fahren mit dem Auto, sehen und hören neue Eindrücke. Sie wachsen zu selbstbewußten, gut angepaßten Hunden heran.

Man kann kaum glauben, was man mit einem quirligen Wollknäuel von einem Welpen alles machen kann. Aber Ihre Zeit ist gut angelegt. Mit etwas Glück werden Sie die nächsten 10 bis 16 Jahre mit einem Hund leben, ihn lieben und genießen. Gute Manieren, die jetzt geformt werden, halten ein Leben lang an. Auch wenn Ihr Hund bis zu seinem zweiten Lebensjahr nicht voll erwachsen sein wird, ist nun die Zeit, sein Verhalten zu formen. Welpenzeit ist keine einfache Zeit, aber sie kann viel Freude machen. Genießen Sie es! Sie geht schnell vorüber, und ehe Sie es bemerken, hat Ihr bester Freund einen grauen Fang!

Die Ausbildungsphilosophie

Welpen lernen durch ständiges Wiederholen. Wenn das, was sie gerade tun, in diesem Augenblick des Tuns für sie angenehm ist, werden sie es künftig wiederholen. Wenn das, was sie tun, in dem Augenblick des Tuns für sie unangenehm ist, werden sie es künftig vermeiden. Wiederholen sie ein Verhalten mehrmals, wird es zur Gewohnheit oder konditionierter Reaktion. Eine konditionierte Reaktion ist eine immer wiederkehrende Reaktion auf ein spezielles Signal hin.

Wir Menschen zeigen konditionierte Reaktionen ständig im täglichen Leben. Ein Beispiel: Sie lesen ein Buch, und das Telefon klingelt. Die Klingel ist der auslösende Reiz. Ihre konditionierte Reaktion ist, den Hörer abzunehmen und sich zu melden. Oder Sie fahren auf eine rote Ampel zu. Rot ist das Signal. Ihre konditionierte

Reaktion ist, auf die Bremse zu treten. Sie haben auch konditioniertes Meideverhalten, wie z. B. nicht auf die heiße Herdplatte zu fassen. Wenn Sie sich ein- oder zweimal die Finger verbrannt haben, fassen Sie sie nicht mehr an.

Ein ausgebildeter Hund hat viele solcher Signale, z. B. das Hörzeichen »Sitz«. Der ausgebildete Hund reagiert darauf, indem er sich setzt. Beim Hörzeichen »Bleib« vermeidet der konditionierte Hund, sich zu bewegen. Denn in der Vergangenheit hat er, sobald er sich bewegte, ein ärgerliches »Nhaa!« vernommen (Sie lernen das Knurren ab Seite 146). In kurzer Zeit lernt der Hund auf diese Weise stillzuhalten.

Sie können auch konditioniertes Verhalten beim Hund beobachten, das Sie ihm nicht beigebracht haben. Ein Beispiel: Am Nachmittag nehmen Sie stets das Frisbee zur Hand und gehen mit dem Hund in den Garten. Bald bemerken Sie, daß der Hund voller Vorfreude auf sein Spiel in den Garten rennt, sobald Sie das Frisbee ergreifen. Das Nehmen des Frisbees ist für den Hund das Signal. Seine konditionierte Reaktion ist das Rennen zur Tür. Auch Meideverhalten kann der Welpe konditionieren. Verbrennt er sich am Backofen die Nase, wird er beim zweiten Mal nicht mehr zu nahe herangehen.

Was also braucht man, damit ein Welpe konditionierte Reaktionen entwickelt? Ein wichtiges Kriterium ist, das Verhalten ständig zu wiederholen. Welpen entwickeln selten konditioniertes Verhalten ohne Wiederholungen. Aber wie viele sollen es sein? Das hängt von mehreren Dingen ab. Ein wichtiger Faktor ist, wie angenehm oder unangenehm etwas ist. Ebenso, ob die natürliche Veranlagung des Hundes der Sache entgegenkommt. Ein verspielter Welpe mit starkem Apportier- und Hetztrieb lernt rasch, mit dem Frisbee zu spielen.

Auch die Intelligenz, physische und psychische Gesundheit des Welpen spielen ebenso eine Rolle wie seine physische Ruhe . Welpen lernen unterschiedlich schnell. Denken Sie auch daran, daß zwei oder drei erfolgreich absolvierte Übungen noch keine konditionierte Reaktion sind. Die meisten Gewohnheiten entwickeln sich über Wochen und Monate. Sie werden enttäuscht sein, wenn Sie glauben, daß ein Welpe zuverlässig gehorcht, nur weil er es zwei- oder dreimal hintereinander richtig macht. Helfen Sie sich und dem Welpen, lassen Sie sich Zeit. Die Erziehung wird dann viel erfreulicher für Sie beide.

Der richtige Zeitpunkt: das Timing

Der wahrscheinlich wichtigste Faktor für rasches Lernen, oder um überhaupt etwas zu lernen, ist das Timing, der richtige Zeitpunkt. Ich meine damit folgendes: Nehmen wir an, der Welpe stößt mit der Nase an eine heiße Ofentür. Kurze Zeit später kommt er ins Eßzimmer, sieht den Tisch und fühlt den brennenden Schmerz. Er verbindet das Brennen mit dem Tisch. Niemals käme er auf die Idee, das unangenehme Gefühl mit der Ofentür zu verbinden, weil so viel Zeit verstrichen ist.

Das gleiche gilt für die Regeln im Hause, wie das Verbot, Teppiche anzuknabbern. Ein Beispiel: Sie treten, fünf Minuten nachdem der Welpe am Teppich geknabbert hat, ins Zimmer. Er liegt schlafend in einer Ecke. Sie zerren ihn zum Teppich, zeigen auf die angenagten Stellen und schimpfen. Ihre Korrektur kommt zu spät! Der Welpe begreift nie, daß die unangenehme Erfahrung irgend etwas mit einem Geschehen von vor fünf Minuten zu tun hat.

Schon ab zehn Sekunden nach der Tat ist es zu spät für eine Korrektur. Er verbindet sein Tun nicht mehr mit der Strafe. Natürlich verschwindet der Welpe sofort ängstlich unter dem Sofa, wenn Sie Stunden später hereinkommen und anfangen zu brüllen. Deuten Sie dieses Verhalten nicht falsch! Der Hund hat keine Schuldgefühle. Es liegt an Ihrem Timing, wie schnell und gründlich ein Welpe lernt.

Was also ist gutes Timing? Gutes Timing bedeutet, den Welpen zu loben oder zu strafen, wenn er selbst noch gedanklich mit seinem Tun beschäftigt ist. So kann man Lob und Tadel am besten mit dem Tun des Welpen verknüpfen. Man muß kein erfahrener Hundeausbilder sein, um zu wissen, was der Welpe denkt. Welpen sind offene, ehrliche Kreaturen. Alles was sie zu tun beabsichtigen, steht ihnen ins Gesicht geschrieben.

Die Fähigkeit zu erkennen, was er als nächstes tut, nennt man »seinen Hund lesen können«. Das ist nicht so schwierig, wie es sich anhört. Je mehr Zeit Sie mit Ihrem Welpen verbringen, desto besser können Sie ihn lesen. Stellen wir uns folgendes vor: Sie machen sich ein Butterbrot und legen es auf den Couchtisch. Der Welpe sieht das Brot und geht einen Schritt auf den Tisch zu. Jetzt ist der richtige Zeitpunkt »Nhaah!« zu knurren. Die Chancen stehen gut, daß der Welpe gerade darüber nachgedacht hat, sich das Butterbrot zu Gemüte zu führen. Richtiges Timing der Korrektur läßt ihn leicht und schnell lernen.

Der nächstbeste Zeitpunkt der Korrektur ist, wenn der Welpe gerade das Verbotene tut. Bei unserem Beispiel kommt das »Nhaah!« genau dann, wenn der Welpe mit dem Fang nach dem Butterbrot greift. Am schlechtesten ist es, zu korrigieren, wenn er das Brot bereits verzehrt hat. Den Welpen anzubrüllen, wenn Sie Ihr Brot vermissen, bringt ihm nicht bei, daß es verboten ist, Butterbrote zu stehlen.

Hundliches Denken

Welpen haben ein aktives Gehirn und können über ihr Tun nachdenken. Ihre Denkfähigkeit erstaunt mich immer aufs Neue. Ich habe so viele Verhaltensweisen beim Hund beobachtet, die mich davon überzeugt haben, daß Hunde denken und Vernunft zeigen. Ich glaube nicht, daß sie die gleichen geistigen Fähigkeiten wie Menschen haben, aber ich weiß, daß in ihren Köpfen etwas vorgeht. Ich habe Hunde kennengelernt, die nicht nur denken, sondern auch einfache Strategien entwickeln konnten. Manche Hunde benehmen sich, als ob sie Humor besäßen. Lesen Sie die beiden folgenden Geschichten!

Byron ist ein einäugiger Labrador Retriever. Selbst im Alter von zehn Jahren liebt er Quietschtierchen, Kauknochen, Tennisbälle usw. Er ist einer der verspieltesten alten Hunde, die ich kenne. Er ist auch mein Schatten. Wenn ich im Büro arbeite, schläft Byron auf einem kleinen Sofa neben meinem Schreibtisch. Gehe ich hinunter,

Drifter als Welpe, dazu bestimmt, der raffinierteste Futterdieb der Welt zu werden.

folgt er mir. Gegen neun steht er auf und sieht mit mir fern. (Barbara sagt, er tut es nur, weil ich gerne gegen Mitternacht einen Bissen esse und für ihn etwas abfällt!) Warum auch immer, wo ich bin, ist Byron. Wir vergöttern einander.

Es vergeht kein Tag, an dem wir nicht einige Liebesrituale abwickeln. Frühmorgens wache ich durch eine riesige Labradorzunge auf, die sich anfühlt wie warmer, nasser, gekochter Schinken, der in mein Gesicht klatscht. Byron nagelt mich im Bett fest und küßt mich, bis mir die Luft wegbleibt. Mehrmals am Tag umarme ich ihn und küsse ihn ab. Und mehrmals am Tage tut er das gleiche mit mir. Wir brauchen dazu kein Signal. Wir sehen uns an und beschließen, daß wieder Zeit zum Küssen ist.

Etwa ein- oder zweimal in der Woche kommt Byron und leckt mir übers Gesicht, doch dann reißt er blitzschnell meine Baseballmütze vom Kopf und rennt davon. Ich brülle »Gib mir meine Mütze wieder, frecher Hund!« und hetze hinter ihm her. Sein Schwanz wedelt auf Hochtouren, wenn er vor mir herrennt. Wenn ich ihn endlich fange, erobere ich meine Mütze aus seinem Fang und schlage damit spielerisch um seine Schultern und schimpfe »Frecher Hund, du bist der frechste Köter, den ich kenne!« Byron liebt das. Sein ganzer Körper wackelt, er lacht übers ganze Gesicht. Kein Wissenschaftler im weißen Kittel kann mir erzählen, daß Hunde nicht denken und logisch folgern können.

Ein weiterer Hund hat mir zu der Überzeugung verholfen. Drifter, mein neunjähriger Australian Shepherd, der beste Futterdieb der Welt. Er hat Barbara und mich dazu erzogen, niemals Eßbares herumstehen zu lassen. Drifter ist nicht mein Schatten wie Byron, aber er ist oft in meinem Büro, wenn ich dort arbeite.

Drifter weiß, daß ich Hundekuchen in meiner Aktentasche habe, die ich zu den Ausbildungskursen mitnehme. Mehr als einmal hat er meine Aktentasche durchwühlt und die Hundekuchen aufgefressen. Ich bemühe mich nun, die Aktentasche seinem Zugriff zu entziehen, wenn ich nicht in Sichtweite bin. (Er wagt es nicht, sie unter meinen Augen anzurühren.)

Eines morgens arbeitete ich am Computer, die Aktentasche lag auf dem Schreibtisch. Die Hunde lagen schlafend herum. Etwa gegen Mittag machte ich eine Pause und wollte bei der Gelegenheit auf die Post. Wir gingen alle hinunter. Nach dem Essen sagte ich zu Barbara, daß ich gleich zurück sei, nahm meine Jacke und ging aus dem Haus. Drifter hob den Kopf, sah mich an und legte sich wieder schlafen. Als ich zurückkam, hatte mir Barbara eine Geschichte zu erzählen. Sobald die Autotür ins Schloß fiel und ich die Auffahrt hinunterfuhr, sah Barbara aus den Augenwinkeln einen grauen Blitz vorbeisausen. Drifter rannte die Treppe hoch. Sie schlich ihm nach und beobachtete ihn. Drifter stand mit den Vorderpfoten auf meinem Schreibtisch, den Kopf in meiner Aktentasche, Hundekuchen kauend. Sie berichtet, daß er sich furchtbar erschrocken hat, als sie »Nhaa!« knurrte, als sie ihn bei seiner Missetat ertappte. Verstehen Sie mich bitte nicht falsch. Ich will nicht andeuten, daß Drifter sich die Sache ausgedacht hat, als ich noch im Büro war. Er hat jedoch die Gunst der Stunde genutzt, als er mich weggehen sah. Er erinnerte sich an die unbewachte Aktentasche und sah darin seine große Chance. Das bedarf ganz sicher eines Denkvermögens und der Fähigkeit zu schlußfolgern, wenigstens bis zu einem gewissen Grade. Hätte er vernünftig denken können, hätte er dafür gesorgt, daß Barbara ihn nicht erwischt.

Alle Hunde sind große Opportunisten. Das ist wichtig zu wissen, wenn wir dem Welpen die Hausregeln beibringen. Der Welpe kann nicht denken »Ich fresse den Teppich besser jetzt an, denn in zwei Stunden kommt Frauchen zurück und regt sich auf.« Der Welpe lernt nur, etwas nicht zu tun, wenn Sie ihn korrigieren, sobald er nur daran denkt oder gerade dabei ist, etwas Verbotenes zu tun.

Welpen haben ein großartiges Gedächtnis. Ein unerfreuliches Erlebnis der Vergangenheit beeinflußt das künftige Verhalten des Welpen. Er erinnert sich an das unangenehme Gefühl gestern, als er sich die Nase verbrannte. Allmählich lernt er, dies zu vermeiden.

Allerdings kann ein Hund immer wieder etwas tun, das in unseren Augen unangenehm für ihn sein muß. Solches Verhalten muß genau analysiert werden, um festzustellen, warum er es tut. Ein Beispiel: Ein Hund fängt immer wieder Igel, auch wenn er sich dabei heftig im Fang wehtut. Der offensichtliche Schmerz, den der Hund empfindet, läßt uns fragen, warum er den Igel nicht in Ruhe läßt. Wenn jedoch das Erlebnis, den Igel zu stellen und zu fangen, für ihn angenehmer ist als das Pieksen der Stacheln unangenehm, dann wird er weiterhin Igel jagen. Hunde wählen immer das Angenehmere – aus ihrer eigenen Sicht heraus, natürlich.

Hunde haben keine Moral, was gut und böse betrifft. Menschen wissen, daß man nicht töten, stehlen und lügen darf. Wir wissen, daß es gut ist, Freunden zu helfen, Kranke zu pflegen, Schulden zu bezahlen. Hunde wissen nicht, daß es böse ist, auf den teuren Perserteppich zu pinkeln oder Katzenfutter zu fressen. Sie wissen nicht, daß es gut ist, sich auf Kommando zu setzen und auf Ruf heranzukommen. Sie wissen nur, was gut schmeckt, gut riecht und sich gut anfühlt, wenn sie etwas Bestimmtes tun. Damit ist es in Ordnung, wenn sie es wiederholen. Wenn etwas schlecht schmeckt, riecht oder sich anfühlt, wenn sie etwas Bestimmtes tun, dann bedeutet es, die Sache besser zu unterlassen. Das ist Hundemoral. Sie können Hundeverhalten nur formen (ihn erziehen), indem Sie erwünschtes Verhalten angenehm (loben) und unerwünschtes unangenehm (korrigieren) gestalten, wenn er es gerade tut.

Übung macht den Meister

Wie wir gesehen haben, beruht hundliches Lernen größtenteils auf Wiederholung. Wiederholt ein Welpe ein Verhalten oft genug, wird es zur Gewohnheit, einer konditionierten Reaktion. Vorausgesetzt, solche Angewohnheiten sind wünschenswert, z. B. sich draußen zu lösen, auf Ruf heranzukommen, sich auf Kommando zu legen und liegenzubleiben, dann haben Sie einen wohlerzogenen Hund. Denn Hunde sind nun mal Gewohnheitstiere. Sobald Sie also verschiedene Signale und konditionierte Reaktionen zur Routine gemacht haben (Sitz, Platz, Bleib usw.), wird der Welpe immer genau das tun, was Sie wollen. Richtig? Falsch!

Keine konditionierte Reaktion ist unfehlbar. Kreaturen mit hochentwickelten Gehirnen können denken. Sie können sich gegen das Konditionieren sträuben. Sie können auch Fehler machen. Denken Sie an Ihre eigenen konditionierten Reaktionen. Sie gehen normalerweise ans Telefon, wenn es klingelt. Aber irgendwann wollen Sie nicht und gehen nicht ran. Sie halten auch gewohnheitsmäßig an der roten Ampel an. Aber eines Tages sind Sie müde oder unkonzentriert und rollen über die Kreuzung. Auch die erfahrensten Fahrer machen solche Fehler.

Es gibt Zeiten, in denen sich der besterzogene Hund den konditionierten Reaktionen gegenüber sperrt oder Fehler macht. Ausbilder dürfen deshalb niemals blind auf einmal gelerntes Verhalten vertrauen. Vor allen Dingen nicht in gefährlichen Situationen. Ich würde niemals meinen besterzogenen Hund an einer lebhaften

Straße von der Leine lassen. Ein einziger Fehler endet mit einem verletzten oder toten Hund.

Hundebesitzer müssen die Gewohnheiten immer praktizieren. Natürlich ist ein Hund um so zuverlässiger, je öfter Sie üben. Der Tennisprofi und die Schreibdame müssen ständig üben, um in Form zu bleiben. Denn alles, was man gelernt hat, muß gefestigt werden. Wenn Sie glauben, einen wohlerzogenen erwachsenen Hund zu besitzen, üben Sie die Gehorsamsregeln mit ihm gelegentlich durch. Das macht Hund und Mensch Spaß. Es bestärkt das erwünschte Verhalten, das Sie so viel Mühe gekostet hat. Sie können sich dann besser auf Ihren Hund verlassen, wenn Sie ihn in einer dringenden Situation fordern müssen, z. B. um ihn beim Fahrradfahren heranzurufen.

Die Auswahl des richtigen Welpen

Haben Sie sich schon einen Welpen ausgesucht? Wenn nicht, helfen Ihnen die folgenden Kapitel dabei, Ihren Traumhund zu finden. Sollten Sie allerdings schon so weit sein, mit der Welpenerziehung zu beginnen, überschlagen Sie die Seiten und fangen an. Sie können immer noch auf dieses Material hier zurückgreifen – oder es nutzen, wenn Sie so weit sind, sich einen neuen Hund zu kaufen.

Wie findet man den richtigen Welpen?

Welpen kann man aus allen möglichen Quellen beziehen. Manche sind besser als andere, es gibt keine »ideale« Bezugsquelle. Gute, gesunde Welpen gibt es vielerorts, vom erfahrenen Züchter bis hin zum Tierheim. Falls Sie den Welpen nicht geschenkt bekommen (was immer eine riskante Sache ist), bestimmen Sie, woher Ihr Welpe kommt.

Ihre eigenen Vorstellungen, Werte und Empfindungen spielen bei der Entscheidung eine wichtige Rolle. So glauben z. B. viele Leute, daß das Züchten von Hunden ein Verbrechen sei, solange noch Tausende von Hunden in Tierheimen und als Streuner ihr Leben fristen. Sie beziehen ihren Hund nur aus einem Tierheim. Anderen ist der Nachkomme eines preisgekrönten Champions gerade gut genug, den bekommt er bei einem professionellen Züchter. Wieder andere suchen sich lieber einen Welpen aus einem Wurf aus, den der Familienhund der Nachbarn zur Welt brachte.

Der professionelle Züchter

Ich erwähne diese Gruppe zuerst, weil sie in den USA einen großen Anteil an der Welpenproduktion hat. Vom Typ her lieben professionelle Züchter Hunde und widmen sich in der Regel einer bestimmten Rasse. Sie wissen meist sehr viel über den Ursprung der Rasse, ihre Gesundheitsprobleme, besondere Pflege- und gesundheitliche Bedürfnisse und die Blutlinien bekannter Champions. Tatsächlich ist es ein wichtiges Ziel für den professionellen Züchter, einen Championtitel für einen Hund zu gewinnen. Auf solchen Hundeausstellungen werden die Hunde vorgeführt und für ihre perfekte (oder nahezu perfekte) Verkörperung des Rassestandards bewertet. Mit ihrem Bestreben nach Perfektion helfen die Züchter, die Rasse innerhalb der festgesetzten Standardvorgaben nach Größe, Gewicht, Farbe und anderen Gesichtspunkten zu erhalten. Keine andere Gruppe nimmt die Erhaltung (und Verbesserung) der Rasse ernster als die professionellen Züchter.

Es gibt Vor- und Nachteile, einen Welpen bei einem solchen Züchter zu kaufen. Wie schon vorher gesagt, spricht für einen Rassehund, daß er einschätzbar ist. Sie wissen ziemlich genau, wie sich Ihr acht Wochen altes Fellknäuel entwickeln wird. Größe und in gewissem Maße auch das Wesen können mit einem hohen Grad an Zuverlässigkeit vorausgesagt werden. Ist das gut so? Wenn Sie kein Freund von Überraschungen sind, ja. Außerdem will man, wenn man schon viel Geld für etwas ausgibt, relativ sicher sein, was man da kauft. Ein Rassehund bietet diese Zuverlässigkeit.

Züchter, die ihre Welpen im eigenen Haushalt aufziehen, erleichtern den Welpen die Umstellung ins neue Heim sehr. Tut Ihr Züchter das?

Warum ein professioneller Züchter? Erfahrung und regelmäßig Welpen sind zwei Dinge, die der professionelle Züchter meist anbieten kann. Außerdem:

- schriftliche Garantien (manchmal) gegen Erbfehler und ernsthafte Gesundheitsprobleme,
- Hilfe (hoffentlich), damit sich der Welpe in seinem neuen Heim wohl fühlt,
- hohe Ansprüche (idealerweise) bei der Zuchtauswahl eines Paares,
- gute gesundheitliche Versorgung (aber nicht immer) für Mutter und neugeborene Welpen.

Spüren Sie meinen Pessimismus? Ich möchte einfach nicht, daß Sie glauben, daß professionelle Züchter, nur weil sie eine Menge Hunde produzieren, unbedingt die ideale Wahl sind. Ich kenne Geschichten von Züchtern in den USA, die mit epileptischen Hunden züchten, zu viele Würfe aus einer erschöpften Hündin herauspressen und ihre Hunde unter schrecklichen Bedingungen halten.

Das sind allerdings die schlimmsten Fälle. Die meisten professionellen Züchter sind tadellos. Sie überprüfen den Welpenkäufer, ob er einen sicher eingezäunten Garten hat, Zeit genug, um sich dem Hund zu widmen, ob der Haushalt für einen Welpen sicher und geeignet ist, und ob man bereit ist, den Hund kastrieren zu lassen. Unsere beiden Labrador Retriever kommen von solch einer Züchterin. Sie stellt sicher, daß ihre Welpen in ein sicheres Heim zu liebevollen Menschen kommen. Ich bewundere das.

Im allgemeinen sind gute professionelle Züchter wahrscheinlich die zuverlässigste Quelle für gesunde Rassehunde.

Die Bemühungen eines guten Züchters kosten viel Geld. Man bezahlt nicht nur die tatsächlichen Kosten für die Aufzucht dieses Wurfes, sondern auch für die Mühe und die Kenntnisse, die ein Züchter in seine Hundezucht insgesamt investiert. Welpen vom Züchter kann man nicht einfach mitnehmen, wenn es einem in den Sinn kommt. Oft verlangt der Züchter in den USA eine Anzahlung für einen zu erwartenden Wurf. Dann warten Sie, bis die Welpen geboren werden, warten, ob es überhaupt genug gesunde Welpen sind, um alle Nachfragen zu befriedigen, die schon angezahlt sind, und dann warten Sie, bis der Welpe acht Wochen alt ist, um abgegeben zu werden. Manchmal haben Züchter auch mehr Welpen als bestellt. Dann kann man Glück haben, nicht so lange warten zu müssen.

Züchter kennen sich untereinander. Manchmal bekommt man eine Empfehlung, wo gerade Welpen abzugeben sind. Nur setzen Sie nicht voraus, sofort einen Welpen zu bekommen.

Manche seltenen oder unbekannten Rassen kann man nur über solche Züchter bekommen. Hat man sich einen solchen Hund in den Kopf gesetzt, kann die Suche frustrierend sein.

Ein letzter Gesichtspunkt beim Kauf bei einem professionellen Züchter hat nichts mit der Qualität der Hunde zu tun, sondern man unterstützt Aktivitäten, die zur Übervölkerung der Hunde beitragen. Stellen Sie sich vor, Sie sind ein Terrierzüchter. Sie lieben Ihre Rasse und haben Jahre damit verbracht, wunderschöne Terrier zu züchten. Viele Ihrer »Kreationen« wurden Ausstellungschampions, manche haben hohe Auszeichnungen gewonnen wie »Bester Terrier«. Infolgedessen sind Ihre Welpen gefragt und erzielen hohe Preise. Diese Einnahmen helfen ihnen, sich die Kosten für die nächsten Ausstellungen leisten zu können.

In Ihrem Bestreben, Hunde zu züchten, die Preise gewinnen, züchten Sie mehrere Würfe im Jahr mit insg. etwa 15 bis 20 Welpen. Ein oder zwei behalten Sie, einige gehen an andere Züchter und Leute, die ausstellen wollen, der Rest sind Familienhunde. Nehmen wir an, Sie sind fast 20 Jahre dabei. Das sind wenigstens 300 Hunde, die Sie gezüchtet haben.

Ein Teil von mir findet es nicht richtig, daß eine einzige Person Hunderte von Welpen züchtet, um ein paar Ausstellungschampions zu bekommen. Ich weiß nicht, ob es neben der Empfehlung, Zurückhaltung und gesunden Menschenverstand walten zu lassen, noch andere realistische Empfehlungen gibt. Ich denke, daß manche Züchter ihre persönliche Eitelkeit mit den Hunden verbinden, und daß sie möglicherweise übrigbleibende Welpen nicht weiter interessieren. Ich denke über diese Welpen nach. Wenn alle Tierheime leer wären, hätte ich kein Problem mit der Hundezucht. Aber sie sind es nicht, und mein Gewissen quält mich, wenn ich an das Problem der zu vielen Hunde denke, zu dem die Züchter beitragen.

Hundevermehrer

Ich benutze diesen Ausdruck für Amateur- und Gelegenheitszüchter. Wo liegt der Unterschied zwischen dem Amateur und dem Profi? Manchmal gibt es ihn kaum. Profis waren einst Amateure, die viel Kenntnis und Erfahrung angesammelt haben. Aber Amateurzüchter befassen sich nicht mit Hundeausstellungen und züchten nicht mehr als ein paar Würfe im Leben. Sie mögen sich aus Liebhaberei damit beschäftigen und ihr Hobby ausdehnen, oder sie glauben, einen wundervollen Hund zu haben und möchten gerne Nachwuchs. Leider kommt es viel zu oft vor, daß die Hündin aus Versehen gedeckt wurde und man nun einen Wurf Welpen da hat. Das ist kein Beispiel für Hinterhofzüchten, sondern für verantwortungslose Hundehaltung.

Viele Menschen sind gegen Hinterhofzüchter, auch wieder aus Gründen der »Übervölkerung«. Meine Gefühle sind da nicht so eindeutig, obgleich es eine Menge Nachteile gibt. Einer der wesentlichen Nachteile ist die Qualität des Welpen. Gute professionelle Züchter verbringen viel Zeit und Sorgfalt mit der Auswahl der geeigneten Zuchtpartner. Sie verfolgen die Abstammung der Hunde, stellen fest, ob es erbliche Probleme gibt. Sie lassen beide Eltern vom Tierarzt untersuchen, ob rassetypische Probleme vorhanden sind. Und typischerweise haben sie Vorbestellungen, ehe die Welpen auf der Welt sind.

Tut das alles der Amateurzüchter? Nein. Sollte er? Natürlich. Die Gesundheit des Welpen sicherzustellen, ist Grundsatz für einen verantwortungsvollen Züchter. Deshalb haben die Hinterhofzüchter keinen guten Ruf. Oft paaren sie die Hunde ohne Sachkenntnis mit schrecklichen Ergebnissen.

Ich erinnere mich an einen Schüler mit einem Golden-Retriever-Welpen. Jemand in der Stadt hatte seine Hündin vom Nachbarrüden decken lassen. Es gab einen Wurf herziger Welpen. Mein Schüler kaufte einen. Als der Welpe heranwuchs, bekam er schon im Alter von sechs Monaten Probleme mit den Hüftgelenken. Mein Schüler und seine Familie waren verzweifelt, den so jungen Hund schmerzgequält zu sehen. Unsummen wurden bezahlt für tierärztliche Untersuchungen, Tests und Auswertungen. Der Hund wurde erwachsen, aber er lebt mit einem schweren Gesundheitsproblem. Hätte der Züchter die Hüften seiner Zuchttiere röntgen und auswerten lassen, ehe die Hündin gedeckt wurde, dann wäre die Paarung sicherlich nicht zustandegekommen. Sie hätte nie zustandekommen dürfen.

Erstaunlich ist, daß die Hinterhofzüchter oft den üblichen Preis für ihre Welpen bekommen. Verlangt ein professioneller gute 1000 Mark für einen Welpen, dann tut es der Hinterhofzüchter auch. Der unerfahrene Käufer macht es möglich, und damit ermuntert er den Hinterhofzüchter, ins Geschäft einzusteigen.

Ein großer Fehler, den der Amateurzüchter begeht, ist zu glauben, daß Hundezucht billig ist. Sie kann billig sein, wenn man keinen Tierarzt vor der Paarung zu Rate zieht und sich nicht um die Überprüfung der Abstammung der Eltern im Hinblick auf Erbkrankheiten kümmert, die Mutter minimal tierärztlich versorgt, die Welpen nicht untersuchen und impfen läßt. Auch das ist ein Grund, warum im allgemeinen Hinterhofzüchter keinen guten Ruf genießen.

Können Amateurzüchter verantwortungsvoll züchten? Natürlich. Die gute Seite ist, daß Mutter und Welpen wahrscheinlich sehr gut versorgt werden. Die Ankunft des Wurfes ist für die Familie ein großes Ereignis. Es wurde nicht gestört durch ständiges Hin und Her der Hunde während der Ausstellungssaison. Die Welpen wurden im Haus geboren (anstatt im Welpenraum eines Zwingers), und sie verbringen die ersten beiden Lebensmonate in der menschlichen Familie. Sie hören typische Geräusche, Türklingeln, Telefon, Staubsauger. Der Übergang in die neue Familie wird dadurch sehr viel leichter. (Der Gerechtigkeit halber: Ich kenne auch professionelle Züchter, die ihre ganze Wohnung – von der Küche bis zum Schlafzimmer – in ein »Welpenzentrum« verwandeln, wenn ein Wurf kommt.)

Amateurzüchter züchten alle paar Jahre einen Wurf oder nur einen einzigen im Leben. Einerseits tragen sie viel weniger zu Übervölkerung bei, aber es gibt Tausende von Liebhabern, die ihren Hund mal decken lassen. Die meisten Würfe werden wahrscheinlich verantwortungslos produziert. Ich wüßte gerne, wer insgesamt im Jahr mehr Hunde hervorbringt, der Profi oder der Amateur. Jedenfalls ist es eine überwältigende Zahl.

Denken Sie daran, daß Hinterhofzüchter nicht immer reinrassige Hunde züchten. Das ist nicht unbedingt schlimm. Gäbe es nur Profizüchter mit eingetragenen Welpen in organisierten Hundezuchtverbänden, wäre die Welt längst nicht so interessant. Mischlinge sind genauso großartige Hunde wie ihre reinrassigen Artgenossen. Ich kenne einige entzückende, gesunde Mischlinge, die es ohne Amateurzüchter nicht gäbe.

Ein letzter Gedanke über Amateurzüchter, sollten Sie mit Ihrem Hund einmal züchten wollen: Ich beobachte oft, daß viele Hundebesitzer in die Falle stolpern. Ich nenne es das »Mein Hund ist der

Beste-Syndrom«. Natürlich lieben Sie Ihren Hund. Für viele Menschen bedeutet diese Liebe, daß sie mit dem Hund züchten müssen, damit sie Nachwuchs haben. Das sind Gefühle, die ein sachliches Abwägen, ob man noch weiter zur Hundebevölkerung beitragen möchte, überwiegen dürften. Hat der Tierarzt bestätigt, daß Ihr Hund körperlich vollkommen gesund ist? Waren seine Eltern und Großeltern gesund? Hat er ein liebes, gehorsames Wesen und ist menschenfreundlich?

Hier ist ein guter Test: Würde der professionelle Züchter mit Ihrem Hund züchten? Wahrscheinlich nicht. Wenn Sie Ihren Hund so sehr lieben, schenken Sie ihm ein großartiges Leben. Füllen Sie seinen Tag mit Spaziergängen, füttern Sie ihn gesund, pflegen Sie ihn regelmäßig, lassen Sie ihn Gefährte sein. Adoptieren Sie einen zweiten Hund, wenn Sie glauben, daß er Hundegesellschaft braucht. Aber züchten Sie nicht mit ihm!

Hundezucht in Deutschland

In Deutschland, Österreich und der Schweiz ist die Situation der Hundezucht anders als in den USA. Professionelle Züchter gibt es nicht, auch keine Zoofachgeschäfte, die Hundewelpen anbieten.

Die nicht gewerblichen Hobbyzüchter, vergleichbar den hier beschriebenen »professionellen Züchtern«, sind in Vereinen organisiert, die in nationalen Dachverbänden zusammengeschlossen sind (Verband für das Deutsche Hundewesen e.V., VDH, Schweizerische Kynologische Gesellschaft, SKG, Österreichischer Kynologenverband ÖKV). Diese Dachorganisationen sind der Fédération Cynologique Internationale (FCI) angeschlossen und haben strenge Auflagen für die Zucht und Aufzucht der Welpen erlassen, um Wesensfestigkeit und Gesundheit der Hunde zu gewährleisten. Es kann also jedem Welpenkäufer nur empfohlen werden, sich nach einem Züchter aus VDH, SKG oder ÖKV zu erkundigen.

Tierheime

Welpen, die Sie aus dem Tierheim holen, sind die »glücklichsten der Welt«. Die Überlebenschancen eines Welpen, der in ein Tierheim gebracht oder dort geboren wird, sind gering. Auch wenn Tierheime Welpen besser vermitteln können als erwachsene Hunde, so ist doch die Überlebensrate heimatloser Welpen gering.

Aus diesem Grunde retten Sie wirklich ein Hundeleben, wenn Sie einen Welpen aufnehmen. Wenn Sie ihn nicht nehmen, will ihn vielleicht auch kein anderer. Viele Hundebesitzer holen ihre Hunde grundsätzlich aus dem Tierheim, und es ist eine wundervolle, selbstlose Art, Hundehaltung anzugehen.

Es gibt natürlich auch hier einige Nachteile. Oft ist die Gesundheit ein Problem. Unerwünschte Welpen werden meist von unerwünschten Müttern geboren und kennen kaum gesundheitliche Betreuung. Der Vater war vermutlich ein unbekannter Streuner. Die Tierheime können sich eine gründliche tierärztliche Überprüfung des Welpen oft nicht leisten. Deshalb ist die Gefahr erblicher Defekte größer, weil man nichts über die Herkunft weiß. Andererseits können Welpen, die all die Unbill überlebt haben, sehr vital sein.

Wie schon in Hinblick auf den professionellen Züchter erwähnt, weiß man, was man bei einem Rassehund erwarten darf. Welpen aus dem Tierheim können das nicht bieten. Die dicken Pfoten können Hinweis auf einen großen Hund sein, oder vielleicht ist auch nur ein Basset Hound in seiner Ahnenreihe. Eine Hündin, die einem Collie ähnlich sieht, hat vielleicht Retrieverblut. Gepaart mit einem Pudel kommen Hunde heraus, die aussehen wie lockige, langhaarige Labradors! Sie verstehen, was ich meine. Aber nur ein- oder zweimal in meinem Leben bin ich Hunden begegnet, die absolut nicht erahnen ließen, wer unter ihren Vorfahren war. Nicht ein einziges Merkmal war einzuordnen. Meist kann man erst etwas dazu sagen, wenn der Hund ausgewachsen ist.

Ein weiterer Nachteil der Tierheimhunde liegt im Wesen. Auch wenn manche professionelle Züchter dem Charakter nicht immer die größte Bedeutung beimessen, so hat er überhaupt keine bei versehentlichen Würfen. Bissige Eltern lassen nicht auf freundliche, zärtliche Welpen hoffen. Hatten die Eltern Ihres Welpen ein gutes Wesen? Wer weiß das schon. Wenn nicht, können Sie den Welpen trotzdem zu einem angenehmen, wohlerzogenen Hausgenossen machen, aber es ist viel schwieriger als bei einem zärtlichen Welpen, der gerne seinem Herrn zu Gefallen ist.

Rettungsorganisationen für Rassehunde

Sie werden von Leuten ins Leben gerufen, sie sich einer bestimmten Rasse widmen und sich bemühen, unerwünschte Hunde weiter zu vermitteln. Sie sind oft Züchter (Profi und Amateur), die daran glauben, daß ein neuer Wurf nur dann gerechtfertigt ist, wenn verstoßene erwachsene Hunde vermittelt werden können. Solche Menschen bringen die Hunde meist zunächst bei sich oder in Pflegefamilien unter. Der Hund wird tierärztlich betreut. Ist er gesund, kann er vermittelt werden.

Das schöne an dieser Sache ist, daß sich Menschen um die Hunde kümmern, die die Rasse wirklich lieben. Ihre Kenntnis und Erfahrung trägt dazu bei, das richtige Heim für diese Hunde zu finden. Die Erfahrung lehrt sie, wann ein Hund nicht mehr gerettet werden kann, sei es aus gesundheitlichen Gründen, infolge schlechter Behandlung oder wegen aggressivem Charakter.

Meist sind die Hunde junge erwachsene oder ältere Tiere, aber es gibt auch Welpen, besonders, wenn eine Hündin aus Versehen gedeckt wurde. Manchmal weiß die Organisation, ob die Eltern reinrassig sind. Manchmal muß man raten. Meistens arbeiten Rassehundezüchter mit diesen Organisationen zusammen und können Ihnen die Adresse nennen.

Züchter können Ihnen meist »Rettungsorganisationen« nennen, wenn Sie mit dem Gedanken spielen, einen unerwünschten Rassehund aufzunehmen.

Diese Rettungsorganisationen für bestimmte Rassen sind ein guter Kompromiß zwischen dem Rassehundezüchter und dem Tierheim, wenn Sie sich einer bestimmten Rasse verschrieben haben. Denken Sie aber daran, daß sich jemand aus einem bestimmten Grund von dem Hund trennte. War es ein Problemhund? Oder hatte der Besitzer Probleme? Oft kann man Ihnen diese wichtigen Fragen beantworten. Auch sind die Vermittler bemüht, die richtige Familie für den Hund zu finden. Ein scheuer Junghund, der Angst vor Kindern hat, ist z. B. besser in einem ruhigen Haushalt mit pensionierten Menschen aufgehoben, wo er ein neues Leben beginnen kann. Ein temperamentvoller Junghund lebt erst so richtig in einem lebhaften Haushalt mit lauten Kindern und Teenagern auf. Seien Sie deshalb nicht beleidigt, wenn man Sie nach Ihren Lebensumständen ausfragt. Man versucht nur, dem Hund eine zweite und hoffentlich letzte Chance zu geben, ein geliebter Familienhund zu werden.

Hundehandel und gewerbliche Hundezucht

Wenn mich potentielle Kunden zwecks einer Welpenerziehung anrufen, frage ich stets »Woher haben Sie den Welpen?« Die üblichsten Antworten sind: Vom Züchter, aus dem Tierheim oder Hundehandel. Dann frage ich, wie es dem Welpen geht. »Ist er gesund? Ist er aufgeschlossen und freundlich? Wie klappt es mit der Stubenreinheit?«

Diese Fragen betreffen alle Welpen, aber sie sind besonders bedeutungsvoll bei Welpen aus dem Hundehandel. Ich habe mit zu vielen Leuten gesprochen, die dort kranke Welpen kauften. Dies bestätigten mir Tierärzte: kranke Welpen kommen meist daher. Es liegt daran, daß sie aus verschiedenen Quellen zusammenkommen. So wie am ersten Schultag Kinder im Bus Erreger aus vielen Haushalten einschleppen. Es dauert nicht lange, und alle sind erkältet.

Leider sind die in den Räumen von Hundehändlern vorkommenden Erreger nicht so harmlos wie ein Schnupfen. Manche Hundekrankheiten wie Parvovirose und Staupe können tödlich sein. Infektionen der Atemwege und des Verdauungstrakts rufen ernste Krankheiten hervor und schwächen den Welpen. Ich sage nicht, daß Welpen guter Züchter nie krank werden. Aber das Risiko ist größer, wenn Sie einen Welpen beim Hundehändler kaufen (oder sonstwo, wo viele Hunde auf engem Raum zusammenleben).

Tierärzte haben es bei solchen Welpen oft schwer, die Krankheit rasch zu diagnostizieren, weil sie keinen Züchter fragen können, welchen Erregern der Welpe möglicherweise ausgesetzt war. Deshalb müssen oft viele Möglichkeiten ausgetestet werden. Das ist teuer, und Sie starten Ihre Laufbahn als Hundehalter mit saftigen Tierarztrechnungen.

Auch meine Frage nach dem Wesen des Welpen ist begründet. Oft sind solche Welpen nicht richtig sozialisiert. Idealerweise sollten Welpen direkt von Mutter und Geschwistern in die neue Familie gehen. Leider verbringen die Welpen des Hundehändlers diese wertvolle Zeit in Käfigen. Natürlich kommen Kunden und nehmen die Welpen auf den Arm, aber das ersetzt nicht die liebevolle Erfahrung, die ein Welpe in seiner neuen Familie genießt. Tatsächlich beginnen gute Züchter schon mit der Sozialisierung ihrer Welpen, wenn sie drei oder vier Wochen alt sind. Sie können sicher sein, daß Welpen, die in Massenproduktion geboren werden, diese Aufmerksamkeit nicht bekommen.

Auch die Stubenreinheit ist oft ein Problem bei Hunden von einem Händler. Die ganze Philosophie hinter dem Training mit dem Laufstall ist, daß Hunde niemals ihre Wohn- und Schlafräume beschmutzen. Selbst acht Wochen alte Welpen können tagsüber bis zu vier und nachts bis zu acht Stunden einhalten, wenn sie keine Möglichkeit haben, sich außerhalb ihres unmittelbaren Lagers zu lösen. Welpen bei einem Händler sind gezwungen, 24 Stunden am Tag auf engstem Raum zusammengepfercht zu verbringen, bis sie verkauft werden. Leider kommt es vor, daß sie vier bis sechs Wochen so leben müssen. Sie haben keine andere Wahl, als ihr Nest zu beschmutzen. Die Welpen gewöhnen sich daran, auch wenn der Kot durch die Käfiggitter fällt. Die traurige Folge dieser Erfahrung ist, daß man solche Welpen niemals stubenrein bekommt.

Selbst wenn Ihr Hund von einem Hundehändler nicht krank sein sollte, müssen die Besitzer oft nach ein oder zwei Jahren mit Sorgen rechnen. Erbkrankheiten wie Hüftgelenksdysplasie oder Netzhautablösung – um nur zwei zu nennen – sind weit verbreitet. Verantwortungsvolle Züchter achten sorgfältig darauf, daß sie nur mit gesunden Hunden züchten.

Menschen entschuldigen ihren Kauf beim Händler oft damit, daß der Welpe ursprünglich von einem Züchter kam. Das kann stimmen, oder auch nicht. Wenn es stimmt, war der Züchter nicht gut. Ich habe in den letzten 25 Jahren viele hervorragende, verantwortungsvolle Züchter kennengelernt, die niemals einen Welpen an einen Händler abgeben würden. Deshalb ist es auch nicht leicht, bei solch einem Züchter einen Hund zu kaufen. Er prüft den Käufer. Bestehen Sie die Prüfung nicht, bekommen Sie keinen Hund. Im Handel jedoch wird jeder Hund jedem verkauft, solange der geforderte Preis gezahlt wird.

Denken Sie daran, daß »teuer« nichts mit Qualität zu tun hat. Obwohl die Welpen von einem Händler in aller Regel »minderwertiger« sind als die aus guten Zuchten, verlangen die Händler oft den gleichen Preis. Das ist Verkaufspsychologie. Denken Sie darüber nach. Stellen wir uns den Durchschnittsbürger vor, der drei verantwortungsvolle Züchter anruft. Jeder verlangt für seinen Welpen 1000,– DM. Dann sieht er einen Welpen der gleichen Rasse für 200,- DM bei einem Händler. Die erste Reaktion ist: Da kann doch was nicht stimmen! Also verlangt man ebenfalls hohe Preise, damit der Käufer das Gefühl hat, etwas Wertvolles zu kaufen.

Trotz der vielen Nachteile eines Welpen aus dem Hundehandel werden viele zu tollen Hunden, trotz schlechter Zucht und schrecklicher Aufzuchtbedingungen. Das beweist einmal mehr, wie widerstandsfähig und intelligent unsere vierbeinigen Freunde sind. Aber wenn ich die Gelegenheit habe, Leuten einen Rat zu geben, ehe sie kaufen, empfehle ich ihnen dringend, einen gut gezüchteten, gut sozialisierten Welpen von einem verantwortungsvollen Züchter zu kaufen. Warum sollen Sie sich um eine der schönsten Erfahrungen im Leben bringen – die Liebe und Treue eines gesunden Hundes.

Beurteilung eines Welpen

Die erste schwierige Entscheidung im Leben eines Hundehalters ist, welchen der süßen Welpen man mitnehmen soll. Eine schwere Entscheidung! Vielleicht haben Sie Glück, und der Züchter trifft die Wahl für Sie. Aus jahrelanger Erfahrung weiß er, welcher Welpe für Ihre Familie und Lebensumstände am besten geeignet ist.

Überläßt Ihnen der Züchter die Wahl, oder wenn Sie Ihren Welpen aus einem Tierheim oder sonstwo bekommen, wo keine professionelle Hilfe gewährleistet ist, müssen Sie selbst die Wahl treffen. Hier einige hilfreiche Hinweise.

Beobachten Sie jeden einzelnen Welpen. Sie werden erkennen, daß sie in ihren rauhen Spielen einander testen.

Ich habe festgestellt, daß sich die »mittelmäßigen« Welpen am besten erziehen lassen. Vermeiden Sie die Welpen mit extremem Verhalten, nehmen Sie nicht den frechsten oder ängstlichsten Welpen. Der freche Welpe scheut vor nichts zurück und hält Sie 24 Stunden am Tag auf Trab.

Zurückhaltenden oder scheuen Welpen fehlt das Selbstvertrauen. Sie können zu Hunden heranwachsen, die Angst vor ihrem eigenen Schatten haben. Am schlimmsten sind die »Angstbeißer«, die vor lauter Angst um sich beißen. Natürlich kann man durch umsichtigen Umgang mit einem scheuen Welpen vermeiden, daß er zum Angstbeißer wird, aber solch ein Hund macht sehr viel Arbeit.

Ich empfehle Ihnen, den Welpen zu nehmen, der an Ihnen interessiert ist, aber nicht so überschwenglich. Woher weiß man das? Beobachten Sie die Welpen zunächst, wenn Sie den Raum betreten. Sind einige schockiert oder verdutzt? Springen Sie einige sofort an? Setzen Sie sich zu den Welpen auf den Boden. Der »mäßige« Welpe wird Sie beschnüffeln und nach kurzer Zeit auf Ihren Schoß steigen.

Hierbei können Sie seine Dominanz testen. Rollen Sie ihn sanft auf den Rücken, Ihre Hand ruht auf seiner Brust. Knurrt und wehrt er sich wütend, ist er dominant. Grollen Sie »Naah!« und halten Sie ihn sanft zurück. Wehrt er sich weiterhin, neigt er zur Führungs-

Alle Welpen saugen, nur einer steht abseits an der Tür. Sie können ziemlich sicher sein, daß er eine unabhängige, aufgeschlossene Persönlichkeit ist.

rolle. Er wird Sie immer wieder auf die Probe stellen. Nur erfahrene Hundeausbilder werden mit solch einem Burschen Erfolg haben.

Beruhigt sich der Welpe rasch, dann ist er bereit, sich zu unterwerfen. Sie werden zwar noch Arbeit mit ihm haben, aber mit dem richtigen Umgang und Ausdauer kann der Welpe erzogen werden. Doch er kostet unter Umständen Mühe.

Der nächste Welpe knurrt nicht, sondern zappelt nur, beruhigt sich und leckt über Ihre Nase, sobald Sie »Naah!« sagen. Dieser Welpe ist sehr viel einfacher zu erziehen als die beiden anderen Typen. Wehrt sich der Welpe überhaupt nicht und leckt Sie nur ab, dann ist er unterwürfig. Er ist leicht zu erziehen. Aber Sie müssen aufpassen, daß Sie mit der sanften Seele nicht zu streng umgehen.

Wenn Sie nun die verschiedenen Persönlichkeiten der Welpen herausgefunden haben, denken Sie an Ihren Haushalt. Gibt es lebhafte, laute Kinder mit Freunden? Der etwas aufgeschlossenere Welpe paßt da recht gut. Sind Sie schon älter oder haben Sie ein kleines Kind? Dann wäre der unterwürfige, leicht erziehbare Hund für Sie der richtige. Es gibt viel weniger schlechte Hunde als schlechte Hund-Mensch-Verbindungen. Mit gesundem Menschenverstand bei der Auswahl des Welpen hat man eine viel größere Chance auf eine langjährige glückliche Freundschaft mit dem Hund.

Anzeichen für Dominanz zeigen sich beim Welpen schon früh. Beißen und sich über Wurfgeschwister stellen besagen: »Ich bin stark!« Solch ein Welpe kann der richtige für Sie sein – oder auch nicht.

Angst vor Geräuschen

Es ist immer nützlich, einen Welpen auf seine Geräuschempfindlichkeit zu testen. Hier ist eine einfache Methode. Bitten Sie einen Freund, im Nebenraum (nicht direkt bei den Welpen) eine Metallschüssel auf den Boden fallen zu lassen. Sagen Sie nichts, wenn es knallt. Beobachten Sie den Welpen dabei.

Sie sehen eine von drei Reaktionen: Einige Welpen reagieren überhaupt nicht. Das ist gut. (Testen Sie einen Dalmatiner, dann achten Sie darauf, daß er nicht taub ist!)

Einige Welpen schauen sich um und spielen dann weiter. Auch hier gibt es keine Probleme. Sollten Sie diesen Hund als Jagdhund halten wollen, gewöhnen Sie ihn allmählich an Schüsse.

Die dritte Möglichkeit ist, daß der Welpe erschrickt, davonrennt, sich versteckt oder zittert wie Espenlaub. Dieser Welpe wird später Angst vor Gewittern haben und schußscheu sein. Silvester ist für solch ein Tier ein Alptraum. Eine Motorfehlzündung versetzt ihn in Panik. Ich rate Ihnen von diesem Welpen ab. In den meisten Fällen handelt es sich um eine erbliche Geräuschscheu, die man nicht abgewöhnen kann.

Sie sehen alle gleich aus!

Manchmal sind die Unterschiede der Welpenpersönlichkeiten nicht so dramatisch, die Wahl fällt schwer. Können Sie sich nicht entscheiden und Züchter oder Tierheimmitarbeiter helfen nicht, verlassen Sie sich auf Ihr Gefühl. Mögen Sie einen Welpen besonders gern? Ist er gesund und wesensmäßig stabil? Können Sie sich vorstellen, daß er in Ihrer Familie glücklich wird?

Der Welpe sollte Ihnen gefallen. Aber Persönlichkeit und Temperament sind viel wichtiger. Lassen Sie sich stets die Mutter zeigen, falls möglich den Vater, ehe Sie sich für einen Wurf oder einen Welpen entscheiden. Welpen werden meist so wie Vater oder Mutter. Wenn die Eltern scheu oder zu lebhaft sind, außerordentlich aggressiv oder geräuschscheu, dann schauen Sie sich nach einem anderen Züchter um. Sie brauchen solche Probleme nicht.

Einige Hundebesitzer berichteten mir: »Der Welpe hat uns ausgesucht!« Das ist in Ordnung, so lange Sie mit klarem Kopf an die Sache herangehen. Wenn der Welpe und seine Vorfahren keine Erbkrankheiten haben, wenn sein Wesen in Ordnung ist und Ihnen die Eltern gefallen, dann nehmen Sie das kleine Bündel mit. Ich streite nicht ab, daß Hunde einen sechsten Sinn für Menschen haben. Wenn der Welpe Sie auswählt, genießen Sie Ihr Glück und geben Sie sich alle Mühe, ein guter Hundebesitzer zu sein. Ihr Welpe glaubt an Sie!

Die zehn besten Familienhundrassen

Seit über zwei Jahrzehnten bilde ich Hunde aus und weise Hundebesitzer an, wie man Hunde erzieht. In dieser Zeit habe ich Tausende von Hunden – und genauso viele Hund- und Familien-Beziehungen gesehen. Einige waren großartig. Die Hunde hatten ein nettes Wesen, ließen sich leicht erziehen und paßten gut in den Haushalt. Damit meine ich, daß sie zuverlässig im Umgang mit den Kindern, anderen Tieren im Haus, Besuchern, im Urlaub usw. waren.

Nachdem ich so viele Familienhunde kennengelernt habe, stellte ich fest, daß sich einige Rassen besser als andere dafür eignen. Nach meiner Meinung sind die folgenden zehn Rassen sehr gut für ein Leben in der Familie geeignet. Ich bin sicher, daß deshalb die meisten auf dieser Liste so populär sind.

Sollten Sie nach Mischlingen fragen, so sind alle Mischungen aus diesen zehn Rassen ebenso gut. Man muß nicht unbedingt einen Rassehund kaufen, um Glück mit einem Familienhund zu haben. Wenn ich also eine bestimmte Rasse beschreibe, kann man das auch auf einen Mischling anwenden, unter dessen Ahnen vorrangig diese Rasse zu finden ist.

Bitte denken Sie daran, daß es immer Ausnahmen von der Regel gibt. Ich habe unerziehbare Labradors ebenso angetroffen wie bissige Beagles – aber selten. Darum geht es: diese Hunde lassen sich generell gut erziehen und haben meistens ein angenehmes Wesen. Mit etwas Sorgfalt in der Welpenzeit werden sie zu Hunden, an denen Sie ein langes Hundeleben lang Freude haben.

Bei den Beschreibungen bin ich nicht auf das Aussehen eingegangen. Erst einmal liegt Schönheit im Auge des Betrachters. Zweitens gibt es viele Bücher, die Rassehunde beschreiben. Leider habe ich festgestellt, daß sie viele Rassen als exquisit und wunderschön beschreiben. Dort liest man auch, daß alle Rassen wundervoll, klug, herrliche Gefährten und kinderfreundlich sind. Manche Rassebücher sind schön anzuschauen, aber ich finde, sie geben keine gute Einschätzung des Wesens der Hunde ab. Die zehn besten Familienhunde sollen einen Überblick verschaffen, darauf aufmerksam machen, was Sie bei bestimmten Rassen erwartet und Ihnen und Ihrer Familie einen kleinen Führer an die Hand geben, den Hund zu finden, der Sie zu einem glücklichen Hundebesitzer werden läßt.

Golden Retriever

Goldens sind sicherlich nicht die intelligentesten Hunde auf Erden, aber sie sind clever genug für Gehorsamswettbewerbe. Das liegt daran, daß sie sehr gut nach Schema arbeiten können. Viel wichtiger jedoch ist ihre Bereitschaft, alles recht machen zu wollen (will to please). Ihre Schmusebereitschaft ist eine große Erziehungshilfe. Einer der größten Vorzüge des Goldens ist, daß er sich beinahe überschlägt, um seinem Ausbilder zu gefallen. Die Rasse reagiert auch sehr gut auf Dinge, die bei der Erziehung ihre Aufmerksamkeit erregen sollen, wie z. B. Bälle und Hundespielzeug.

Obwohl lebhaft (besonders die Junghunde), haben die Goldens ein freundliches Wesen. Sie taugen vielleicht nicht als Wachhunde, aber sie sind sehr duldsam im Umgang mit Kindern. Goldens sind Jagdhunde, sie begleiteten ursprünglich den Jäger ins Feld. Deshalb brauchen sie entsprechend Bewegung. Sie passen sich sehr gut an und werden zu großen, dicken Sofakissen – aber Sie tun dem Hund keinen Gefallen, wenn Sie es zulassen. Schnappen Sie sich die Leine und gehen Sie täglich mit dem Golden spazieren. Das tut Ihnen beiden gut!

Labrador Retriever

Labradors haben viele der guten Eigenschaften der Goldens. Auch sie sind temperamentvolle Junghunde, doch meist werden sie zu netten, ruhigen Erwachsenen. Sie sind auch sehr gut mit Kindern. Ich finde, daß sie ebenfalls gerne ihrem Herrn zu Gefallen sind (ich habe zwei), aber nicht so sehr wie die Goldens.

Labradors sind etwas bessere Wachhunde als Goldens. Wenn ich jedoch einen Schutzhund suchte, dann würde ich keinen der beiden nehmen. Unser gelber Labrador Bentley bellt und knurrt, wenn ein Fremder an die Tür oder ans Auto kommt. Unser schwarzer Byron hingegen würde den Einbrecher um einen Leckerbissen anbetteln und ihm die Tür aufhalten, wenn er den Fernseher hinausträgt.

Beagle

Ich liebe Beagles. Das hat überhaupt nichts mit ihrer Erziehbarkeit zu tun, aber es ist so. Beagles sind großartige Familienhunde. Im Gegensatz zur verbreiteten Meinung sind sie nicht dumm. Tatsächlich stellen sie sich in manchen Klassen sogar sehr gut an. Ihr größtes Problem ist die Nase. Sie bringt den Beagle immer wieder in Schwierigkeiten. Das ist aber nicht seine, sondern unsere Schuld. Die Menschen haben durch Zuchtauslese dieses hervorragende Riechorgan geschaffen. Deshalb sollten Sie die Erziehung beim jungen Beagle beginnen. Denken Sie aber daran, daß es immer Ausnahmen von der Regel gibt. Der Star eines Sommer-Trainingskurses war Ginger, ein 13 Jahre alter Beagle. Ich mag gar nicht ausdenken, was dieser Hund alles hätte vollbringen können, wenn man bei ihm als Welpe mit der Ausbildung begonnen hätte. Lassen Sie mich ein anderes Vorurteil aus der Welt schaffen: Beagles können wirklich lernen zu kommen, wenn man sie ruft.

Wenn Sie ihn mit Biegen und Brechen erziehen wollen, klappt das nicht. Enge Bindung und Vertrauen führen zum Erfolg. Beagles sind sehr gut mit Kindern. Aber man sollte sehr jung anfangen, ihnen das Bekauen und Beißen zu verbieten. Wenn Sie einen Beagle haben oder kaufen, geben Sie ihm einen Kuß von mir.

West Highland White Terrier

Insgesamt mag ich Terrier sehr. Im Spaß bezeichne ich sie gerne als »Terrier-risten«. Sie können ganz schön stur sein. Meine Lieblinge und am leichtesten zu erziehen sind die Westies. Sie sind nicht ganz so stur wie die anderen Terrierrassen. Sie scheinen eher die Neigung zu haben, alles recht machen zu wollen. Ich finde sie auch ausgesprochen freundlich. Aber wie alle anderen Rassen müssen sie schon sehr jung lernen, daß Beißen nicht erlaubt ist. Gewöhnen Sie den

Westie daran, sich anfassen zu lassen, üben Sie Sitz, Platz-bleib – und Sie werden einen großartigen Hund haben. Ich habe festgestellt, daß Terrier sehr gut mit Kindern sind. Aber aggressives Spiel darf nie geduldet werden. Gehen Sie mit dem Hund an der Leine spazieren, lassen Sie ihn Ballspielen oder Frisbee fangen, niemals machen Sie Tauziehenspiele oder irgend etwas, das Beißen und Knurren herausfordert.

Dobermann

Der Hund des 2. Weltkriegs hatte das Glück, in die Hände verantwortungsvoller Züchter zu kommen. Ich kann mich nicht an Problemhunde unter ihnen erinnern. Die meisten sind ganz besonders lieb. Sie sind großartige Wachhunde, insbesondere da sie stets furchteinflößend auf Menschen wirken. Sie könnten einen sanften Hund Ihr eigen nennen – trotzdem würde Sie niemand anpacken, solange Sie einen Dobie an der Leine haben.

Ich glaube, daß der Dobermann durch die Zuchtauswahl einen starken Schutzinstinkt gegenüber seinen Meutegenossen und seinem Revier hat. Schutzhundausbilder trainieren sie gerne als Schutzhunde. Aufgepaßt! Ich lehne jegliches Angriffstraining für einen Familienhund ab! Ich glaube nicht, daß eine solche Ausbildung notwendig ist, aber sie ist potentiell gefährlich. Besitzer können zur Verantwortung gezogen werden (und werden es auch), falls der Hund beißt. Sofern er nicht ausgesprochen ängstlich ist, stehen die Chancen gut, daß er ganz natürliches Schutzverhalten in entsprechenden Situationen zeigt. Und wie ich schon erzählte, die Wahrscheinlichkeit, daß man Ihnen einen Knüppel über den Kopf schlägt, wenn Sie mit dem Hund spazierengehen, ist sehr gering!

Die Rasse ist intelligent, recht unterordnungsfreudig und leicht zu erziehen. Ausbildung ist unerläßlich und sollte jung begonnen werden.

Sheltie (Shetland Sheepdog)

Barbara McKinney hat oft gesagt, daß sie sich eines Tages als »ältere Dame mit Sheltie« sieht. (Ich stimme ihr da zu, ich sehe mich allerdings als Oldie mit Beagle!) Shelties sind wundervoll, und man muß ganz bestimmt nicht zu den Senioren gehören, um sich daran zu erfreuen. Sie sind großartige Familienhunde. Sie sind außerordentlich klug, gehorchen gerne und lassen sich hervorragend erziehen. Sie neigen jedoch zum Kläffen. Man sollte ihnen unbedingt schon als Welpe beibringen, auf Kommando ruhig zu sein. Sie werden deshalb immer noch gern bellen, aber man kann sie dazu bringen, eine Weile still zu sein.

In der Regel sind Shelties zuverlässig mit Kindern und genießen alle Aktivitäten im Freien. Als Welpen sind sie ausgesprochen lebhaft. Auslauf und Erziehung sind unerläßlich. Auch wenn sie nicht gerade abschreckend aussehen, so melden sie doch mit ihrer energischen Stimme, sobald etwas das Grundstück betritt – sei es ein Eichhörnchen, ein fremder Hund, eine Katze oder ein Vogel…

Collie

Collies sind keine großen Shelties. Sie sind eine vollkommen andere Rasse mit ihrer eigenen Persönlichkeit. Wie die Shelties sind sie intelligent und lernfähig, aber viel ruhiger. Sie sind ebenfalls sensibel und außerordentlich leicht zu erziehen. Harte Ausbildungsmethoden machen den Collie kaputt. Vertrauen und sanfte Bestimmtheit sind unerläßlich. Obwohl die meisten Collies ruhige Hunde sind, ist die Erziehung trotzdem wichtig.

Collies sind wunderbar mit Kindern, aber denken Sie daran, daß »Lassie« ein Mythos ist. Ich empfehle Ihnen nicht, den Collie mit auf den Hof zu schicken, um das Krabbelkind zu hüten. Alle Hunde, sogar Collies, müssen in Gegenwart kleiner Kinder sorgfältig überwacht werden. Die einzigen Collies mit Verhaltensstörungen, die mir in all den Jahren begegnet sind, waren gelangweilte Collies. Lassen Sie Ihren Collie arbeiten, und wenn es nur ein paar tägliche Unterordnungsübungen sind. Wie die meisten Hütehunde blühen Collies auf, wenn sie eine Aufgabe haben.

Boxer

Boxer sind intelligent, sensibel und lernfähig. Aber manche sind außerordentlich lebhaft und geraten außer Kontrolle. Ich kenne ganz ruhige Boxer und springlebendige. Die beiden Typen scheinen geradezu verschiedenen Rassen anzugehören. Versuchen Sie einen Züchter zu finden, der sich auf erstere spezialisiert hat. Entscheiden Sie sich für letzteren, stellen Sie sich auf einen aktiven Haushalt ein. Menschen mit solch einem Boxer hatten bei Ausbildungskursen immer alle Hände voll zu tun, aber manche haben es geschafft.

Boxer können sehr gut mit Kindern sein, aber sie haben als Junghunde eine Neigung zum Schnappen. Unterbinden Sie das von Anfang an. Sie sind auch unverbesserliche Leute-Anspringer. Halten Sie sie unter Kontrolle im Umgang mit Kindern. Als Junghunde und Halbstarke kennen sie oft ihre eigene Kraft nicht.

Pudel

Ich kenne keine Rasse, gegen die es größere Vorurteile gibt, als Pudel. Viel zu viele halten Pudel für frisierte, manikürte, kläffende, zerbrechliche kleine Hunde. Man muß sie kennen, um sie zu lieben. Ich schlage vor, einen kennenzulernen. Sie werden niemals auf eine intelligentere und anpassungsfähigere Rasse stoßen. Vor vielen Jahren adoptierte ich einen schwarzen Großpudel. Jossie war beinahe zwei Jahre alt und vollkommen unerzogen. Sie hatte alle schlechten Angewohnheiten, die ein Hund nur haben kann. Sie war nicht stubenrein, schnappte beim Bürsten oder Krallenschneiden, kam nicht auf Rufen – niemals! Es dauerte zwei Jahre und kostete viel Mühe, aber sie wurde einer meiner besten Hunde! Jossie gewann sogar Preise auf Gehorsamswettbewerben. Sie war eine ausgezeichnete Schwimmerin und liebte es besonders, Fasane aufzustöbern, die mein Deutsch Kurzhaar anzeigte. Sie war auch ein großartiger Wachhund und sehr aufmerksam. Sie meldete jeden Besucher lange ehe sich ein anderer Hund im Hause muckste.

Pudel gibt es in drei Größen, Zwerg, Klein und Groß. Ich liebe sie alle. Sie sind grundsätzlich gut mit Kindern und leicht zu erziehen. Ausbildung ist jedoch unerläßlich. Bringt man sie nicht dazu, ihr Gehirn nützlich zu beschäftigen, dann lassen sie sich allerhand Unsinn einfallen. Ein Pudelgehirn ist viel zu schade, um es brachliegen zu lassen.

Das einzig Negative, das ich bei der Rasse festgestellt habe, ist die Pflege. Ich hasse schmutzige, zottelige Hunde. Deshalb hatte ich alle sechs Wochen einen Friseurtermin. Ich kaufte sogar die ganze Ausrüstung, nur um festzustellen, daß ich weder die Zeit noch die

Geduld zur Hundepflege aufbrachte. Abgesehen vom Pflegeaufwand stehen Pudel ganz oben auf meiner Liste der idealen Hausgenossen.

Bichon Frisé

Bichons sind entzückende kleine Hunde. Sie sind sehr intelligent, aber Spätentwickler. Seien Sie nicht enttäuscht, wenn er in den Klassen der vier Monate alten Welpen zu dumm erscheint für die Erziehung. In diesem Alter sind Bichons oft nur wackelnde kleine Wollknäuel. Auch wenn Sie das Gefühl haben, Ihre Bemühungen seien erfolglos, machen Sie weiter. Es nützt dem Welpen, ihn dazu zu bringen, gewisse Dinge zu tun. Bichons können als Welpen sehr viel beißen. Gehorsamsübungen sind eine gute Gelegenheit, dies zu unterbinden.

Bichons können etwas länger brauchen, um stubenrein zu werden, als andere Hunde. Halten Sie sich streng an das Kapitel über Stubenreinheit (Seite 120). Der Erfolg ist Ihnen sicher. Die einzigen Bichons, die niemals stubenrein wurden, kamen von Hundehändlern. Sie sind sehr intelligent und nehmen rasch Gewohnheiten an. Hat ein Bichon ein paar Wochen bei einem Hundehändler verbracht und sich in seinem Ställchen gelöst, tut man sich in der Erziehung schwer.

Bichons sind wunderbar mit Kindern. Sie lieben zu spielen und haben viel Humor. Suchen Sie einen guten Züchter, und Sie bekommen ein liebenswertes Familienmitglied.

Zusammenfassung

Das sind die zehn beliebten Rassen in unbestimmter Reihenfolge, mit denen man gut leben und die man leicht erziehen kann. Ich bin sicher, daß viele Hundehalter (insbesondere Züchter) meine Meinung nicht teilen. Aber ich hatte das Glück, in den vergangenen Jahren so viele Freunde unter den normalen Hundehaltern zu finden, daß ich mich ihnen verpflichtet fühle. Der vorangegangene Text ist meine persönliche Meinung aufgrund jahrelanger Erfahrung. (Hinweis des Verlages: Der »Kosmos-Hundeführer« von Eva-Maria Krämer informiert objektiv über alle Hunderassen.)

Lernen Sie Ihren Welpen kennen

Wie ein gutes Buch über die Entwicklung eines Kindes hilft Ihnen das folgende Kapitel, die Entwicklung des Welpen zu verstehen. Je besser Sie wissen, wie Ihr Welpe aufwächst und sich verändert, desto besser sind Sie als Besitzer.

Die Entwicklung des Welpen

Während des Wachstums durchlaufen Welpen ebenso wie Kinder viele Entwicklungsstadien. Sie drücken sich nicht nur im Erscheinungsbild aus, sondern auch im Verhalten. Ich finde, es gibt eine Menge Parallelen zwischen den Reifeprozessen von Kindern und Hunden. Ich sage nicht, in der Intelligenz! Kinder lernen tausende Dinge zu tun, die ein Hund niemals lernen kann. Dazu gehören Lesen, Schreiben und Sprechen. Beschränken wir uns jedoch auf die Reifegrade, finden wir die Parallelen zwischen Kindern und Hunden recht aufschlußreich.

Ein Kind aufzuziehen kostet viel Zeit und Mühe. Einige Eltern leisten hervorragende Arbeit. Mögen die Eltern auch noch so gut sein, sie kommen nicht umhin, die Entwicklungsphasen ihrer Kinder durchzumachen. Es gibt keine Möglichkeit, einen Zweijährigen dazu zu bringen, sich wie ein Fünfjähriger zu benehmen. Niemals bekommt man einen Fünfjährigen dazu, sich wie ein Zwölfjähriger zu benehmen. Ein Zwölfjähriger kann niemals die Erfahrung und Reife eines Zwanzigjährigen haben.

Trotzdem, gute Eltern lassen ihre Kinder nicht einfach unbeachtet, bis sie erwachsen sind. Sie beginnen schon im Krabbelalter damit, ihren Kindern etwas beizubringen, so daß sie sich als Erwachsene ordentlich benehmen können. Nur Zeit und Beschäftigung mit den Kindern läßt sie zu reifen, respektvollen, gut erzogenen Erwachsenen heranwachsen. Das stimmt auch in bezug auf Welpen.

Der ideale Zeitpunkt, mit dem Welpenkindergarten zu beginnen, ist ganz am Anfang – wenn der Welpe acht Wochen alt ist. Doch noch so viel Übung kann aus Ihrem Welpen keinen reifen, gut erzogenen Hund machen. Um das zu erreichen, braucht es viel Zeit und ständige Übung.

Ich werde regelmäßig von frustrierten Besitzern älterer Junghunde angerufen. Meist verläuft die Unterhaltung folgendermaßen: »Als Rover zehn Wochen alt war, bin ich mit ihm zur Welpenspielschule gegangen. Ich habe fast täglich mit ihm geübt. Nun ist er sechs Monate alt und noch immer so temperamentvoll. Er hört nicht immer zu und folgt nicht auf Anhieb.« Meine Antwort ist immer die gleiche: »Natürlich hat er noch viel Temperament, er ist noch immer ein Junghund! Zuverlässig Kommandos zu befolgen heißt, daß der Hund gute Manieren angenommen hat. Das bedeutet, daß der Hund, sobald er das Kommando hört, automatisch reagiert. Ihr Welpe ist erst ein halbes Jahr alt. Er war noch nicht lange genug auf dieser Welt, um diese Gewohnheiten annehmen zu können.«

Besitzer müssen die Junghundzeit durchmachen. Man kann sie nicht umgehen. Ihr Junghund wird noch eine ganze Weile so bleiben, nämlich bis er zwei Jahre alt ist. Stecken Sie Ihre Erwartungen nicht so hoch, ein sechs Monate alter Hund kann nicht ruhig und brav sein. Setzen Sie Ihre Erwartungen aber nicht zu niedrig an, sondern entsprechend dem Alter des Hundes. Gehen wir nun auf die einzelnen Entwicklungsstadien ein, damit Sie wissen, was Sie erwarten dürfen.

Geburt bis 3 Wochen

Das erste Stadium im Leben eines Welpen beginnt mit der Geburt und dauert etwa drei Wochen. In dieser Zeit verläuft das Leben instinktiv. Die Welpen fressen, schlafen und lösen sich. Die Mutter sorgt für all ihre Bedürfnisse. Sie pflegt die Welpen, versorgt sie durch ihre Milch mit Nahrung. Sie hält sie warm, wenn sie schlafen, und erlaubt ihnen, sich an sie zu kuscheln. Sie regt durch Afterlecken die Ausscheidung an. Hunde können in diesen ersten drei Lebenswochen nichts lernen.

Etwa in der Mitte dieses Stadiums, zwischen dem 10. und 14. Tag, öffnen die Welpen die Augen. Die Sehkraft ist aber zunächst nur sehr eingeschränkt. Das gilt auch für das Gehör.

Winzig und abhängig bei der Geburt, reifen Welpen körperlich
und geistig bis zum Erwachsensein im Alter von zwei Jahren
heran.

Nach einer Woche werden die
Welpen aktiver, verbringen aber
trotzdem die meiste Zeit mit Fressen und Schlafen.

3 bis 7 Wochen

Etwa um den 21. Lebenstag beginnt ein neuer Entwicklungsab-
schnitt. Täglich werden Sehkraft und Gehör besser. Die Welpen beginnen zu krabbeln und werden sich ihrer Umgebung bewußt. Am
wichtigsten für dieses Alter ist, daß auch das Lernen beginnt.

Zwischen der 3. und 7. Woche liegt eine entscheidende Lernphase im Leben eines Hundes. Persönlichkeit und Temperament werden durch die Erfahrungen des Welpen in dieser Zeit geprägt. Gute Züchter, die Ihre Welpen fremden Menschen und verschiedenen Geräuschen und optischen Eindrücken aussetzen, haben selbstsicherere, aus sich herausgehende Welpen. In dieser Phase können die Züchter ihre Welpen daran gewöhnen, sich anfassen zu lassen, indem man Pfoten, Fang und Rute berührt. Es ist unerläßlich, daß die Erfahrungen des Welpen mit Menschen sanft und angenehm sind.

Eine der wichtigsten Erfahrungen des Welpen in dieser Zeit ist der Kontakt mit den Wurfgeschwistern und der Mutter. Auch wenn man Welpen schon im Alter von vier Wochen an feste Kost gewöhnen kann, muß der Züchter der Mutter Zugang zu den Welpen erlauben, bis sie abgegeben werden. Was die Mutter den Welpen in dieser Zeit beibringt, beeinflußt die spätere Bindung zum Menschen und die Erziehung auf das ganze Hundeleben hinaus.

Zwischen der 3. und 7. Woche lernen die Hunde Techniken, die ihnen helfen, ihren sozialen Rang in der Gruppe zu finden. Sie streiten sich um Futter. Das beginnt schon mit dem Streben nach der dicksten Zitze und dem Wegdrücken der Geschwister an der Futterschüssel. Sie testen ihre Stimmbänder, wer am tiefsten knurren und am lautesten bellen kann. Sie testen ihre nadelscharfen Zähn-

Diese sechs Wochen alten Welpen haben gerade damit begonnen, die Welt zu erforschen. Sie brauchen jetzt Spiel . . .

... und viel Futter! Die Mutter kommt dem Bedürfnis nach.

chen beim Schnappen und Beißen nach den Geschwistern. Sie lernen sich zu unterwerfen, wenn sie sich mit einem stärkeren Welpen anlegen, der Dominanzgebaren zeigt. Treffen sie auf unterwürfige Geschwister, können sie sie herumschubsen und dominieren. Das ist das normale Geben und Nehmen im Rudelleben.

Bis sie sieben Wochen alt sind, hat sich eine »Hackordnung« herausgebildet. Erfahrene Züchter können Ihnen sehr wohl diese Rangordnung zeigen. »Sehen Sie den Welpen, der am lautesten bellt? Er ist als erster gelaufen. Er ist immer zuerst an der Futterschüssel, und er prügelt alle seine Geschwister. Er ist der Anführer unter den Welpen.«

Zum Glück für den neuen Besitzer jenes aufsässigen Wollknäuels setzt sich die Mutter als unumstrittener Rudelführer durch. Sollte dieser Welpe seine Dominanz auch ihr gegenüber ausspielen wollen, dann knurrt sie ihn an. Beachtet er sie nicht, greift sie ihm mit dem Fang über den Nacken und hält ihn fest. Sie kann auch nach ihm schnappen, manchmal kneift sie gerade so fest zu, daß er aufjault. Sie tut das, um den Welpen Angst einzujagen. Sie zeigt ihren Kindern, daß ihr Knurren ernst zu nehmen ist! Sie verlangt, daß die Welpen sofort reagieren und mit dem aufhören, was immer sie auch tun. Sie wäre zwar in der Lage, einen Welpen blitzschnell zu töten, aber das will sie nicht. Sie bringt ihnen nur Disziplin bei.

Ich fragte einmal eine hervorragende Labradorzüchterin, welchem Geschlecht die Welpenanführer meist angehören. Meist ist es entweder der größte Rüde oder die Hündin mit dem größten Mundwerk! Egal wer der Welpenführer ist, die Mutter ist immer der Boß. Sie sorgt für Disziplin im Rudel.

7 Wochen bis 4 Monate

Das Alter von sieben Wochen ist der ideale Zeitpunkt für einen Welpen, seine Geschwister zu verlassen und in sein neues Heim zu gehen. Da er sich für das gleiche Wesen wie seine neuen Besitzer hält, betrachtet er die Familie als sein neues Rudel. Er wendet die gleichen Techniken an, die er in seinem Welpenrudel gelernt hat. Er tut das, um seinen Platz in der Rangordnung des neuen Rudels zu bestimmen. Nun müssen Sie sich als der neue Rudelführer des Welpen bewähren. Der Erfolg jeglicher künftiger Gehorsamserziehung hängt davon ab!

In der Entwicklung ist der sieben Wochen alte Welpe mit einem einjährigen Baby vergleichbar. Der Welpe ist vollkommen abhängig von Ihnen, ebenso wie ein Baby. Wenn Sie beispielsweise den Welpen mit auf einen kurzen Spaziergang in den Wald nehmen, bleibt

Feste Nahrung füllt die Mägen dieser älteren Welpen, die an der Futterschüssel um die besten Bissen wetteifern.

er dicht bei Ihnen. Ist er besonders mutig, entfernt er sich ein wenig. Hocken Sie sich hin, klatschen in die Hände und locken ihn, rennt auch der mutigste kleine Welpe sofort zu Ihnen zurück. Instinktiv bleibt der Welpe in diesem Alter dicht bei der Meute.

4 bis 6 Monate

Wie Kinder werden die Welpen mit zunehmendem Alter immer unabhängiger. Bei Welpen geht das sehr schnell. Die Phase beginnt etwa mit dem 4. Monat. Einige Verhaltensforscher bezeichnen sie als die »Flucht-Instinkt-Phase«.

In dieser Zeit höre ich von Welpenbesitzern oft: »Mein Hund war so gut. Ich konnte ihn im Hof laufen lassen, er rannte nie weg. Wenn ich ihn jetzt rauslasse, macht er sich auf und davon. Warum?«

Bis zum Alter von vier Monaten bleibt der Welpe instinktiv bei der Wohnhöhle, das ist Ihr Haus. Dann auf einmal ist die große, angsteinflößende Welt gar nicht mehr so furchtbar. Der Welpe nimmt einen Geruch auf und wandert los. In dieser Zeit muß man den Welpen immer im Auge behalten. Erlauben Sie nicht, daß er schlechte und gefährliche Angewohnheiten annimmt, z. B. den Hof selbständig zu verlassen.

Die große weite Welt wird immer interessanter, je älter die Welpen werden.

Vor diesem Alter zerstören die Welpen durch Kauen wenig. Nun aber beginnen die Milchzähne auszufallen und die zweiten Zähne nachzudrücken. Nun beknabbert der Welpe immer öfter etwas. Man muß ihn im Hause ständig beaufsichtigen. Das gilt auch für die Stubenreinheit.

Ich habe ein weiteres Verhalten in dieser Zeit beobachtet, den »Welpenwahnsinn«. Ich habe auch schon von anderen Besitzern davon gehört. Der Welpe rennt urplötzlich durch die Wohnung, über Tische und Bänke. Manchmal knurrt er, sträubt das Nackenfell, klemmt die Rute ein. Er beutelt sein Spielzeug. Besitzer, die das zum ersten Mal erleben, glauben, der Teufel reite den Kleinen. Verzweifeln Sie nicht, das ist ganz normal. Ich schaue einfach zu. Es macht mir sogar Spaß. Der Hund amüsiert sich köstlich. Verbieten Sie es ihm nicht. Diese Erscheinungen verschwinden wieder.

Im Alter von vier Monaten sollte das formelle Gehorsamstraining für den Hund beginnen (das ist nach dem Welpenkindergarten!). Die Gehorsamsübungen verschaffen Ihnen Möglichkeiten der Kontrolle und erlauben Ihnen, das Verhalten Ihres Welpen zu formen. Beides ist notwendig, damit Sie mit seiner Unabhängigkeitsphase fertig werden.

6 Monate bis 1 Jahr

Ich vergleiche Hunde dieses Alters mit fünf oder sechs Jahre alten Kindern. Sie haben sehr viel Energie. Je müder Sie sie machen, desto leichter läßt sich mit ihnen leben. Grollen Sie »Nhaa!«, wenn der Welpe in diesem Alter nicht auf Sie reagiert.

Im Alter von sechs Monaten sind die Milchzähne ausgefallen und die neuen Zähne nachgewachsen. Hunde haben in diesem Alter noch immer das Bedürfnis zu nagen, denn die Zähne suchen sich im Kiefer ihren richtigen Platz. Sorgfältige Aufsicht ist noch angebracht. Geben Sie dem Hund geeignete Dinge, die er anknabbern darf. Im Alter von einem Jahr haben die Zähne ihren festen Platz eingenommen. Nun kaut er deutlich weniger, aber es kann andauern, wenn es sich zu einer schlechten Angewohnheit gefestigt hat.

Der Hund reift nun schnell in diesem Alter. Tägliche Gehorsamsübungen sind unerläßlich. Hunde gewöhnen sich Dinge durch ständige Wiederholung an. Das Verhalten, das Sie sich vom erwachsenen Hund wünschen, muß nun in diesem Alter geübt werden.

Endlich erwachsen!

1 bis 2 Jahre

Im Alter von einem Jahr entspricht der Hund etwa einem 13jährigen Menschen. Der einjährige Hund ist ruhiger und leichter zu ertragen als im Alter von sechs Monaten. Wenigstens muß man ihn nun nicht dauernd im Auge behalten.

Auch wenn sie fast erwachsen sind, haben sie immer noch ihre Touren. Sie sind Teenager. Sie wollen noch immer spielen. Gelegentlicher Welpenwahnsinn ist nicht ungewöhnlich. Viel Auslauf und tägliches Üben holen aus einem »Teenager« das beste Benehmen heraus.

Die Persönlichkeit des Hundes ist mit zwei Jahren voll entwickelt. Das gilt für die meisten Hunde, aber wie beim Menschen entwickeln sie sich unterschiedlich schnell. Manche Rassen sind langsamer als andere.

Im Alter von zwei Jahren zeigen sich Verhaltensweisen, die beim Welpen nur andeutungsweise zu erkennen waren, deutlich. Für den unerfahrenen Hundebesitzer scheinen sie plötzlich aufzutauchen.

Ein Beispiel ist der zweijährige Schäferhund, der plötzlich den Sohn des Hauses biß. Der Junge hatte nur versucht, den Hund vom Sofa zu schicken. Der entsetzte Besitzer rief mich an mit dem berühmten Satz: »Das hat er noch nie gemacht!« Nach eingehender Befragung stellte sich heraus, daß er Hände und Arme ins Maul genommen hat. »Er hat doch nur gespielt!« erklärt der Besitzer. Ich höre nun, daß der Hund beim Krallenschneiden knurrte. »Aber nur, weil er nicht mag, daß man seine Pfoten anfaßt«. »Hat er jemals gebissen?« frage ich. »Nun, er hat manchmal nach mir geschnappt, wenn ich den Büffelhautknochen wegnehmen wollte. Aber er hat nie zugebissen. Wir haben ihm dann keine Knochen mehr gegeben, und das Problem war gelöst.«

All diese Anzeichen sprechen dafür, daß der Hund als Erwachsener zubeißt. Es gibt beim Welpen immer Hinweise auf das spätere Verhalten. Sie sind nur noch nicht so stark ausgeprägt wie beim erwachsenen Hund. Deshalb müssen Sie unerwünschtes Welpenverhalten schon frühzeitig unterbinden, damit Sie mit dem erwachsenen Hund keine Probleme bekommen.

2 Jahre und älter

Ich halte nichts von dem alten Sprichwort, ein alter Hund lernt keine neuen Tricks. Bei Hunden gibt es kein Alter, in dem das Gehirn abschaltet und Informationen nicht mehr verarbeiten kann. Aber die Erziehung wird schwieriger, wenn die Persönlichkeit des Hundes ausgereift ist. Training ist besonders schwierig, wenn nicht gar unmöglich, wenn der Hund die Rolle des Rudelführers in der Familie eingenommen hat.

Auch wenn Sie dem älteren Hund noch neue Tricks beibringen können, fällt es unendlich schwer, seine schlechten Angewohnheiten loszuwerden. Hunde sind echte Gewohnheitstiere. Haben sie einmal eine Gewohnheit angenommen, hat sie sich tief eingeprägt. Frühzeitig mit dem Welpen zu beginnen, bedeutet zu verhindern, daß er unerwünschte Angewohnheiten annimmt, und sie durch erwünschte zu ersetzen, ehe es zu spät ist. Mit dem Welpenkindergarten und einem guten Erziehungsprogramm bringen Sie Ihrem Welpen von Anfang an gute Manieren bei.

Sinnvolles Welpen-Zubehör

»Sei vorbereitet!« ist ein gutes Motto für Welpenbesitzer. Von der Leine über Futterschüsseln bis hin zu Ausbildungshilfen umfaßt dieser Teil alles, was man als verantwortungsvoller Welpenbesitzer braucht.

Das Notwendige

Nun, da Sie geistig auf einen Welpen vorbereitet sind, müssen Sie sich auch praktisch darauf einstellen. Wie Babys benötigen auch Welpen für die richtige Pflege eine Grundausrüstung. Die Liste ist nicht ganz so lang, aber Sie brauchen eine Art Lauf- oder Spielstall. Dazu kommen Dinge zur Ernährung, Leine und Halsband. Dieses Kapitel beschreibt die Grundausrüstung, die man braucht, plus einiger zusätzlicher hilfreicher Tips.

Der Laufstall

Wenn ich mich auf nur ein einziges Hilfsmittel bei der Welpenaufzucht beschränken müßte, so würde ich den Laufstall wählen. Er hilft bei der Erziehung zur Stubenreinheit, verhindert unerwünschtes Knabbern, erleichtert das Vermeiden unerwünschten Bellens. Wie man dies macht, beschreibe ich an anderer Stelle. Hier kommt es mir auf den richtigen Laufstall an und wie man ihn beschafft.

Ehe Sie zum Kauf schreiten, bedenken Sie, daß nicht jeder Welpe einen braucht. Er kann anderweitig ersetzt werden, um das zu bieten, was nötig ist, nämlich eine sichere und kontrollierte Aufenthaltsmöglichkeit für den Welpen. Ich hatte Kunden, die aus Holz einen Bereich der Küche abtrennten. Einige schlossen einen kleinen Raum mit einem Babygitter ab. Das ist alles in Ordnung, solange es hilft. Aber oft reicht es nicht aus. Oft ist der abgetrennte Bereich nicht klein oder sicher genug.

Ein Laufstall ist ideal für einen Welpen, wenn man ihn nicht beaufsichtigen kann. Ein paar weiche, alte Handtücher und Spielsachen sorgen für einen sicheren, angenehmen und amüsanten Aufenthalt während Ihrer kurzen Abwesenheit.

Ich liebe Laufställe aus Metallgitter. Der Boden ist aus Blech, nach vorne öffnet sich eine Tür. Solche Laufställe sind leicht sauber zu halten und luftig. Die meisten sind zusammenklappbar und deshalb ideal für die Reise. Es gibt solche Laufställe in den verschiedensten Ausführungen.

Manche Hundebesitzer bevorzugen Flugtransportboxen aus Kunststoff. Wollen Sie den Hund häufig auf Flugreisen mitnehmen und nur eine Anschaffung machen, dann ziehen Sie diese in Betracht. Ich finde sie ein wenig umständlich in der Handhabung (es sei denn, Sie haben eine sehr kleine Rasse gewählt), nicht gut belüftet und nicht so leicht sauber zu halten. Der Hund kann auch nicht alles sehen, und Sie können nicht ständig sehen, was der Hund macht. Doch wofür Sie sich auch entscheiden, die richtige Größe ist entscheidend. Meine Empfehlungen gelten für beide Boxenarten.

Die meisten Hundebesitzer gehen davon aus, im Leben eines Hundes nur einen Laufstall anzuschaffen. Das bedeutet bei einer großen Rasse, daß der Welpe in einem riesigen Laufstall sitzt, in den er hineinwachsen kann. Idealerweise hätte man mehrere, die dem Wachsen des Hundes angepaßt sind.

Kaufen Sie ihn so groß, daß auch der erwachsene Hund ausreichend Platz darin hat. Wie groß ist das? Der erwachsene Hund sollte mit erhobenem Kopf aufrecht stehen und sich bequem umdrehen können. Im Liegen muß er sich ausstrecken können. Da Ihr Hund zunächst einmal sehr klein ist, müssen Sie die Größe des erwachsenen Hundes schätzen (schwierig bei einem Mischling!). Züchter und Tierärzte können Ihnen dabei helfen abzuschätzen, wie groß der Hund einmal werden wird.

Manche Welpen fühlen sich in einem großen Laufstall wohl. Jedenfalls war das bei Barbaras beiden Labradors der Fall. Andere nutzen ihn aus und legen in einer Ecke ihre Toilette an und spielen und schlafen im trockenen, sauberen Teil. Das ist weniger sinnvoll. Sie werden im Kapitel Stubenreinheit lernen, daß ein Laufstall von richtiger Größe die natürlichen Instinkte des Welpen unterstützt, seinen Schlafplatz sauber zu halten. Ein zu großer Laufstall verliert diese Wirkung. Wenn das bei Ihrem Welpen der Fall ist, teilen Sie ein Ende ab, damit die zur Verfügung stehende Fläche kleiner wird (eine Sperrholzplatte, Blech oder steifer Kunststoff reichen aus, achten Sie aber darauf, daß es keine scharfen Kanten oder Öffnungen gibt, an denen sich der Welpe verletzen könnte). Ein Laufstall von richtiger Größe zwingt den Welpen, sich in seinen Kot oder Urin zu setzen – das vermeidet er instinktiv. Perfekt! Nun hat er einen Grund, einzuhalten. Der Laufstall erweist sich deshalb für das Training zur Stubenreinheit als sehr nützlich.

Wo findet man nun den Laufstall, für den man sich entschieden hat? Da gibt es mehrere Möglichkeiten. Zoofachhandlungen bieten oft welche an, wobei Sie möglicherweise die von Ihnen gewünschte Größe bestellen müssen (kleine Geschäfte können sich nicht alle Größen und Arten auf Vorrat legen). Wenn Sie noch keinen haben, fragen Sie Züchter, Hundesalons, Tierärzte und andere Hundehalter, die meist welche haben.

Können Sie sich keinen kaufen, könnten Sie vielleicht einen bei einem Tierheim oder Züchter für kurze Zeit ausleihen. Doch Sie werden feststellen, daß Sie den Laufstall im ganzen ersten Lebensjahr des Hundes brauchen und der Mietpreis den Kaufpreis letzten Endes übersteigt. Vielleicht haben Sie Glück und finden jemanden, der seinen nicht mehr braucht und ihnen überläßt. Haben Sie erst einmal den Nutzen des Laufstalls erkannt, wissen Sie, was für einen Gefallen Sie ihm dann schulden!

Was bekommt der Welpe mit in den Laufstall? Ich lege ein altes

Handtuch auf das Bodenblech, damit der Welpe auf etwas Weichem liegt. Spielsachen sind auch eine gute Idee, aber sie müssen absolut sicher sein. Ein unbeaufsichtigter Welpe schluckt möglicherweise beim Kauen ein Stück Plastik, einen Metallquietscher, größere Stücke Büffelhaut etc. herunter (siehe Seite 75, »Sichere Spielsachen«).

Ihr Instinkt wird Ihnen raten, daß ein dickes, kuscheliges Kissen und eine Schüssel Wasser hineingehören (schließlich wird er eingesperrt und braucht so viel Annehmlichkeit wie möglich!). Widerstehen Sie diesen Anwandlungen. Wenn Sie es doch tun, garantiere ich Ihnen, daß Sie beim Nachhausekommen einen Haufen nasser Kissenfüllung wegwerfen dürfen. Es ist mir auch schon passiert. Der Welpe darf nicht so lange alleingelassen werden, daß er eine große Wasserschüssel braucht, um seinen Durst zu stillen! Wenn es sehr heiß ist, legen Sie ihm einen Eiswürfel in ein kleines Schüsselchen in den Laufstall. Der Welpe leckt vielleicht gerne hin und wieder daran, und wenn das Eis schmilzt, ist es nicht schlimm.

Der Welpe braucht kein Kissen, um sich wohlzufühlen. Sie fordern seinen Zerstörungstrieb geradezu heraus, wenn Sie ihm so etwas in den Laufstall geben. Wenn er erst einmal aus seinem Knabberalter (zwischen dem 1. und 2. Lebensjahr) herausgewachsen ist, kann er alle Kissen haben, die er mag.

Schließlich habe ich festgestellt, daß man Zugluft im Winter durch eine Decke, die man über den Laufstall hängt und die nur die Vorderseite frei läßt, mildern kann. Die Decke trägt dazu bei, den

Je nach Größe des Welpen wählen Sie die passenden Futter- und Wasserschüsseln, die leicht sauberzuhalten sind. Schwere Keramik oder Edelstahl sind eine gute Wahl.

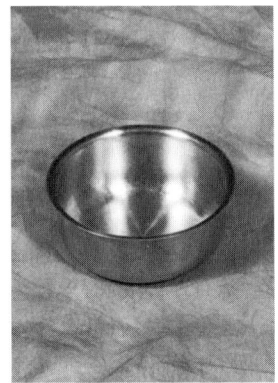

Laufstall zur Wohnhöhle werden zu lassen, was viele Hunde sehr mögen. Unser acht Jahre alter Labrador Bentley liebt noch immer seinen Laufstall, der nur oben abgedeckt ist. Ich mache schon lange die Tür nicht mehr zu, aber ich konnte es einfach nicht übers Herz bringen, ihm den Laufstall wegzunehmen. Er ist Bentleys Lieblingsplatz. Er fühlt sich dort sicher und ist glücklich, und mir soll's recht sein.

Futter- und Wasserschüsseln

Die meisten acht Wochen alten Welpen sind winzige Geschöpfe. Sie brauchen keine großen Schüsseln. Sie krabbeln sonst mehr darin herum, als sie daraus fressen oder trinken. Welpennäpfe werden bald zu klein. Nutzen Sie Ihren gesunden Menschenverstand. Meine erwachsenen Hunde haben je eine 2-l-Schüssel fürs Futter und nutzen gemeinsam eine 2-l-Schüssel zum Trinken, die ich zweimal täglich auffülle.

Beim Einkauf werden Sie feststellen, daß es zahlreiche Näpfe aus vielen Materialien gibt. Ich bevorzuge spülmaschinenfeste. Täglich ausgespült und wenigstens einmal in der Woche in der Spülmaschine (oder in heißem Spülwasser ausgescheuert), bleiben die Näpfe sauber und relativ keimfrei.

Halsband und Leine

Welpen können in einen Käfig oder ihre Näpfe hineinwachsen, aber nicht in das Halsband. Sie müssen schon jeden Monat ein paar Mark für ein gut sitzendes Halsband ausgeben. Das gilt insbesondere für große Rassen, denn ihre Wachstumsrate ist erstaunlich. (Haben Sie jemals das Halsband eines ausgewachsenen Mastiffs gesehen? Es könnte einem Pony passen!)

Nehmen Sie ein zu schnallendes Halsband aus einem weichen Nylongewebe. Für kleinere Rassen sollte es schmäler, für größere breiter sein. Nutzen Sie auch hier Ihren gesunden Menschenverstand. Das Halsband darf nicht so schwer und breit sein, daß es die Bewegungsfreiheit des Welpen behindert oder ihn gar verängstigt.

Wie lang soll es sein? Es ist zu lang, wenn der Welpe das überhängende Ende mit dem Fang fassen und benagen kann. Das zuge-

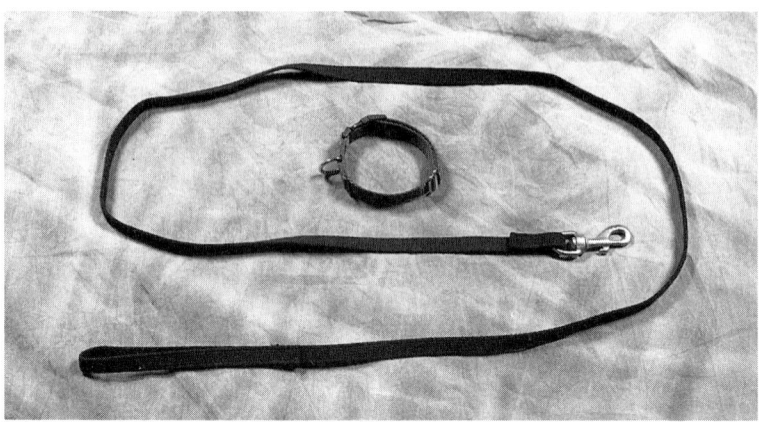

Ein Schnallenhalsband und eine 1,80 m lange Leine braucht man für den Welpen-kindergarten. Stoff oder Nylon sind gut, denn sie sind leicht und robust.

schnallte Halsband sitzt richtig, wenn drei oder vier Finger bequem zwischen Hals und Halsband Platz haben. Ist es zu lose, kann es der Welpe mit dem Fang erfassen, es über den Unterkiefer stülpen und daran kauen. Er kann sich aber auch gefangen fühlen und in Panik geraten. Ist es zu eng, können Sie den Hund damit verletzen. Denken Sie daran, Welpen wachsen schnell. Prüfen Sie jede Woche nach, schnallen Sie es weiter oder kaufen Sie ein neues, das richtig paßt.

Der beste Rat, den ich Ihnen für die Leine geben kann ist: kaufen Sie zunächst eine billige. Die Chancen stehen gut, daß er sie in einem unbeobachteten Augenblick erwischt und zerbeißt. Das sollte natürlich nicht passieren dürfen, aber es kommt vor. Kaufen Sie die Leine Ihrer Träume, wenn der Hund ausgewachsen ist und keine Neigung mehr zum Nagen hat.

Für meine Gehorsamsübungen benötige ich eine 1,80 m lange Leine. Deshalb empfehle ich sie. Sie muß genau 1,80 m lang sein, keine dieser Aufrolleinen, die sich länger ausziehen lassen. Diese Leinen waren zwar eine praktische Erfindung, aber sie sind ungeeignet, wenn Sie Ihrem Hund beibringen wollen, daß er Sie nicht hinter sich herzuschleifen hat. Ich mag Kettenleinen nicht, weil man sie bei den Übungen schlecht greifen kann. Gewebte Stoff- oder Nylonleinen sind am besten und nicht so teuer.

Die Breite der Leine sollte auf Ihre Hand und die Größe des Welpen abgestimmt sein. Ein kräftiger Mann mit einem Mastiffwelpen braucht ein breiteres Band als eine zierliche Frau für ihren Bichon.

Nutzen Sie auch hier Ihren gesunden Menschenverstand bei der Suche nach einer Leine, die Sie bequem halten können und die der Größe und Kraft Ihres Hundes entspricht.

Ein sicherer Garten

Möglicherweise haben Sie noch nicht über einen sicheren Garten oder Hof nachgedacht. Ein fest eingezäunter ist am besten. Der Welpe bleibt drin, andere Hunde, Katzen und Kinder draußen. Sie können sicher sein, daß dem Welpen draußen nichts passiert. Elektrozäune und enge, eingezäunte Zwingerausläufe sind nicht geeignet für junge Hunde. Welpen dürfen nicht alleine in einen Zwingerauslauf gesperrt werden. (Ich mute das noch nicht einmal meinen erwachsenen Hunden zu.) Wie Sie in diesem Buch noch sehen werden, bin ich der Meinung, wenn Sie einen Hund besitzen wollen, sollten Sie damit nicht den Garten dekorieren. Ein Hund ist ein Lebewesen, das gut erzogen lernen sollte, als ein Mitglied Ihrer Familie mit Ihnen zu leben.

Ein sicherer Garten ist unerläßlich für den verantwortungsvollen Hundebesitzer. Achten Sie darauf, daß sich der Welpe nicht durch Löcher im Zaun durchquetschen kann, er wird es ganz sicher versuchen!

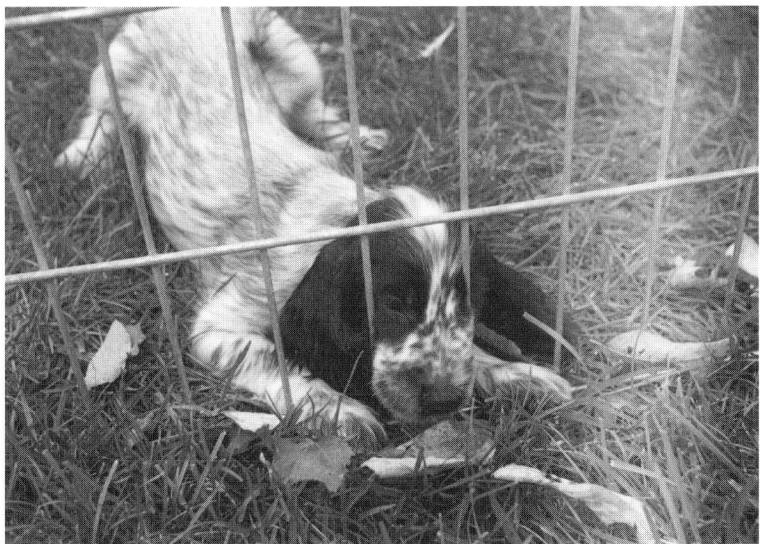

Der Zaun sollte so hoch sein, daß der später erwachsene Hund nicht darüberspringen oder -klettern kann. Einige Rassen (insbesondere Terrier) denken nicht ans Springen, sie graben sich durch. Deshalb muß der Zaun einige Zentimeter tief in den Boden eingelassen oder so gut abgedichtet werden, daß der Hund nicht entwischen kann.

Extras

Was braucht der Welpe noch? Spielsachen, natürlich, die im nächsten Kapitel beschrieben werden, und Dinge zum Kauen. Vielleicht liebäugeln Sie mit einem weichen, runden Hundebett. Sparen Sie sich das Geld, bis der Welpe alt genug ist und nicht mehr in seinem Laufstall schläft. Manchmal ist der Nagedrang einfach zu groß, und das schöne weiche Hundebett lädt geradezu zum Zerfetzen ein. Haben Sie je ein Zimmer gesehen, nachdem ein Welpe sein Bett zerstört hat und all die winzigen Styroporkügelchen im Raum herumflogen? Kein schöner Anblick! Eigentlich sieht's doch ganz hübsch aus, so als ob es geschneit hätte, aber es macht fürchterliche Arbeit, sie loszuwerden. Soll der Welpe doch seinen eigenen Platz haben, wenn Sie dabei sind, legen Sie ihm ein altes Handtuch oder eine Badematte hin. Denken Sie daran: wenn Sie nicht dabei sind, geht er in den Laufstall!

Hunde kosten Hundesteuer. Sie müssen bei der Gemeinde oder Stadtverwaltung angemeldet werden. Auch Welpen bis zum Alter von sechs Monaten. Sollte eine Steuermarke ausgehändigt werden, mag sie Ihnen nicht wichtig erscheinen. Sie wird es aber spätestens dann, wenn Ihr Hund ausgebüchst ist und anhand der Nummer identifiziert werden kann.

Zusätzlich hänge ich meinen Hunden gerne eine Erkennungsmarke mit meinem Namen, dem Namen des Hundes, Adresse, Telefonnummer ans Halsband. Ich habe schon öfter Hunde anhand ihrer Erkennungsmarke ihren besorgten Besitzern zurückgeben können. Hatten sie keine, mußten sie ins Tierheim. Dort sind sie sicher, bis der Besitzer sie findet. Das ist mir lieber, als einen streunenden Hund weiter den Gefahren auszusetzen. Die Besitzer sind oft nicht der Meinung, daß ich ihnen damit einen Gefallen getan habe, besonders wenn das Tierheim Kostgeld verlangt, aber ich weiß, daß es richtig war.

Achten Sie darauf, daß die Informationen auf der Erkennungs-marke immer auf dem neusten Stand sind. Ziehen Sie um? Bestellen Sie die Marke vorher und hängen sie sofort um, wenn Sie am neuen Ort angekommen sind. Nehmen Sie den Hund mit in Urlaub? Kleben Sie Ihre Adresse ab und schreiben Sie die derzeitige drauf. Hunde gehen eher in fremder Umgebung verloren. Dann hilft Ihnen ihre Telefonnummer zu Hause wenig.

Sollten Welpen ein Flohhalsband tragen? Viele Hunde tun es, aber fragen Sie Ihren Tierarzt, wenn Sie es wirklich für nötig halten. Junge Hunde vertragen möglicherweise die Chemikalien in diesen Halsbändern nicht (lesen Sie sorgfältig die Beschreibung und Packungsbeilage, ehe Sie es anlegen). Bei einem großen Hund hilft es am Kopf und Hals, aber schon nicht mehr am hinteren Ende. Vertrauen Sie Ihrem Tierarzt.

Alle Hundebesitzer bekommen Übung in Hundepflege und häuslicher Gesundheitsvorsorge. Dinge wie Baden, Bürsten, Krallenschneiden, Ohrenreinigen usw. kann man selbst erledigen. Manche Besitzer überlassen dies lieber den professionellen Hundepflegern. Selbst dann müssen Sie vielleicht irgendwann einen Verband wechseln, eine Wunde reinigen, Medizin geben. Ein paar Tips erleichtern Ihnen die Pflege Ihres Hundes; siehe Kapitel »Pflegetips« (Seite 192).

Vergessen Sie auch nicht die Hundehalter-Haftpflichtversicherung.

Sichere Spielsachen, die Spaß machen

Wenn Welpen etwas ernst nehmen, dann ist es Spielen. Nahezu alles erregt ihre Aufmerksamkeit. Alles was sich bewegt oder quiekt, alles was geschüttelt, gezerrt, angesprungen oder angeknabbert werden kann, interessiert Welpen. Das bedeutet, daß fast alles in Ihrem Haushalt Ihr entzückendes kleines, neugieriges Wollknäuel zum Spielen einlädt. Natürlich müssen Sie aufpassen, daß er Ihre Möbel und Teppiche nicht in Stücke zerlegt. (Brauchen Sie sofortige Hilfe, überschlagen Sie dieses Kapitel und lesen Sie nach im Kapitel »Vermeiden von unerwünschtem Zerbeißen«, Seite 131.) Aber Aufsicht ist nur die halbe Verantwortung des Hundebesitzers. Die zweite ist, Gegenstände anzubieten, die sicher sind und dem Welpen Spaß machen. Dieses Kapitel gibt Ihnen Anregungen, wie Sie dem Welpen beibringen, was er haben darf und was nicht.

Quietschtiere

Welpen sind wie Babys. Spielsachen für erwachsene Hunde sind nicht immer geeignet oder sicher für das Hundekind. Sollten schon Spielsachen auf die Ankunft des jungen Hundes im neuen Heim warten? Natürlich! Ich liebe kleine Latex-Spielsachen, die leise quieken. (Manche sind laut wie Nebelhörner eines Ozeandampfers. Sie jagen dem Welpen eher Angst ein!) Denken Sie daran, daß »klein« ein sehr relativer Begriff ist. Das für einen Beaglewelpen geeignete Spielzeug verschwindet blitzschnell im Rachen eines Doggenwelpen! Wenn Sie Zweifel haben, nehmen Sie lieber etwas größeres. Vorbeugen ist besser als Heilen!

Ich mag die Latex-Spielsachen, weil sie kaum zerbissen werden können, denn das Latex gibt nach. Vinyl-Quieker sind in Ordnung, solange der Welpe sie nicht in Stücke zerbeißt. Meine Labradors zerlegten eine niedliche, quiekende Vinylzahnbürste in Sekundenschnelle in kleinste Schnipsel. Hätten sie in meiner Abwesenheit solche Teile verschluckt, hätte es Probleme geben können. Labradors sind schlimme Nager. Wenn Ihr Welpe Vinylspielsachen mag und nicht zerbeißt, sind sie gut und preisgünstiger.

Es macht Spaß, Quietschtiere einzukaufen. Wir hatten einen Go-

Sichere Spielsachen sind Latex-Quietschtiere, Bälle und Nylonknochen.

rilla mit roten Fußnägeln, einen schwarzen Tyrannosaurus Rex, ein rosafarbenes Stachelschwein, Tiere aus Comic Strips, einen Weihnachtsmannhund und etwa sechs haarige Monster mit lustigen Hüten und Schuhen. Freunde brachten ihren Hunden sogar die Namen der verschiedenen Spielsachen bei, die sie auf Kommando unfehlbar aus ihrer Spielzeugkiste holten. (Regentage müssen nicht langweilig sein, wenn Sie Ihre und die Fantasie des Welpen bemühen!) Noch ein Wort zu den Quietschtieren. Manche Hunde fixieren sich auf die kleine Plastikpfeife in dem Objekt. Drifter tut das. Er liebt die Quiekies, aber am liebsten legt er nach einem wilden Beutefangspiel die kleine Pfeife frei. (Wäre Drifter ein Teenager, hätte er wahrscheinlich statt dessen den Motor meines Wagens auseinandergenommen und auf dem Garagenboden verteilt). Das ist eine gefährliche Angewohnheit, deshalb achten Sie darauf! Vielleicht geht es Ihnen wie uns, wir haben einen ganzen Korb voll nicht mehr quietschender Quietschtiere.

Bälle

Welpen und Bälle gehören zusammen. Man braucht gar nicht darüber zu reden. Aber nicht alle Bälle sind sicher. Hier die Geschichte meiner Erfahrung.

Woody, mein Golden Retriever, war der beste Baseball-Hund, den ich je hatte. Manchmal trainierte ich, und Woody war der Fänger. Er konnte unglaublich gut einen schnellen, scharfen Ball aufschnappen. Manchmal war Woody das gesamte Außenfeld und ich war der Schläger. Ich schlug ihm den Ball zu, und je nachdem, wie weit er rennen mußte, um ihn zu fangen, rannten unsichtbare Spieler ums Feld. Wir haben dieses Spiel über alles geliebt.

Eines Tages kam Woody nach einem Wurf zu mir zurück, aber ohne Ball. Erst als ich Woodys blaue Zunge sah, wußte ich, was passiert war. Der Ball, inzwischen glitschig vom vielen Fangen und Zurückbringen, war ihm durch die Zähne in den Hals gerutscht. Ich war entsetzt und tat dummerweise, was mir im Augenblick einfiel. Ich griff in seinen Hals und konnte den Ball mit zwei Fingern gerade noch erwischen und rausziehen. Ich fuhr sofort zum Tierarzt, und alles war in Ordnung. Aber er warnte mich, so etwas nie wieder zu tun, denn ich hätte den Ball genausogut weiter hinunter in die Luftröhre schieben können, was den unabwendbaren Tod des Hundes bedeutet hätte. Kein Preis, den ich für ein Ballspiel bezahlen möchte! Ich hatte einen glatten, blauen Gummiball benutzt, der ein bißchen kleiner ist als ein Tennisball. Sie verstehen, wie schnell ein solcher, vom Speichel glitschiger Ball in die Kehle rutschen kann. Das gleiche könnte einem kleinen Terrier mit einem Squash-Ball passieren. Bitte seien Sie vorsichtig! Ich empfehle seitdem Tennisbälle, weil sie durch die aufgerauhte Oberfläche nicht so glitschig werden. Allerdings darf der Hund sie nicht zerkauen und die Teilchen verschlucken! Tennisbälle sind auch ziemlich groß, wenn auch nicht groß genug für einen Neufundländer oder eine Dogge. Solche Hunde brauchen einen großen Ball zum gefahrlosen Spielen. Manche Zoofachgeschäfte bieten viele große, schwer zerstörbare Bälle für große Hunde an. Wie groß Ihr Hund auch sein mag, achten Sie darauf, daß die Oberfläche des Balles nicht zu schlüpfrig ist oder beim Spiel wird. Ich möchte niemandem den Schrecken wünschen, den ich mit Woody hatte.

Rohhaut-Produkte

Viele Hunde und Welpen lieben es, Produkte aus Rohhaut zu zerkauen. Es handelt sich um ein Nebenprodukt der fleischverarbeitenden Industrie. Manche sind von besserer Qualität als andere. Manche sind dicker oder sauberer verarbeitet. Es gibt sie zerkleinert in Stöckchen oder andere Formen gepreßt. Man bekommt sie überall im Zoofachhandel.

Was mich daran stört, ist wie sehr Hunde sie lieben. Meine beiden Labradors könnten einen meterlangen Kauknochen in wenigen Stunden wegputzen – und das jeden Tag der Woche! Das bedeutet sehr viele Hautstücke in Magen und Darm.

Nicht alle Hunde sind so verrückt, aber man muß Grenzen setzen. Kaufen Sie gute Qualität, die meist teurer ist, aber sie hält länger. Kaufen Sie große Stücke, die zu Knochen, Ringen oder Knoten verarbeitet wurden. (»Groß« im Verhältnis zur Größe Ihres Hundes!) Der Hund verbringt viel Zeit mit einem großen Stück. Es ist schwieriger, kleine Stücke loszukauen, und der Hund kann sie gut mit den Pfoten festhalten. Bestimmen Sie, wie lange ein Hund daran nagen darf. Ich gebe meinen Hunden nie mehr als eine halbe Stunde. Ich sage dann: »Gib her« und nehme es weg. Die nasse Haut trock-

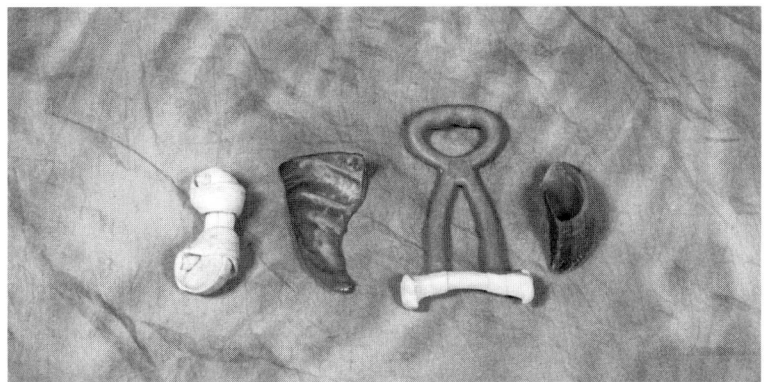

Welpen kauen gerne an Dingen wie Büffelhautknochen, Schweinsohren, Rinder-
hufen und messen gerne ihre Kraft an Gummispielsachen zum Ziehen. Diese Dinge
sollte man mit Vorsicht benutzen.

net rasch, und der Knochen ist für den nächsten Gebrauch so gut
wie neu. Er muß außer Reichweite des Hundes trocknen. Ein Regal
im Keller, auf dem Küchenschrank, ein Platz in der Garage eignen
sich gut zum Trocknen.

Sollte der Welpe solche Kauknochen jeden Tag bekommen? Das
bleibt Ihnen überlassen. Bei uns sind sie ein besonderer Leckerbissen. Freunde haben immer einige in der Spielzeugkiste des Hundes,
der nur gelegentlich davon Gebrauch macht. Keinesfalls darf der
Welpe die Rohhautprodukte täglich haben, wenn er nicht richtig
frißt, Verdauungsprobleme oder Blähungen hat oder die Nahrungs-
aufnahme und Verdauung irgendwie beeinträchtigt scheinen. Auch
wenn er sie liebt – es ist Ihre Aufgabe, den Welpen so zu lieben, daß
er gesund bleibt.

Noch ein Wort zu Rohhautprodukten. Behalten Sie den Welpen
immer im Auge, wenn er sich damit beschäftigt. Besonders wenn er
heftig kaut. Wenn er ein Stück abbeißt oder nur ein kleines
Stückchen übrig bleibt, können Stücke nasser, schleimiger Haut im
Hals steckenbleiben und ihn zum Würgen bringen. Sehen Sie das,
nehmen Sie das Stück sofort weg. Lassen Sie es nicht mehr trocknen, es ist zu klein, um sicher zu sein. Die letzten beiden Zentimeter sind ein Gesundheitsrisiko nicht wert.

Neugier macht nahezu alles in Ihrem Haushalt zu einem möglichen Kauspielzeug. Denken Sie sorgfältig darüber nach, was Ihr Welpe haben darf.

Stofftiere

Denken Sie mit klarem Menschenverstand darüber nach. Hat das Stofftier Knopfaugen oder lose Stücke, die der Welpe abreißen und verschlucken könnte? Zerreißt er das Fell und zerrt die Füllung heraus? Wenn er nicht damit spielen kann ohne es zu zerstören, dann ist es kein gutes Spielzeug. Aber wenn es sicher und sauber ist, ist es ok.

Wir haben derzeit einen Teddybären (etwa 30 cm groß), den ich für unseren schwarzen Labrador Byron auf dem hiesigen Jahrmarkt gewonnen habe. Er spielt sehr gerne damit, obwohl er schon 10 Jahre alt ist. Barbara bedauert dabei allerdings, daß er uns 50,– DM gekostet hat, bis ich ihn endlich geschossen hatte.

Nylonspielsachen

Diese Ringe, Scheiben, Knoten, Bälle usw. sind aus hartem Nylon hergestellt. Man kennt sie unter der Markenbezeichnung Nylabone. Wenn der Hund daran knabbert, rauht die Oberfläche auf. Damit sollen die Zähne gereinigt und der Gaumen durchblutet werden, damit das Gebiß gesund bleibt. Für Welpen werden eigens weichere Stücke hergestellt, die die Zahn- und Kieferentwicklung unterstützen sollen. Meine Hunde haben mir in bezug auf Nylondinge zu denken gegeben. Das weichere Nylon ist für Welpen in Ordnung, aber das aufgerauhte harte Nylon ist spitz und scharf. Manchen Welpen macht es nichts aus. Die vielen kleinen Nylonspitzen werden während des Kauens nicht weich wie beim Rohhautprodukt. Der Vorteil der Nylonknochen ist, daß sie sauber, sicher und dauerhaft sind.

Spielsachen zum Tauziehen

Es gibt sie in allen Größen, Formen und Materialien. Man findet sie aus Gummi, Seil, Flies usw. Sind sie für Welpen geeignet? Gerade so. Sie sind prima, wenn die Welpen damit untereinander spielen und daran ihre Kräfte messen. Welpen (und erwachsene Hunde) haben damit viel Spaß, ohne sich normalerweise in die Wolle zu geraten.

Wenn Sie allerdings viel Erfahrung mit Terriern haben, denken Sie vermutlich anders. Terrier wurden zum Rattentöten gezüchtet und lieben es, ihre Beute totzuschütteln. Sie geraten manchmal ganz außer sich und werden aggressiv. Das ist der Nachteil dieser Tauziehspielsachen bei allen Rassen. Spielzeuge, die Aggression oder sehr rauhes Spielverhalten auslösen, sind ungeeignet.

Ein weiterer Nachteil dieser Spielsachen ist, daß Menschen mit dem Hund spielen. Sie zeigen dem Hund womöglich, wie stark er ist, und daß er Ihnen etwas wegnehmen kann. Das hilft nicht gerade, Ihren Rang als Rudelführer zu stützen. Solche Spiele sind kein Problem, wenn Sie seinen lieben Hund besitzen, der es nicht darauf anlegt, Ihre Autorität auf die Probe zu stellen. Aber Welpen und heranwachsende Hunde testen ständig jeden in ihrer Umgebung. Deshalb ist es nicht gut, mit ihnen rauhe Spiele zu spielen. Nutzen Sie Ihren gesunden Menschenverstand: Es ist ein großer Unterschied, ob ich hin und wieder mit einem süßen kleinen 12 Wochen alten Welpen Tauziehen spiele oder mit einem acht Monate alten Halbstarken. Wenn Ihr Welpe diese Spiele liebt und ein Alter erreicht, in dem er Ihre Autorität testet, hören Sie mit solchen Spielen auf. Sie könnten ein kleines Dominanzproblem zu einem großen machen.

Frisbees

Mein gelber Labrador Bentley hält Frisbees für ein Gottesgeschenk. Sie sind sehr gut geeignet, einen übermütigen jungen Hund sich austoben zu lassen, ohne sich selbst zu erschöpfen. Es macht Freude, einen Frisbee-besessenen Hund springen zu sehen. Wenn Sie schon einmal einen solchen Wettkampf im Fernsehen gesehen haben, wissen Sie, wovon ich rede.

Manche Hunde und Hundebesitzer kommen gut mit einem üblichen Frisbee aus festem Plastik hin. Nachdem ich die Prellungen an Bentleys Gaumen und seine zerschnittenen Lefzen gesehen habe, nehme ich andere. Es handelt sich um einen weichen, mit Stoff bezogenen Schaumstoffring. Man kann die Scheibe zusammenklappen, trotzdem behält sie im Flug ihre Form. Bentley kann sie nun aus jeder Lage schnappen, ohne sich wehzutun. Sie läßt sich auch nicht zerkauen wie andere billige Scheiben. Sie halten manchmal allerdings nur eine Spielsaison durch.

Wenn Sie mit Ihrem Welpen Frisbee spielen wollen, halten Sie die Übungszeiten kurz und freudvoll. Rollen Sie das Frisbee wie einen Ball weg. Schnappt es sich der Welpe, ermuntern Sie ihn, es zurückzubringen. Tüchtig loben, wenn er es tut. Machen Sie das ein paar Mal und hören Sie auf. Der Welpe soll sich nicht dabei langweilen, er verbindet sonst das Frisbee mit einer negativen Erfahrung. Ich bewahre das Frisbee sogar getrennt von den anderen Spielsachen auf und hole es nur zum Spiel selbst heraus. Damit bleibt es immer eine aufregende Sache.

Hufe und Schweinsohren

Mist – sie splittern, sie riechen. Hunde lieben sie! Ich nicht. Es liegt an Ihnen, ob Sie sie im Hause haben wollen. Denken Sie stets an die Sicherheit Ihres Hundes. Splittert ein Huf, werfen Sie ihn weg. Frißt er die Schweinsohren am laufenden Band, geben Sie nur gelegentlich eines. Wird Ihnen der Gestank zu viel, beklagen Sie sich nicht bei mir!

Die Stimme – unentbehrliche Ausbildungshilfe

Der Welpe lernt die Bedeutung der Stimme – Knurren, Wimmern, Fiepen, Bellen – durch seine entsprechenden Erfahrungen mit Mutter und Geschwistern. Diese natürlichen Laute helfen den Hunden, sich untereinander zu verständigen. Körperhaltung, Blickkontakt und Gerüche sind die weiteren Kommunikationsmöglichkeiten der Hunde. Die Verständigung über Laute ist für den Hundebesitzer am wichtigsten, weil sie sich am leichtesten nachahmen läßt. Ich habe meinen Schülern immer gesagt, daß Hunde nicht wie Menschen denken und sich verständigen, aber Menschen können lernen, wie Hunde zu denken und zu handeln. Das erleichtert die Erziehung ungemein.

Es ist vergleichbar mit einer Sprachenschule, wenn die Schüler noch keine Vorkenntnisse haben. Es ist schwierig, aber nicht unmöglich, ihnen die Sprache zu vermitteln. Sobald der Lehrer aber die Muttersprache der Kinder spricht, wird alles viel einfacher.

Dies gilt auch für die Hundeerziehung. Ich erziehe Hunde aus der Sicht des Hundes. Dies führt zu raschen Erfolgen – ohne Frustration und Streß. Hündische Laute nachzuahmen, ist ein wichtiger Teil dieser Methode.

Lob in höchsten Tönen

Bestimmte Lautäußerungen der Hunde sind zur Erziehung besonders gut geeignet. Welpen fühlen sich von hohen, freudigen Tönen angezogen. Ich benutze sie zum Loben und zum Heranlocken der Welpen. Die Worte selbst spielen keine Rolle, auf den Ton kommt es an. Wedelt der Welpe mit dem Schwanz, haben Sie den richtigen Ton erwischt!

Männer mit tiefen Stimmen haben damit zunächst Probleme, aber mit viel Übung kommt der Erfolg. Der Lobton sollte großzügig angewandt werden – sobald der Welpe etwas gut macht, z.B. sein Bächlein draußen macht oder seinen Napf leergefressen hat. Ihr Lob bestätigt gutes Benehmen und schenkt dem Welpen Geborgenheit, so lange er sein neues Leben in Ihrem Heim einrichtet.

Benutzen Sie verschiedene Worte. »Braver Hund, braver Hund, braver Hund« ständig wiederholt, verliert allmählich seine Wirkung. Das Lob soll Freude machen und interessant sein. Schaut der Welpe Sie nicht an und wedelt nicht mit dem Schwanz, dann loben Sie nicht ausreichend!

»Nhaa!«: Tadel auf Hundeart

Gute Ausbilder benutzen zum Tadeln ihre Stimme. Schläge, Tritte oder ähnliches sind Tierquälerei. Lassen Sie das! Viel effektvoller und natürlicher ist das Knurren. Sagen Sie »Nhaa!« mit tiefer, kehliger Stimme. Sie ahmen damit das Knurren der Mutter nach, mit dem sie den Welpen tadelte.

Ihr »Nhaa!« muß tief aus der Kehle kommen. Lautstärke ist nicht immer nötig. Der Ton muß sich knurrend anhören, Sie imitieren Hundesprache. Wenn ein Hund dem anderen mitteilt, daß er sofort aufhören soll mit seinem Tun, dann knurrt er. Er sagt nicht »Böser Hund«, er knurrt. Ich habe Ausbilder das Wort »Pfui« sagen hören. Wie unsinnig! Haben Sie je gehört, daß ein Hund zum anderen »Pfui!« sagt? Lernen Sie hündisch, wenn Sie bei der Erziehung Erfolg haben wollen.

Da dieser Laut so wichtig ist, wird er im Kapitel »Unterbrechen unerwünschter Handlungen« (siehe Seite 146) ausführlich behandelt.

Kommando-Laute

Ein weiterer wichtiger Laut ist der für Kommandos. Kommandos sollten mit klarer, aber angenehm fester Stimme erteilt werden. Man muß den Welpen nicht anbrüllen. Ein Welpenkindergarten ist kein Exerzierplatz. Sie sollen sich nicht anhören wir ein Militärausbilder. (Tatsächlich darf Hundeausbildung niemals militärischen Charakter annehmen!)

Aber Sie sollten den Hund nicht bitten. Sie sagen ihm – in freundlichem Ton – was er tun muß. Erlaubt Ihr Ton die Interpretation »Bitte tu es, wenn Dir danach ist«, wird es Ihnen schwer fallen, den Welpen zu überzeugen, daß Sie derjenige sind, der das Sagen hat.

Sie werden feststellen, daß ich eindeutige Kommandos, bestehend aus einem Wort, wähle. Sie lernt der Hund am leichtesten. Welche Worte Sie wählen, ist Ihnen überlassen, solange der Ton stimmt!

Benutzen Sie den Namen des Welpen richtig

Häufig stiftet die Benutzung des Namens des Hundes von Anfang an Verwirrung beim Hund. Um ihn richtig zu verwenden, muß man daran denken, daß er dazu dient, die Aufmerksamkeit des Hundes zu erlangen. Wenn ich z. B. Hilfe brauche, rufe ich laut »Barbara, kannst Du mir mal helfen?« Ich benutze ihren Namen, damit sie aufmerksam wird, und dann teile ich ihr meinen Wunsch mit.

Das gilt auch für Hunde. Zunächst muß der Welpe seinen Namen kennenlernen. Man wiederholt ihn ständig, wenn man mit dem Welpen spricht. Sagen Sie den Namen mit klarer, angenehmer Stimme und loben Sie ihn, wenn er Sie anschaut. Er lernt seinen Namen schnell.

Wenn Sie mit den Übungen beginnen, nennen Sie zunächst seinen Namen vor einem Kommando. Der Name dient dazu, die Aufmerksamkeit des Hundes zu erlangen: Sie nennen den Namen. Der Hund schaut Sie an, Sie geben das Kommando, der Hund befolgt es. Sagen Sie den Namen nach dem Kommando, weiß der Welpe gar nicht, daß er angesprochen wurde. Das erschwert die Erziehung.

Die wichtigste Regel ist hier, daß der Name nur im Guten gesprochen wird. Tadeln Sie niemals den Welpen mit Namen. Schreien Sie »Lobo!« mit ärgerlicher Stimme, dann verbindet der Welpe seinen Namen mit Ihrem Ärger und jeden weiteren Unannehmlichkeiten, die folgen können. Lobo lernt schnell, seinen Namen zu überhören. Grollen Sie statt dessen »Nhaa!«, wenn Sie tadeln müssen. Das ist sehr viel wirkungsvoller und zerstört nicht die angenehme Verbindung, die der Welpe im Zusammenhang mit seinem Namen knüpft.

Babysprache

Ich möchte Ihnen nicht den Spaß an der Welpenaufzucht nehmen. Ich weiß, daß wir uns in Welpen geradezu verlieben und sie wie Babys behandeln. Immerhin ist der Welpe ein Baby. Aber verwechseln

Sie die Babysprache nicht mit Fiepen. Wenn Sie sagen: »Oh, Freddy, ich liebe dich, du bist so süß, du bist Mammis Liebling«, dann hört sich diese Babysprache für den Welpen an wie »Eeeemmmmm, Eeemmmm, Eeeemmmm«. Das ist genau der Ton, den ein unterwürfiger Hund gegenüber einem dominanten Rudelmitglied abgibt.

Wenn Sie regelmäßig mit dem Welpen so reden, dann vermitteln Sie dem Welpen in Hundesprache, daß er Ihr Rudelführer ist. Manchmal ist es ok, wenn es Ihre Art ist. Aber manche Leute neigen dazu, dauernd so mit dem Hund zu reden. Denken Sie daran: Sie sollen sich mit dem Hund aus hündischer Sicht verständigen. Versuchen Sie zu denken und zu sprechen wie ein Rudelführer.

Der richtige Start

Nun fangen wir an. Dieser Teil beschreibt, was Sie mit Ihrem Welpen tun können, um den Grundstock für einen glücklichen, selbstbewußten Hund zu legen. Die Tips und Techniken helfen Ihrem Welpen, auf angenehme Weise mit Ihnen und der Umwelt klarzukommen.

Die Bindung zwischen Welpe und Mensch

Was bedeutet diese Bindung? Es ist das schöne Gefühl, wenn man abends beim Nachhausekommen von einem schwanzwedelnden Hund mit glücklichen Gesicht begrüßt wird. Die Bindung veranlaßt

Das warme Gefühl ums Herz, wenn Sie den Welpen zum ersten Mal auf den Arm nehmen, ist der Beginn der Bindung. Nach kurzer Zeit stellen Sie fest, daß Sie zusammengehören.

ihn, Ihnen von Raum zu Raum zu folgen und sich zu Ihren Füßen niederzulegen (oder neben Ihnen auf dem Sofa), wenn Sie fernsehen. Aus demselben Grund besitzt der Hund fünf Halsbänder und drei Leinen, wo eine vollkommen ausreichte. Kurz – die Bindung macht die Hundehaltung so wunderbar. Es ist einfach das Gefühl der Zusammengehörigkeit zwischen Ihnen und Ihrem Hund.

Wenn Sie nun glauben, das hört sich ganz wie Liebe an, dann haben Sie recht! Ich liebe meine Hunde und weiß, daß sie mich lieben. Wissenschaftlich ausgedrückt ist das, was wir fühlen, Bindung. Aber in meinem Herzen weiß ich, daß es Liebe ist – echte Liebe.

Unsere Hunde verbinden sich auch mit uns, weil wir sie füttern und ihnen Unterkunft gewähren. Wenn das allerdings alles ist, was Sie für Ihren Hund tun, dann dürfen Sie von der Bindung nicht allzu viel erwarten. Futter und Unterkunft sind für den Hund wichtig, aber ebenso ist es das soziale Zusammenleben. Damit meine ich, Zeit mit dem Hund zu verbringen, mit ihm zu spielen, zu wandern, ihn zu erziehen usw. Dieses Kapitel gibt Ihnen einige Denkanstöße dafür, wie man diesen Bindungsprozeß beim Welpen anstößt.

Eine enge Bindung zwischen Hund und Mensch bedeutet ein Vielfaches an Freude mit dem Hund.

Zu Hause

Es gibt viele Möglichkeiten, eine enge Bindung mit dem Welpen aufzubauen. Am wichtigsten ist es, einfach so viel Zeit wie möglich miteinander zu verbringen. Im Laufe Ihrer täglichen Haushaltsroutine stellt sich der Welpe auf Sie und Ihren Tagesablauf ein. Je mehr Zeit Sie ihm widmen, desto schneller wird es gehen.

Ich habe festgestellt, daß ein Welpe in den ersten Wochen von allen Beteiligten Anpassung verlangt. Der Besitzer muß sich um die Stubenreinheit und die Futterzeiten kümmern, die Welpen müssen Ihr Leben kennenlernen. Je mehr Zeit man miteinander verbringt, desto eher lernt man sich kennen. Schon bald werden Sie sehen, daß Sie eine akzeptable Routine, in die der Welpe einbezogen ist, erreicht haben und der Welpe sich gut einfügt.

Ein Wort der Warnung: Wenn Ihr Tagesablauf das reine Chaos ist, dann erwarten Sie vom Welpen nicht, daß er es entwirrt! Wenn es keine Routine für den Welpen gibt, an die er sich anpassen kann, dann hat er Probleme, sich in seinem neuen Heim einzuleben. Routine ist ganz wichtig für Welpen. Je mehr feste Zeitpunkte Sie in den Tagesablauf einbauen können, z. B. Futterzeiten, regelmäßige Spaziergänge, desto besser für den Welpen. Denken Sie daran – Bindung bedeutet eine Verbindung miteinander. Sie müssen möglicherweise Ihr Leben etwas verändern, um das zu erreichen. Seien Sie zärtlich mit dem Welpen. Eine sanfte Umarmung, ein Streicheln oder ein Kuß auf die Stirn – nur einfach weil er da ist – zeigt ihm deutlich, daß er ein Teil der Familie ist. Berührung ist für den Hund so wichtig wie für den Menschen. Nutzen Sie das Bedürfnis des Hundes nach Körperkontakt, um die Bindung zu festigen – und umgekehrt.

Eine weitere Möglichkeit der Bindungsförderung zu Hause ist Zeit zum Spielen. Spielen können die Welpen am besten. Wenn Sie seinen Spaß am Spiel mit ihm teilen, geht die Bindung rascher voran. Es ist, als ob man einem kleinen Kind vorliest. Indem Sie sich die Zeit nehmen, sich mit dem Kind hinzusetzen und ihm vorzulesen, zeigen Sie ihm, daß es Ihnen wichtig ist. Das gleiche gilt für Welpen. Obwohl ich glaube, daß sie es nicht auf die gleiche Weise verstehen, reagieren sie doch mit stärkerer Bindung. Denken Sie aber daran, daß nicht jedes Spiel fördernd ist. Im Kapitel über Welpenspiele finden Sie Hinweise auf sichere und fördernde Spiele (Seite 75).

Mein nächster Vorschlag läßt sich nicht in jedem Haushalt verwirklichen, sollte aber dennoch erwähnt werden: Mit dem Hund im gleichen Raum zu schlafen, hilft ebenfalls, die Bindung zu festigen. Warum? Wären Sie und Ihre Familie und der Welpe ein Wolfsrudel, dann schliefen Sie zusammen in einer Wohnhöhle, wo die Alten die Jungen beschützen. Zusammen zu schlafen ist normal, besonders für Welpen. Ehe der Welpe zu uns kam, verbrachte er jeden Tag seines zweimonatigen Lebens damit, sich an Mutter und Geschwister anzuschmiegen. Das heißt nicht, daß Sie Ihren zehn Wochen alten Welpen mit ins Bett unter die Decke nehmen. Ihn aber nachts in seinem Laufstall mit ins Schlafzimmer zu nehmen, ist in Ordnung. Damit verhindern Sie, daß der Welpe in der Nacht weint. Tut er das, dann nur, weil er sich vom Rudel ausgeschlossen fühlt. Nachts zusammenzusein, ist natürlich. Wenn Ihr Partner damit einverstanden ist, empfehle ich, den Hund mit ins Schlafzimmer zu nehmen.

Spaziergänge mit dem Welpen helfen, eine positive Beziehung aufzubauen. Sie gewöhnen sich daran, sich für den Welpen Zeit zu nehmen, während er lernt, daß Sie der Rudelführer sind.

Draußen

Auch außerhalb der Wohnung geht der Bindungsprozeß weiter. Spaziergänge sind eine wunderbare Gelegenheit dazu. Sie zeigen Ihrem Welpen auch, daß Sie ein Team sind. Dazu braucht man keine hektargroße Wildnis. Beim ganz jungen Welpen tut es schon der Garten am Haus. Dann geht es weiter in den Stadtpark. Achten Sie darauf, daß der Welpe vollständig geimpft ist, befragen Sie Ihren Tierarzt, ehe Sie mit ihm zu Plätzen gehen, wo viele Hunde zusammenkommen.

Mit dem älteren Welpen kann man dann in Wald und Flur oder an den Strand gehen. Das Problem ist, daß nicht überall Hunde erwünscht sind. Respektieren Sie solche Regeln. Andere Hundebesitzer geben Ihnen sicherlich gerne Tips, wo Sie mit dem Hund ungestört gehen können.

Ich liebe diese Ausflüge mit dem Hund aus verschiedenen Gründen. Einmal geben sie Ihnen in den Augen des Hundes das Image eines Rudelführers. Sie wählen den Ort, Sie kennen den Weg, und Sie bestimmen, wann es Zeit zum Aufbruch ist. Das ist für einen Welpen starkes Führungsgehabe. Schon ein kleiner Rundgang im »großen, gefährlichen Hof« erreicht dieses Ansehen. Der Welpe

muß sich auf Sie als Führer und Beschützer verlassen können. Indem Sie diese Möglichkeit bieten, findet eine Bindung statt.
Ich liebe Spaziergänge auch deshalb, weil man gemeinsame Erlebnisse hat. Mit etwas Fantasie können Sie sich wie zwei Wölfe fühlen, die fremdes Gelände erforschen. Selbst mit dem erwachsenen Hund sind solche Ausflüge ein Vergnügen. Geteilte Erfahrungen fördern die Bindung. Und die Bewegung tut Ihnen beiden gut.
Machen Sie hin und wieder Halt. Setzen Sie sich auf einen Stein oder den Boden und beobachten Sie einfach die Natur. Heben Sie einen Zweig auf und lassen Sie den Welpen daran riechen. Lauschen Sie gemeinsam dem Vogelgezwitscher. Beobachten Sie ein vorbeifliegendes Flugzeug. Streicheln Sie dem Welpen Nacken und Rücken und zeigen Sie ihm, wie sehr Sie seine Gesellschaft schätzen. Er wird Ihre Worte nicht verstehen, aber er weiß, was Sie meinen. Das ist Bindung.
Wenn ich mit meinem Welpen vom Spaziergang zurückkomme, ist er müde. Ich lege mich oft mit ihm auf den Boden, und wir machen zusammen ein Nickerchen. Sie tun Dinge, die dem Welpen zeigen, daß Sie sein Kumpel sind. Zeigen Sie ihm, daß Sie beide ein Team sind. Sie sind der Anführer, aber er ist ein hochgeschätztes Teammitglied.
Spaziergänge helfen dem Welpen auch, mit anderen Hunden Freundschaften zu schließen. Hunde, die mit ihren Besitzern etwas gemeinsam tun, werden untereinander oft Freunde. Meine Hunde haben viele Hundefreunde. Die meisten haben sie auf einem Spaziergang kennengelernt. (Neutrales Gelände ist ideal, um Hunde miteinander bekannt zu machen. Die Aktivitäten eines Spaziergangs geben dem Hund eine Aufgabe, anstatt Streit zu suchen.) Wenn in Ihrer Nachbarschaft mehrere Hunde oder andere Welpen sind, organisieren Sie einen Hundespaziergang. Selbst ein Gruppengang an der Leine um den Block kann Spaß machen. Jede Möglichkeit, sich mit Ihrem Hund draußen zu bewegen, lohnt sich.

Gehorsamsausbildung

Auch die Gehorsamsausbildung fördert die Bindung. Gute Erziehung entwickelt die Verständigung. Besitzer lehren, während Hunde lernen. Damit beschäftigen sie sich miteinander. Je mehr Zeit man mit der Erziehung verbringt, desto besser versteht man seinen

Hund. Man kann den Hund förmlich »lesen«, man sieht ihm an, was er denkt, fühlt und als nächstes tun wird.

Ein gut erzogener Hund ist stark auf seinen Menschen eingestellt. Schon eine kleine Geste oder ein einfaches Wort – und der Hund reagiert. Manchmal bedarf es noch nicht einmal solcher Zeichen. Mein Hund Drifter wacht morgens gegen vier aus tiefem Schlaf auf, wenn ich meine Angelkleidung anziehe. Er weiß, was ich vorhabe, und will mich begleiten, also ziehen wir zusammen los. Das ist Bindung!

Die Erziehung des Hundes bindet ebenso, wie wenn Eltern Zeit mit ihren Kindern verbringen. Ein Vater, der sein Kind lehrt, einen Ball zu schlagen, zeigt ihm, daß es für ihn wichtig ist. Er bringt dem Kind etwas bei und vertieft gleichzeitig die Bindung.

Sprechen Sie mit dem Hund

Sprechen Sie mit dem Hund? Das sollten Sie! Ich rede dauernd mit ihnen. Ich sage ihnen, wieviel sie mir bedeuten und daß ich sie liebe. Natürlich verstehen sie nicht die Worte, aber ich glaube, daß sie meine Gefühle verstehen, die ich zum Ausdruck bringen möchte.

Ich habe festgestellt, daß Reden den Hunden hilft, sich mit unserem Leben zurechtzufinden. Zunächst hat der Welpe keine Ahnung, was Sie mit den Worten »Wir gehen jetzt aus!« oder »Auf, ins Bett!« meinen. Aber bald verknüpft der Welpe mit Ihren Worten die nachfolgende Aktivität. Das geht um so schneller, je zuverlässiger Sie immer die gleiche Betonung der Worte wählen.

Meine Hunde kennen viele Sätze, auf diese Weise kann ich sie führen. In gewissem Sinne ist es nichts anderes, als dem Hund Kommandos beizubringen. Ich beschreibe hier nur, wie man den Hund durch den Tagesablauf führen kann, indem man einfach mit ihm spricht und ihn an bestimmte Sätze gewöhnt.

Hier sind ein paar Beispiele dafür, welche Sätze meine Hunde und ein paar ihrer Freunde verstehen. Die Hunde lernen sie, weil sie sie immer hören, wenn etwas Bestimmtes passiert, und verknüpfen beides miteinander. Beim Anblick der Liste werden Sie erkennen, wie nützlich es ist, mit dem Hund reden zu können.

Nach oben! Ins Haus. Runter. Wer ist da? Hast Du Hunger? Da ist ein Hund im Garten!

Willst Du raus? Wo sind die Vögel? Wo ist Dein Quietschie?

Hans und Grete (oder sonstwer) sind hier! Ab ins Bett! Hans wird uns besuchen! Wer möchte einen Keks?

Ich habe ein Stückchen Käse!

Solche Sätze können nützlich sein, man benutzt sie jahrelang. Viele ältere Hunde haben eine Menge in ihrem Leben gelernt. Sie zeigen mir, wie sehr wir aufeinander abgestimmt sind. Dazu muß man nur mit ihnen reden.

Wie ich schon im vorherigen Kapitel schrieb, kennt Glin, der Hund von Freunden, jedes Spielzeug in seiner Kiste namentlich. Da gibt es die dürre Ratte, Ali, den Alligator, Gigi, die Stoffpuppe, Leggy, den Oktopus, und andere. Mit diesem Hund zu spielen und ihn nach bestimmten Spielsachen suchen zu lassen, macht uns allen riesigen Spaß.

Käse ist übrigens nur eines von etwa 24 Nahrungsmitteln, die unser Labrador Byron kennt. Seine Gehirnströme sind ganz und gar auf die Küche ausgerichtet. Einige Worte kennt er besonders gut, z. B. Thunfisch, Eiskrem, Banane. Er würde natürlich eine Banane auch fressen, wenn man Thunfisch dazu sagte. Ich bin mir deshalb nicht so ganz im klaren, wie wichtig dieses Nahrungsmittelvokabular tatsächlich ist.

Die Sozialisierung des Welpen

Ein gut angepaßter erwachsener Hund fängt als gut sozialisierter Welpe an. Deshalb werden Sie von Züchtern, Tierärzten und Ausbildern immer wieder aufgefordert, den Welpen zu »sozialisieren«. Was heißt das und wie macht man das?

Fangen Sie klein an

Manche Leute denken, einen Welpen zu sozialisieren bedeutet, ein acht Wochen altes Jungtier zu einem Familientreffen, in eine laute Schulklasse und einen Park voller Hunde mitzunehmen – und das binnen einer Woche! Damit wäre fast jeder Welpe überfordert, und das darf nicht sein!

Gute Sozialisierung bedeutet sanftes Heranführen an viele Men-

Nehmen Sie den Welpen mit zu neuen, interessanten Orten. Ein gut sozialisierter Welpe wächst zu einem selbstbewußten, gut angepaßten erwachsenen Hund heran.

schen, Plätze und andere Tiere, die dem Kleinen als erwachsenen Hund begegnen werden. Ein Hund voller Vertrauen und unbefangen gegenüber seiner Umwelt ist leicht zu beaufsichtigen und angenehm. Es macht Ihre Arbeit als Hundehalter sehr viel einfacher und fördert die Freude am Hund. Ein schlecht sozialisierter Hund, der vor einem Besucher zurückweicht oder gar beißt, ist kein angenehmer Gefährte.

Sozialisierung beginnt man am besten beim Welpen. Sicherlich können auch ältere Hunde lernen, mit fremden Menschen und Gegebenheiten umzugehen, aber es ist viel schwieriger, ihnen das beizubringen. Das gilt insbesondere, wenn der Hund eine starke negative Erfahrung als Jungtier machen mußte (z. B. Mißhandlung).

Hier ein Beispiel: Es ist sehr schwer, einen zweijährigen Hund davon zu überzeugen, daß Männer mit Bart freundlich sind, wenn der vorherige Besitzer einen Bart trug und ihn stets prügelte. Solche Verknüpfungen aufzulösen, kann sehr schwer sein. Deshalb sind viele gute Erfahrungen des Welpen der Grundstock für Vertrauen und Freundlichkeit, die ein Leben lang anhalten.

Zunächst sollte die Sozialisierung dort beginnen, wo der junge Hund geboren wurde. Sperrte man die Welpen ganze sieben Wochen lang in einem stillen Hinterzimmer ein, sind die Eindrücke und

94

Geräusche Ihres lebhaften Haushaltes zu viel für ihn. Um das zu vermeiden, setzen gute Züchter die Welpen allmählich (meist im Alter von vier Wochen) allen möglichen Eindrücken aus, die Menschen mit sich bringen. Man läßt sie zuhören, wenn Menschen reden, läßt Radio spielen oder Fernseher laufen, das Telefon klingeln usw. Diese Geräusche sind nicht so laut, daß sie den Welpen ängstigen. Sie sind nur ein Teil der Geräuschkulisse, die ein Teil des Hundelebens werden wird.

Gesunde Welpen können auch schon in den ersten sieben Wochen mit fremden Menschen zusammenkommen. Sie sollten schon

Sozialisierung beginnt schon, wenn der Wurf noch zusammen ist. Gute Züchter machen ihre Welpen mit Menschen, Geräuschen und optischen Eindrücken vertraut. Das mindert den Streß, wenn die Welpen in ihr neues Heim kommen.

ein- oder zweimal beim Tierarzt gewesen sein (was meist mit Autofahren verbunden ist) und draußen im Gras gespielt und frische Luft geschnuppert haben.

Kommt der Welpe zu Ihnen, dann müssen Sie weitermachen, ihn an alles Neue zu gewöhnen. Das wichtigste ist, gesunden Menschenverstand walten zu lassen. Lassen Sie den Staubsauger nicht unmittelbar neben dem Welpen laufen, sondern in einem anderen Raum oder Stockwerk. Schlagen Sie keine Topfdeckel vor der Nase des Welpen zusammen, sondern klappern Sie in der Küche ein wenig herum, damit er sich an die Kochgeräusche gewöhnt. Lassen Sie ihn nicht alleine draußen, sondern setzen Sie sich mit ihm ins Gras, wenn er den Garten erforscht.

Menschen kennenzulernen ist auch wichtig. Hunde, die niemals Kinder, alte Menschen, Menschen verschiedener Rassen, Behinderte usw. kennengelernt haben, können ängstlich auf sie reagieren (womöglich schnappen oder beißen), wenn sie später einmal auf sie treffen. Welpen, die die Möglichkeit hatten, viele verschiedene Menschen kennenzulernen, sind dauerhaft mit der menschlichen Rasse vertraut, werden sie höchstwahrscheinlich akzeptieren und zu jedem freundlich sein. (Sollten Sie einen Hund suchen, der auf bestimmte Menschen aggressiv reagiert, dann dürfen Sie von mir keinen Rat erwarten. Ich finde, ein Hund sollte sich benehmen wie Menschen – jeden akzeptieren und respektieren. Die einzige Ausnahme, die mir einfällt, ist aggressives Verhalten gegen Einbrecher oder Kriminelle, die in Ihr Heim eindringen und Sie verletzen. Dann sind Bellen und Beißen auch für mich in Ordnung.)

Ihr Tagesablauf und Ihr Wochenplan machen es vielleicht schwierig, Zeit für die Sozialisierung aufzubringen. Aber ich kann nicht genug betonen, wie wichtig das ist. Unser Labrador Bentley hatte als Welpe kaum Gelegenheit dazu, weil in den ersten Lebensmonaten die Impfungen nicht anschlugen. Deshalb ist er weniger zutraulich zu Fremden und ungewohnten Geräuschen als unsere anderen Hunde, die sofort aus sich herausgingen. Rückblickend hätte ich ihn wenigstens etwas sozialisieren sollen, trotz des Risikos, denn es hat Jahre gedauert, sein Selbstvertrauen aufzubauen. Er hat sich sehr verbessert, aber er ist noch immer unser scheuer Hund. (Zugegeben, die Scheuheit kann ererbt sein. Aber Sozialisierung in jungem Alter hätte diese unerwünschte Veranlagung abmildern können.)

Wenn Sie unsicher sind, welche Aktivitäten dem Welpen bei der Sozialisierung helfen, lesen Sie die nachfolgende Aufstellung der

Vorschläge. Sie sind unterteilt in »junge Welpen« und »ältere Welpen«, da ältere Hunde mehr »ertragen« können als Hundebabys. Setzen Sie dabei Ihren gesunden Menschenverstand ein. Ein scheuer Welpe braucht vielleicht wochenlang Aktivitäten für junge Hunde, bis er Selbstvertrauen gewinnt. Manchmal muß man mit älteren Hunden, die noch keine oder sehr wenig Lebenserfahrung haben, auch wie mit einem Baby anfangen. Es gibt auch Welpen, richtige kleine Teufelchen, die man rasch an größere Aufgaben heranführen kann. Sie kennen Ihren Welpen am besten, passen Sie deshalb Ihre Bemühungen dem Welpen an.

Ein Wort der Warnung: Folgen Sie stets den Anweisungen des Tierarztes, wenn Sie den Welpen fremden Hunden oder Plätzen aussetzen. Obwohl neugeborene Welpen gegen viele Krankheiten immun sind, läßt diese Immunität mit zunehmendem Alter nach, und der Welpe muß geimpft werden (siehe im Kapitel »Gesundheit«, Seite 192). Selbst kleine Beschwerden wie Würmer können dem Welpen sehr schaden. Ihr Tierarzt wird Ihnen sagen, wann Sie Ihren Welpen sicher mit anderen Hunden zusammenkommen lassen können. Bis dahin meiden Sie weitgehend Kontakt mit fremden Hunden (insbesondere deren Ausscheidungen).

Sozialisierungsvorschläge für junge Welpen

Lassen Sie den Welpen jedes Zimmer im Haus erforschen und folgen Sie ihm dabei. Da die Gefahr groß ist, daß er ein Bächlein machen muß, sorgen Sie dafür, daß der Welpe dies vorher erledigt hat.

Gehen Sie aus Sicherheitsgründen hinter dem Welpen die Treppe hoch. Mit Teppichboden belegte Stufen sind rutschfest. »Offene« Treppen, bei denen man zwischen den Stufen hindurchsehen kann, eignen sich weniger gut für den Anfang. Welpen klettern nicht gerne weiter, wenn sie in den offenen Raum hineinschauen können.

Gehen Sie die Treppe hinunter, aber nur wenn der Welpe kräftig genug und fest genug auf den Beinen ist. Hinuntergehen ist schwieriger (und beängstigender) als Hinaufgehen, machen Sie deshalb keinen Druck.

Lassen Sie den Welpen in der Küche, während die Spülmaschine läuft, oder spülen Sie einige Töpfe und Pfannen. Besser noch tun Sie das zur Futterzeit des Welpen. Futter lenkt wunderbar ab. Neue Geräusche, die der Welpe während des Fressens hört, machen auf

Ein Welpe sollte auch Kleinkinder und ältere Kinder kennenlernen. Nutzen Sie dazu eine Zeit, in der der Welpe gerade ruhig ist, und beobachten Sie beide.

ihn keinen schlechten Eindruck – denn er verbindet sie mit der angenehmen Erfahrung des Fressens.

Ah ja, der Staubsauger. Nehmen Sie ihn aus dem Schrank und legen Sie ihn in einen Raum, den der Welpe kennt. Er soll ihn untersuchen. Das ist alles. Lassen Sie ihn ein oder zwei Tage dort. Benutzen Sie das Gerät, sorgen Sie dafür, daß der Welpe in einem anderen Raum oder Stockwerk ist (hier ist Hilfe nützlich). Beginnen Sie zu saugen. Der Welpe kommt vielleicht herein, um zu sehen, was Sie machen. Beachten Sie ihn nicht. Lassen Sie ihn einfach zuschauen. Der beste Weg, einen Welpen ängstlich zu machen, ist, ihn an etwas Beängstigendes heranzulocken. Ihre unbeeindruckte Haltung beim Staubsaugen signalisiert dem Welpen, daß man vor dem lärmenden Ding keine Angst zu haben braucht. Manche Hunde mögen allerdings das laute Geräusch des Staubsaugers nicht. Bleibt der Welpe weg, auch in Ordnung. Durch ein sinnvolles Heranführen an dieses Haushaltsgerät vermeiden Sie panisches Verhalten, das manche Hunde an den Tag legen, sobald es Zeit zum Hausputz ist.

Da die meisten Welpen ziemlich klein sind, kann man sie tragen. Das bedeutet, daß man sie auf dem Arm zu kleinen Gängen mit in die Stadt nehmen kann. In den meisten Nicht-Lebensmittelgeschäften stört man sich nicht an einem Welpen. Ich kenne Welpen, die mit in die Bank, verschiedene Läden und Restaurants getragen wurden. Die Eindrücke dieser Plätze und die Aufmerksamkeit der Menschen, die den Welpen begrüßen, helfen ihm, mehr über diese Welt zu lernen.

Ich habe es gerne, wenn Welpen Kinder kennenlernen. Aber hier bedarf es einiger wichtiger Regeln. Erstens: Beobachten Sie Kind und Hund. Kinder können einen kleinen Welpen leicht verletzen, ebenso wie kleine scharfe Welpenzähne einem kleinen Kind wehtun können. Zweitens: Wählen Sie Kinder im Kindergarten- oder Schulalter aus. Meine Erfahrung mit Krabbelkindern zeigt, daß sie laut sind und unerwartet reagieren. Freudiges Quietschen oder unruhige Bewegungen können den Welpen ängstigen. Ein älterer Welpe, der an Kinder gewöhnt ist, darf auch auf ein Krabbelkind treffen, aber für die erste Gewöhnung sind sie nicht geeignet. (Wenn Sie selbst Kinder haben, lesen Sie das Kapitel »Familienangelegenheiten« mit weiteren Tips, Seite 111.)

Wenn Besucher dazu bereit sind, bitten Sie sie, sich auf den Boden zu setzen und den Welpen zu begrüßen. Die meisten Welpen sind neugierig. Sitzt Ihr Besucher ruhig mit einem Spielzeug in der Hand da, kommt der Welpe ganz bestimmt. Er sollte mit dem Welpen reden und ihn streicheln. Je mehr verschiedene Menschen der Welpe trifft, desto besser wird er mit Menschen umgehen können.

Baden Sie den Welpen erstmals. Ist er noch klein, reicht ein Waschbecken aus. Andernfalls setzen Sie ihn in die Badewanne (Abspritzen mit kaltem Wasser aus dem Gartenschlauch ist keine Art, einen Welpen zu baden!). Achten Sie auf eine rutschfeste Unterlage! Lassen Sie ein paar Zentimeter warmes Wasser einlaufen, setzen Sie den Welpen hinein und reden Sie ständig mit ihm. Ich lobe ihn, finde das Wasser herrlich, sage, wie schön er anschließend sein wird usw. Wehrt er sich zu sehr oder versucht herauszuspringen, korrigiere ich mit einem grollenden »Nhaa!«. Der Welpe wird mit einigen Handtüchern trockengerieben und warmgehalten, bis er vollkommen trocken ist. (Weitere Hinweise zum Baden und Pflegen des Welpen finden Sie ab Seite 200.)

Nehmen Sie den Welpen auf eine Autofahrt mit. Abgesehen von einigen Bewohnern großer Städte besitzen die meisten Hundehalter ein Auto, von dem sie weitgehend abhängig sind. Ist der Hund ein echtes Familienmitglied, dann fährt er auch oft Auto. Ich finde, Welpen sollten sich früh ans Auto gewöhnen. Planen Sie jedoch niemals eine Fahrt unmittelbar nach dem Füttern. Die meisten Welpen werden bei vollem Magen mit der Erschütterung nicht fertig und erbrechen. Am besten fährt der Welpe in seiner Transportbox. Er kann nicht auf Ihren Schoß klettern, unter die Füße geraten oder die Sicherheitsgurte anknabbern, währen Sie sich auf den Verkehr konzentrieren. Keine Sozialisierungsmaßnahme ist es wert, einen Unfall zu riskieren.

Sozialisierung des älteren Welpen

Ausgänge in die Stadt oder in ein Einkaufszentrum sind bestens geeignet. Die Aktivitäten eines stark frequentierten Einkaufszentrums machen den Welpen vertraut mit fremden Gerüchen und Geräuschen, ganz zu schweigen von den fremden Leuten. Sie können sicher sein, daß ein süßer Welpe an der Leine einiges Aufsehen erregt. Ich selbst kann mich nicht bremsen, einen Welpen zu begrüßen und mit den Besitzern ein paar freundliche Worte zu wechseln. Denken Sie jedoch stets an die Sicherheit des Welpen. Erlauben Sie niemals

Bei Spaziergängen im Freien kann sich der Welpe austoben und die Natur kennenlernen. Achten Sie darauf, daß für den Kleinen keine Gefahren durch Autos, wilde Tiere, Jäger und so weiter lauern.

einem Fremden (schon gar nicht einem Kind), ihn auf den Arm zu nehmen. Nicht jeder kann einen Welpen richtig halten – er braucht nur einmal zu zappeln, und schon wird er verletzt oder gar fallengelassen. Wer möchte, kann sich zum ihm runterhocken, oder Sie heben ihn hoch, um ihn zu zeigen.

Was ist eine Welpenparty? Das ist meine Bezeichnung für eine Spielgruppe. Wenn Sie ein oder zwei Welpenbesitzer kennen, treffen Sie sich auf ein Stündchen oder zwei. Wählen Sie einen sicheren Hof oder Garten, da die Welpen in ihrer Spielfreude plötzlich auf die Straße rennen könnten. Setzen Sie sich hin und beobachten Sie die Spiele. Sie brauchen nichts zu planen, die Welpen beschäftigen sich selbst. Sie raufen, jagen, beißen in Stöcke, erforschen alles und legen sich genauso rasch zu einem Nickerchen hin, wie sie blitzschnell wieder aufspringen, um weiter zu spielen. Es gibt nur wenige Dinge im Leben, die schöner sind, als Welpen beim Spiel zu beobachten. Ein Wort der Warnung: Ist ein wirkliches Rauhbein in der Welpenspielgruppe, nehmen Sie ihn an die Leine. Es macht keinen Sinn, daß er die anderen Welpen unterbuttert und ihnen wehtut.

Machen Sie längere Autofahrten. Kurz ums Viertel zu fahren, ist zwar für den Welpen gut, aber irgendwann müssen Sie eine längere Fahrt machen. Zwei Stunden Fahrt um Freunde zu besuchen oder eine Wanderung zu machen, sind eine gute Übung. Zunächst versichern Sie sich, daß der Welpe willkommen ist. Neigt der Welpe zur Reisekrankheit, füttern Sie ihn einige Stunden vor Abreise oder nehmen Sie das Futter mit und füttern ihn am Ankunftsort. Nehmen Sie immer Wasser und eine unzerbrechliche Schüssel mit. Halten Sie unterwegs an und geben Sie dem Welpen Wasser und die Möglichkeit, sich zu lösen. (Nehmen Sie stets eine Rolle Küchenpapier mit, um die Hinterlassenschaften zu beseitigen.) Haken Sie stets die Leine ein, ehe Sie die Autotür öffnen. Stellen Sie sich vor, was passieren kann, wenn der Welpe auf die nahegelegene Straße rennt oder in einem großen Wald, weit weg von zu Haus, verschwindet. Sicherheit hat absoluten Vorrang!

Eine Übernachtung ist die logische Steigerung einer längeren Fahrt. Auch hier sollten Sie sicherstellen, daß der Welpe willkommen ist, ob Sie nun bei Freunden, Verwandten oder in einem Hotel schlafen. Nehmen Sie den Laufstall des Welpen und sein Bettzeug mit (was immer Sie auch zu Hause benutzen), plus Wasser, eine Schüssel und Futter. Ich nehme immer Vorrat für einen weiteren Tag

mit, man weiß nie, ob sich Verzögerungen bei der Heimreise erge-
ben. Vergessen Sie nicht Halsband und Leine sowie Medikamente,
die der Welpe evtl. benötigt. Ich habe immer alles nötige in einer bestimmten Tasche, die automatisch mit ins Auto wandert. Ich stecke
die Futterschüsseln, ein paar Quietschtiere und Leckerchen ein. Es
kann losgehn!

Lassen Sie den Welpen einen Nachmittag bei Freunden verbringen. Das gibt ihm die Möglichkeit, die Außenwelt ohne Sie zu erkunden. Es ist ein gutes Training für künftige Gelegenheiten, wenn
Sie den Hund einmal alleine zu Hause lassen müssen. Es sollte eine
Person Ihres Vertrauens sein. Hat man einen sicheren Hof oder
Garten? Hat man Kinder oder Tiere, die den Welpen verletzen
könnten? Vertrauen Sie ihrem Urteilsvermögen? Nicht jeder kann
mit Hunden umgehen. Ich kenne kluge, gebildete, freundliche Menschen, die überhaupt kein Gespür für Tiere haben. Ich würde ihnen
zutrauen, meinen Blinddarm zu entfernen, meine Steuererklärung
zu machen, die Wasserleitung oder die Bremsen zu reparieren, aber
niemals, meinen Hund zu beaufsichtigen. Entscheiden Sie mit dem
Kopf und nicht mit dem Herzen, wem Sie Ihren Hund anvertrauen
können.

Haben Sie den Welpen schon gebürstet und die Krallen geschnitten? Jetzt ist die richtige Zeit für den Hundesalon. Auch wenn Ihr
Hund keiner Rasse angehört, die regelmäßig getrimmt oder ge-
schoren werden muß, empfehle ich den Besuch eines Hundesalons
als Teil der Sozialisierung. Es ist eine wertvolle Lebenserfahrung
und unerläßlich für Welpen, die später regelmäßig zum Hundefrisör
müssen. Wählen Sie einen Pfleger, der für sein sanftes Händchen mit
Hunden bekannt ist. Ihr Tierarzt oder andere Hundebesitzer können Ihnen dabei raten. (Später können Sie dann zu einem Fachmann
gehen, der Hunde schaufertig macht und sie schnell durchschleust.)
Sagen Sie dem Pfleger, daß es die erste Erfahrung des Welpen ist.
Man wird Ihnen einen Termin einräumen, an dem etwas mehr Zeit
ist. Idealerweise sollte der Welpe nur so lange im Salon sein, wie er
gepflegt wird. Die meisten bieten solchen Service jedoch nicht an.
Erwarten Sie nicht, dabeibleiben zu können. Die meisten Pfleger
mögen keinen sorgenvollen Hundebesitzer bei der Arbeit neben
sich. Ist der Welpe fertig, begrüßen Sie ihn freundlich und voller
Lob. »Wie schön er ist«, »Wie schön, dich wiederzuhaben« usw.
Ihre glückliche Reaktion, den Welpen wiederzusehen, macht das
ganze für den Welpen zu einer angenehmen Erfahrung.

Besuchen Sie eine Schule. Fragen Sie einen Lehrer, ob Sie mit dem Welpen eine der unteren Klassen besuchen dürfen. Gehen Sie nicht in einen lärmenden Kindergarten, wenn der Welpe noch nie ein Kind gesehen hat. Kennt er Kinder, sind Gruppen jeden Alters in Ordnung. Auch hier tragen Sie die volle Verantwortung für die Sicherheit des Hundes. Statt dreißig lebhafte Kinder auf den Welpen loszulassen, halten Sie den Hund. Jeder darf ihn der Reihe nach streicheln und begrüßen. Erzählen Sie etwas über die Erfordernisse der Welpenaufzucht, was er braucht und womit er spielt. Wenn ich in Schulen Vorträge halte, höre ich viele ungewöhnliche Fragen und Geschichten. Man wird auch Sie fragen, antworten Sie, so gut Sie können. Auch ein verantwortungsvoller Hundebesitzer kann Kindern etwas über verantwortungsvolle Hundehaltung sagen. Der Welpe ist nach dem Besuch bestimmt erschöpft, gönnen Sie ihm deshalb zu Hause viel Schlaf.

Ebenso sollten Sie ein Altenheim oder Pflegeheim besuchen. Es ist für den Welpen ebenso wichtig, alte und behinderte Menschen zu treffen wie Kinder. Bitten Sie den Heimleiter um Erlaubnis und vereinbaren Sie einen Termin. Meine Hunde besuchten ein Altentageszentrum, es war eine wundervolle Erfahrung für uns alle. Die meisten Senioren haben ihr Leben mit Hunden verbracht, und ein Besuch mit Hund ist meist sehr willkommen.

Schauen Sie bei der Hundeausbildung zu. Das hat zwei Vorteile. Einmal trifft der Welpe auf neue Hunde. Zum anderen lernen Sie den Ausbilder kennen. Sind Zuschauer unerwünscht, gehen Sie woanders hin. Gute Ausbilder haben nichts zu verstecken und dürften nichts dagegen haben, wenn man sich das Programm zunächst anschaut. Doch darf Ihr Welpe die anderen Hunde dabei nicht behindern. Nutzen Sie die Zeit davor und danach zum Spielen. Achten Sie darauf, daß Ihr Welpe keinen älteren Hund anspringt, der junge Hunde nicht akzeptiert. Der Besuch muß eine angenehme Erfahrung für den Welpen sein – keine Katastrophe.

Spaziergänge in Wald und Flur bieten dem Hund viele neue Eindrücke. Vögel, Kaninchen, Rehe, Eichhörnchen, Frösche und andere Tiere dieser weiten Welt lernt der Welpe kennen. Für Sie sind sie vielleicht uninteressant, aber sie sind es nicht für den Welpen. Auch wenn Sie die Tiere nicht sehen, der Welpe riecht und hört sie. Ich garantiere Ihnen, es wird ein schöner Tag. Ein Wort der Warnung: Je nachdem, wo Sie wandern, erwarten Sie vielleicht Giftschlangen, Zecken, die Krankheiten übertragen, Parasiten usw.

Nutzen Sie den gesunden Menschenverstand und planen Sie den Ausflug mit geringstem Risiko.

Ein Besuch auf einem Bauernhof oder in einem Stall bringt dem Welpen Erfahrung mit anderen Tieren. Achten Sie darauf, daß er sich nicht wehtut. Lassen Sie ihn an der Leine. Halten Sie den Welpen keiner Kuh vor die Nase und lassen Sie ihn nicht unter Pferdehufe geraten. Aber er soll herumschnüffeln dürfen und alles, was ihn interessiert, erforschen können. Er darf dabei keine anderen Kleintiere ängstigen, wie z. B. Lämmer, Hühner oder Kaninchen.

Besuchen Sie einen Flughafen, besonders wenn Ihr Hund einmal Flugreisen mitmachen soll. Reisen Sie nicht sofort. Laufen Sie nur herum und lassen Sie den Welpen das Umfeld kennenlernen. Wenn möglich, vermeiden Sie Ferienverkehrsabfertigung. Es ist schon für Menschen schlimm genug, sich durch das Gedränge zu finden. Ein Welpe kann noch mehr Unruhe stiften oder selbst getreten werden.

Ängste überwinden

Während der Sozialisierung fällt Ihnen auf, daß der Welpe vor gewissen Dingen Angst hat. Wie sollten Sie reagieren? Keinesfalls tun, was die meisten Leute machen: den Welpen mit freundlichen Worten zu beruhigen und zu liebkosen. Warum wäre das so schlimm? Weil der Welpe leider Ihre Worte nicht versteht. Wenn Sie mit süßer, beruhigender Stimme sagen: »Es ist in Ordnung; brauchst keine Angst zu haben«, dann ist das für den Welpen ein Lobgesang. Sie erreichen damit, daß Sie den Welpen für sein Angstgehabe belohnen. Das verstärkt genau die Reaktion, die Sie nicht haben wollen.

Statt dessen sagen Sie nichts, wenn der Welpe nervös wird. Halten Sie sich völlig ruhig und unbeteiligt. Der Welpe soll anhand Ihrer Haltung lernen, daß es nichts zu fürchten gibt. Bei häufiger Übung lernt der Welpe, daß das, wovor er Angst hatte, eigentlich nichts ist.

Wiederum muß man hier den gesunden Menschenverstand walten lassen. Ich würde niemals meinen Welpen bewußt etwas aussetzen, vor dem er wirklich große Angst hat. Wenn uns etwas ganz Schreckliches begegnete, würde ich die Begegnung mit dem Welpen möglichst vermeiden und ihn später, wenn er etwas älter ist, langsam heranführen. Mir fällt dabei Byrons erster Besuch in einer Großstadt ein, als er etwa 6 Monate alt war. Auf der Straße kam ein Motorrad an uns vorbei, gab Gas und stob laut röhrend davon.

Byron hatte schreckliche Angst. Niemals käme ich auf die Idee, mit ihm zu einem Wochenendtreff der Hell's Angels zu gehen, um ihn an Motorräder zu gewöhnen. Wenn uns auf der Autobahn Motorräder überholen, verstärke ich seine Angst nicht, indem ich lobend sage:»Keine Angst, es passiert nichts«, sondern ich sage gar nichts. Byron konnte sich so an die Motorräder gewöhnen und stellte fest, daß es gar nichts Schlimmes ist, wenn sie an uns vorbeidonnern. Heute kümmert er sich nicht mehr darum.

Ein letzter Gedanke bezüglich Ängsten: Manche Hunde entwickeln Ängste, weil sie in bestimmten Bereichen übersensibel sind. Einer meiner Hunde ist geräuschempfindlich. Laute Geräusche erschrecken Bentley. Ich glaube, das liegt an seinem Nervensystem. Meistens ist er jedoch bemerkenswert ruhig und gelassen, weil ich auf seine Ängste so reagiert habe, daß er lernte, mit ihnen umzugehen. Bentley stürzt nicht mehr aus der Küche, wenn Töpfe aneinanderschlagen. Er bleibt an meiner Seite und gerät auch bei Gewitter nicht in Panik. Er hat sogar Jurassic Park im Fernsehen mit angesehen – erst als die brüllenden Raubsaurier alle Menschen im Raum erschreckten, wurde auch er nervös.

Welpenspiele

Welpen und Spielen gehören zusammen. Einen Ball heranbringen, ein Stofftier jagen, an einem Seil ziehen, hinter einem Vogel herrennen – Spiel ist wichtig im Leben eines Welpen. In dieser Beziehung ist die Parallele zu Kindern besonders auffällig. Wer jemals ein Kind voller Hingabe spielen sah, weiß, wie stark dieser Drang ist. Kinder lernen durch Spiel über sich selbst und ihre Umwelt.

Das gilt auch für Welpen. Spielen hilft ihnen, die Umwelt zu entdecken und festzustellen, wie weit ihre Fähigkeiten gehen. Es setzt auch eine Menge Welpenenergie frei.

Müde Welpen sind gute Welpen!

Richtiger Auslauf ist für den Welpen enorm wichtig. Er kann auch den halben Weg zum Erziehungserfolg bedeuten. Ein ausgepump-

Die Energie muß abgelassen werden! Erfüllen Sie dieses Bedürfnis durch konstruktives Spielen.

ter Welpe macht kaum Unsinn, wenn er sich nach einem Spiel erholt. Aber man muß die richtige Art und Weise des Auslaufs bieten. Man darf den sich entwickelnden Knochenbau nicht überlasten und dem Hund gesundheitlich für sein späteres Leben schaden. Hier einige Richtlinien:

8 Wochen bis 6 Monate

Grundsätzlich soll man einem Welpen nicht mehr zumuten, als er aus eigenen Stücken von selbst macht. Gehen wir z. B. mit dem angeleinten Welpen rund um den Sportplatz. Nach einer Weile hängt er hinterher und will sich hinlegen. Das ist ein sicheres Zeichen, daß er genug hat.

Es wäre zu viel für ihn, zwei Meilen mit ihm zu joggen. Der Welpe würde versuchen Schritt zu halten und wäre nicht in der Lage auszuruhen, während Sie laufen. Diese Art Bewegung fordert den Welpen bis zur Erschöpfung und schadet ihm. Das gleiche gilt auch für übertriebenes Apportieren. Werfen Sie den Ball ungefähr ein Dutzend Mal und hören Sie auf, ehe der Welpe nach Luft schnappt. Ruhen Sie gemeinsam ein Weilchen. Manche Welpen haben einen so starken Apportiertrieb, daß sie gar nicht aufhören können. Sie müssen entscheiden und dafür sorgen, daß der Welpe sicher und gesund aufwächst.

6 Monate bis 1 Jahr

Nach etwa sechs Monaten ist der Welpe schon bedeutend ausdauernder. Es scheint, als sei seine Energie unerschöpflich. Aber den-

Schon sechs Wochen alte Welpen erforschen die Welt im Spiel.

ken Sie daran, daß die Knochen noch immer wachsen. Sie können die Bewegung steigern, aber ohne zu übertreiben. Je nach Rasse und Verfassung können Sie es nun mit einem dreiviertel- bis einstündigen Spaziergang im Wald oder einer halben Stunde Schwimmen und Spielen am Wasser versuchen. Tägliche Abenteuer wie diese sind wunderbare Auslaufmöglichkeiten für einen Welpen in diesem Alter.

Apportieren mit zwei Bällen

Die meisten Besitzer lieben das Bällchenwerfen. Einige Rassen haben einen ausgeprägteren Apportiertrieb als andere, deshalb sind sie nicht alle gleich begeistert davon, Ihnen den Ball zurückzubringen. Aber einem beweglichen Objekt nachzujagen, bedeutet immer höchstes Vergnügen. Hier eine einfache Methode, dem Welpen das Heranbringen zu zeigen.

Zunächst sollten Sie das Kapitel »Sichere Spielsachen, die Spaß machen« (Seite 75) lesen, damit der Welpe keinen gefährlichen Ball bekommt.

Lassen Sie ihn mit dem Ball im Haus spielen. Rollen Sie ihn vor dem Welpen her. Er wird wahrscheinlich hinterherrennen und ihn anspringen, dabei benutzt er all seine Jagdinstinkte. Bringt er Ihnen den Ball zurück, loben. Etwa nach einer Woche können Sie damit beginnen, das Spiel in eine Übung umzuwandeln.

Vor vielen Jahren entdeckte ich eine einfache Methode gegen normales Welpenverhalten: er will den Ball nicht hergeben. Sie kennen das. Sie werfen den Ball. Der Welpe rennt los und kommt wieder zurück. Sie fassen nach dem Ball, der Welpe dreht den Kopf zur Seite und rennt weg. Machen Sie das öfter, bekommen Sie einen Welpen, der mit Ihnen das Spiel »nicht hergeben« spielt anstatt zu apportieren. Um das zu vermeiden, nehmen Sie zwei Bälle mit. Werfen Sie einen, und wenn ihn der Welpe fängt, locken Sie ihn mit der Stimme zurück oder zeigen ihm den zweiten Ball. Läßt er den ersten Ball nicht aus, belassen Sie es dabei und werfen den zweiten. Die meisten Welpen lassen sofort den ersten Ball fallen und rennen dem zweiten nach. Sie lernen schnell, daß das Fallenlassen Sie veranlaßt, den Ball erneut zu werfen.

Zur Vervollkommnung der Übung werfen Sie den zweiten Ball nicht sofort, wenn der Welpe zurückkommt. Lassen Sie ihn eine Minute lang auf dem ersten herumkauen und ihn herumtragen. Der Ball ist seine Trophäe, die man ihm nicht zu schnell abnehmen darf. Er entwickelt bald Vertrauen, den Ball abgeben zu können, besonders wenn er damit erreicht, daß ein neues lustiges Spiel folgt.

Der einzige Nachteil dabei ist, daß einige ältere Junghunde (besonders Golden Retriever, die geradezu apportierbesessen sind) zwei Bälle gleichzeitig im Fang tragen können. Ich habe ein Foto von einem Golden gesehen, der drei Bälle im Maul hatte. Große Rassen wie Neufundländer und Mastiffs können das wahrscheinlich auch. Vielleicht brauchen Sie ja ein ganzes Netz voller Bälle, bis Sie einem großen Hund das Apportieren beigebracht haben.

Schwimmen lernen

Schwimmen ist eine großartige Bewegungsmöglichkeit. Es ist gut für die wachsenden Knochen und Muskeln, ohne Hüften und Schultern übermäßig zu belasten.

Die meisten Welpen lernen bei richtigem Heranführen an das Wasser zu schwimmen. Manche Rassen, z. B. die englische Bulldogge, sind im Wasser nicht besonders elegant. Der breite Körper und die kurzen Beine machen das Schwimmen schwierig. Ebenso scheint sie die platte Nase bei der Atmung zu behindern. Wegen ihrer Körperform haben auch Dackel und Basset Hounds Schwierigkeiten im Wasser. Wenn Sie einen solchen Hund besitzen, überlassen Sie dem Hund, ob er schwimmen möchte. Wenn ja, schön, wenn nein, genießt er Spaziergänge ebenso.

Im Laufe der Jahre habe ich Leute getroffen, deren erwachsene Hunde nicht schwimmen konnten. Sogar bei Rassen, die für die Wasserarbeit gezüchtet wurden, wie Labrador Retriever. Entweder haben diese Hunde nie Wasser kennengelernt, oder man hat ihnen das Schwimmen nie beigebracht. Der schlimmste Fehler ist jedoch, den Hund ins Wasser zu werfen, damit er Schwimmen lernt.

Stellen Sie sich vor, Sie seien ein kleines Kind, und ein Erwachsener, dem Sie vertrauen, würde Sie aus dem Boot werfen, damit Sie schwimmen lernen. Der Kopf gerät unter Wasser, Sie schlucken Wasser, vielleicht schwimmen Sie sogar mit rudernden Armen und Beinen zurück zum Boot. Sie würden das ganze vermutlich überleben, aber keinesfalls würden Sie die Vorstellung von Wasser als angenehm empfinden.

Hunde sind nicht anders. Unterhöhlen Sie niemals das Vertrauen des Welpen, indem Sie ihn ins Wasser werfen! Selbst ein erwachsener, schwimmerfahrener Hund liebt das nicht.

Von all meinen Hunden war Jena, eine Deutsch-Kurzhaar-Hündin, der beste Schwimmer. Sie schwamm Kreise um jeden Labrador oder Golden, den wir kannten. Aber Jena mußte als Welpe dutzende Male ans Wasser herangeführt werden, ehe sie wirklich schwamm. Und es dauerte nochmal so lange, bis sie wirklich gut schwamm. Wenn Sie Glück haben, lebt der Hund rund 13 Jahre bei Ihnen. Wozu die Eile? Natürlich, je eher Sie den Welpen an die neue Erfahrung heranführen, desto größer die Chance, daß er das Wasser lieben wird. Aber nehmen Sie sich Zeit und führen Sie den Welpen langsam heran.

Suchen Sie einen ruhigen Teich oder Bach. Setzen Sie sich ans Ufer und beobachten Sie unauffällig den Welpen. Lesen Sie ein Buch oder beobachten Sie Vögel. Tun Sie so, als sei er nicht da. Niemals locken Sie ihn ins Wasser. Ich habe festgestellt, daß das Locken den Welpen mißtrauisch macht. Lassen Sie dem Welpen eine halbe Stunde Zeit, um herumzuschnüffeln und alles kennenzulernen. Wiederholen Sie das, so oft Sie können.

Fängt der Welpe von alleine an rumzuplanschen, loben. Er soll das ruhig ein dutzendmal wiederholen. Haben Sie das erreicht, bringen Sie einen Ball oder ein anderes Spielzeug mit, das auf dem Wasser schwimmt. Werfen Sie es ein paar Schritte weit ins Wasser. Ermuntern Sie ihn, es zu holen, aber zwingen Sie ihn nicht. Benutzen Sie nur die Stimme zur Anfeuerung. Ist er zu ängstlich, holen Sie das Spielzeug aus dem Wasser. Dann lassen Sie den Welpen an Land damit apportieren. Das baut das Vertrauen und die Spielfreude auf. Holt er das Spielzeug aus dem Wasser, tüchtig loben. Nutzen Sie Ihren gesunden Menschenverstand, steigern Sie die Entfernung langsam über einige Wochen hinweg.

Geht der Welpe ins tiefe Wasser, so daß er schwimmen muß, loben Sie ihn. Achten Sie nicht darauf, wenn er mit den Vorderpfoten herumplanscht. Die meisten Welpen tun das. Kein Hund tut es noch als guter Schwimmer. Halten Sie ihm einen Stock vor. Er lernt dann, mit erhobenem Kopf darauf zuzuschwimmen und die Pfoten im Wasser zu lassen. Übertreiben Sie beim ersten Schwimmen nicht mit den Apportierübungen. Zwei- oder dreimal gut zurückgebracht reicht zunächst.

Will der Welpe nicht apportieren, dann bringen Sie ihm am besten das Schwimmen bei, wenn Sie selbst ins Wasser gehen. Nehmen Sie den Welpen nicht mit ins Wasser, sondern waten Sie etwa hüfttief hinein. Mit der Stimme und einem begehrten Gegenstand locken Sie den Welpen ins Wasser. (Zunächst sollte der Welpe ein wenig ans Wasser gewöhnt sein, wie zu Anfang des Kapitels beschrieben.) Ist er unsicher und will nicht folgen, zwingen Sie ihn nicht. Nach einem Dutzend weiteren Versuchen wird er folgen. Tut er es, überschwenglich loben. Manchmal hilft es, einen erwachsenen Hund, der gerne schwimmt, mitzunehmen, damit er dem Welpen Mut macht.

Achtung: Seien Sie vorsichtig, wenn Sie mit dem Hund schwimmen. Er könnte Sie unbeabsichtigt kratzen. Mein 40 kg schwerer Irish Setter Jason hat einmal versucht, beim Schwimmen über meinen Kopf auf mich zu klettern. Es kostete mich meine ganze Kraft, mich von ihm zu befreien und nicht zu ertrinken. Auch wenn es Spaß macht, seien Sie vorsichtig!

Sie lernen sicher Hundebesitzer kennen, die weniger methodisch an die Sache herangingen und deren Hunde dennoch leidenschaftlich gerne schwimmen. Meine Methode mag langwierig sein, aber man kann sich auf den Erfolg verlassen. Ich hatte niemals einen Hund, der wasserscheu war. Neben den Jagdhundrassen, die instinktiv Wasser lieben, hatte ich einen Bull Mastiff, einen Pudel und zwei Schäferhunde, die gerne schwammen. Ich habe ihnen die Liebe zum Wasser beigebracht, indem ich sie so heranführte, daß Wasser für sie Spaß und nicht Angst bedeutete.

Familienangelegenheiten

Die Überschrift kann man auf zweierlei Weise deuten: »Alles, was die Familie betrifft« und »Familie ist wichtig«. Beides ist richtig und wird nachfolgend beschrieben.

Ein zweiter Hund

Dieses Problem wird oft an mich herangetragen. Man hat bereits einen Hund und plant, einen zweiten dazuzunehmen (oder hat es schon getan). Was ist zu tun? Hier einige nützliche Informationen, damit beide Lieblinge lernen, miteinander auszukommen.

Hunde sind Rudeltiere und gedeihen bei sozialen Kontakten. Zwei Hunde, die sich verstehen, sind eine wunderbare Sache. Wenn Sie täglich außer Haus zur Arbeit sind, erleichtern Sie das Alleinsein durch einen zweiten Hund. Ich habe viele ältere Hunde kennengelernt, die durch einen Welpen im Haus wieder jung wurden. Anstatt sein Leben auf dem Sofa zu verschlafen, läßt er sich von dem Welpen zum Spiel auffordern. Die acht Monate alte Crea weckt unseren zehn Jahre alten Byron auf, indem sie ein Spielzeug vor seiner Nase herumwedelt, auf seinen Kopf fallen läßt oder ihn damit an die Schulter stubst. Welpenenergie bringt den ganzen Haushalt auf Trab.

Auch wenn es scheint, daß zwei Hunde doppelte Arbeit und doppelte Kosten bedeuten, überwiegen die Vorteile die Nachteile bei weitem. Es bedeutet auch nicht wirklich doppelten Aufwand und Ausgaben. Sie müssen sowieso mit dem Hund spazierengehen, das kann man ebensogut mit zwei Hunden. Man braucht auch nicht das Doppelte für Futter auszugeben, denn wenn man es in größeren Mengen kauft, wird es billiger.

Meiner Erfahrung nach gibt es weniger Probleme, wenn der

zweite Hund vom anderen Geschlecht ist. Beispielsweise wird ein erwachsener Rüde eine junge Hündin besser ertragen als einen jungen Rüden (und umgekehrt), das gilt besonders für die Pubertät. Denken Sie daran, daß die Sexualität im Verhalten der Hunde eine große Rolle spielt, besonders im Aggressionsverhalten. Aus diesem Grunde sollten die erwachsenen Hunde kastriert werden, und Sie sollten das auch mit dem Welpen tun, wenn er das richtige Alter hat. Auch wenn Sie zwei Hunde gleichen Geschlechts halten wollen,

Drifter und Crea, das Monster mit den spitzen Zähnen. Drifter ertrug eine ganze Menge von Creas Quälereien, aber gelegentlich verwies er sie mit Knurren und Schnappen in ihre Schranken. Nicht alle erwachsenen Hunde sind so geduldig. Beobachten Sie den Welpen und den älteren Hund sorgfältig, bis Sie sicher sind, daß sie gut miteinander auskommen.

kommen sie kastriert besser miteinander aus (siehe Kapitel »Gesundheitsfragen«, Seite 192).

Als Barbara und ich unseren neuen Welpen Crea mit nach Hause nahmen, hatten wir drei ältere Hunde (kastrierte Rüden). Die erste Begegnung fand draußen statt. Wir hatten den sieben Wochen alten Welpen auf dem Schoß. Die Jungs waren sehr interessiert, beschnüffelten Crea und überprüften sie. Später trafen sie sich im Haus, aber wir paßten gut auf. Wir waren darauf vorbereitet, die erwachsenen Hunde mit einem »Nhaa!« zu korrigieren oder sie am Nacken zu schütteln, sollten sie sich gegenüber dem Welpen aggressiv verhalten. Glücklicherweise verlief der erste Tag friedlich. Nur selten benehmen sich erwachsene Hunde gegen einen winzigen sieben Wochen alten Welpen aggressiv. Außerdem sind wir die unumstrittetenen Rudelführer. Einen neuen Hund ins Haus zu bringen kann zur Katastrophe werden, wenn man keine Kontrolle und Autorität über die schon vorhandenen besitzt.

Barbara und ich achteten sorgfältig darauf, die Interessen jeden Hundes in den ersten Wochen zu wahren. Wir beobachteten die Hunde stets, wenn sie mit dem Welpen spielten. Und wir hinderten die Kleine daran, die Alten zu necken. Als Crea älter wurde, erlaubten wir ihr mehr Freiheit im Haus – aber nur, wenn wir dabei waren. (Der Laufstall ist in einem solchen Fall noch wichtiger.)

Creas zusätzliche Freiheit bedeutete mehr Spiel mit den »großen Brüdern.« Zunächst waren sie nicht begeistert von den nadelspitzen

Zähnchen des kleinen Energiebündels. Ein paarmal knurrten sie oder versuchten zu schnappen, wenn sie zu wild wurde. Aber wir paßten auf und korrigierten sie mit einem »Nhaa!«, und Crea wurde in ihren Laufstall gesetzt, um sich zu beruhigen. Mit der Zeit gewöhnten sie sich aneinander. Crea lernte, sich im Haus zu benehmen, und die Jungs fanden, daß sie ganz schön Spaß machen konnte.

Wenn Sie einen jungen Welpen zu mehreren erwachsenen Hunden bringen, brauchen Sie Geduld. Passen Sie auf! Achten Sie darauf, daß der Kleine von allen respektiert wird. Achten Sie darauf, daß die Hunde sich untereinander respektieren, z. B. jeder an seinem Platz bleibt, besonders beim Schlafen und Fressen. (Es ist einfacher, wenn man den Welpen im Laufstall füttert.) Letztlich bemühen Sie sich um ein Rudelzusammengehörigkeitsgefühl. Damit meine ich, bei Spaziergängen mit den Hunden zu sprechen, gemeinsam mit ihnen Auto zu fahren, gemeinsames Spiel und Wanderungen zu unternehmen. Diese Aktivitäten zeigen Welpen und erwachsenen Hunden, daß sie eine große Familie sind. Meine Schüler berichten, daß der alte und der junge Hund dicke Freunde sind. Das bedeutet ein glückliches, aufeinander abgestimmtes Rudel.

Doppelte Mühe? Ganz gewiß! Zwei Welpen gleichzeitig aufzuziehen, ist selten eine gute Idee.

Zwei Welpen gleichzeitig

Trotz der Freude, die zwei Hunde machen, empfehle ich nicht, zwei Welpen gleichzeitig aufzuziehen. Dies gilt insbesondere, wenn es sich um Wurfgeschwister handelt. Das Problem ist, daß sich die beiden Welpen aneinander binden und sich weniger als ein Mitglied des Familienrudels betrachten. Das wirkt sich besonders auf die Erziehung aus. Will man einen gut erzogenen Hund haben, muß er sich eng an den Menschen binden.

Nehmen Sie zwei Wurfgeschwister, haben sie schon eine »Rangordnung« ausgefochten. Ein Welpe ist immer dominanter als der andere. Bleiben Wurfgeschwister von Geburt an zusammen, scheint einer davon immer scheu und unsicher zu bleiben. Auch werden die Welpen gefühlsmäßig voneinander abhängig. Trennt man sie, sind sie verstört. Das kompliziert die Erziehung. Sie gemeinsam zu erziehen ist schwierig, weil sie einander ablenken. Versucht man es mit jedem einzeln, sind sie verstört und unkonzentriert.

Welpen und Kinder

Bringen Sie einen Welpen in ein Heim mit Kleinkindern, gibt es nur den Rat: Aufpassen, aufpassen, aufpassen! Ich bekomme so viele Anrufe von verzweifelten Eltern, meist der Mutter: »Der Welpe terrorisiert die Kinder! Was soll ich tun?« Hätten sie mich vorher gefragt, hätte ich geraten, keinen Welpen anzuschaffen. Aber nun ist er da mit allen Problemen, und meine Hilfe ist gefragt.

Welpen und Kinder können lernen, miteinander auszukommen, aber es kostet viel Mühe. Leider machen Kinder und Welpen alleine schon viel Arbeit. Sie zusammen aufzuziehen, bringt manche Eltern um den Verstand.

Es gibt keine einfache Lösung, denn Welpen halten die Kinder für Wurfgeschwister. Sie springen sie an, stehlen ihre Spielsachen, beißen sie und schubsen sie herum. Sorgfältige Überwachung kann das mildern. Auch viel Beschäftigung mit dem Welpen (erinnern Sie sich: müde Welpen sind gute Welpen!). Getrennte Spielplätze sind hilfreich. Man erreicht sie schon durch ein oder zwei Babytrenngitter, aber dem Welpen wird es nicht schwerfallen, durch das Gitter zu den Kindern zu kommen – denn dort hat er Spaß!

Manchmal bereiten die Kinder Probleme! Sie stochern am Welpen herum, klettern auf ihn, ziehen an Schwanz und Ohren und stören ihn beim Fressen und Schlafen. Erwarten Sie vom Welpen nicht, daß er das alles hinnimmt. Verantwortungsvolle Eltern hindern die eigenen oder fremde Kinder daran. Respekt füreinander erstreckt sich auch auf Tiere, deshalb bringen Sie den Kindern von Anfang an bei, wie sie sich gegenüber dem Welpen benehmen sollen. Und setzen Sie diese Regeln durch, ebenso wie Sie es mit dem Welpen tun, der sich gegenüber den Kindern benehmen muß.

Welpen und Babys

Wenn Sie genug Kraft für einen Welpen und ein neugeborenes Baby haben, schreiben Sie mir – ich möchte zu gerne wissen, wie Sie das schaffen. Allen Ernstes, die Aufgabe ist riesig. Die wichtigste Regel ist: »Sicherheit geht vor.« Lassen Sie niemals das Baby auf dem Boden liegen, wenn der Welpe spielerisch draufspringen könnte. Niemals darf der Welpe Arme und Beine des Kindes in den Fang nehmen. Lassen Sie kein Hundespielzeug herumliegen, damit Sie nicht darüber fallen, wenn Sie nachts zum Baby eilen.

Man kann etwas gemeinsam mit Welpe und Baby tun: Gehen Sie mit beiden spazieren. Frische Luft und raus aus dem Haus wird Ihnen allen gut tun. Sobald der Welpe stubenrein ist, lassen Sie ihn in der Wohnung frei laufen, wenn Sie das Baby auf dem Arm haben. Geben Sie dem Welpen einen Büffelhautknochen oder ein besonders geliebtes Spielzeug, wenn Sie das Baby füttern. Wenn das Kind schläft, schenken Sie dem Welpen uneingeschränkte Aufmerksamkeit. Selbst zehn Minuten Apportierspiel mit einem Quietschtier gibt dem Welpen das Gefühl, für Sie etwas Besonderes zu sein.

Die Zeit arbeitet für Sie. Welpen wachsen heran. Babies schlafen nachts durch. Eltern überleben gleichzeitig die Baby- und Welpenzeit. Aber es ist nicht leicht!

Welpen und Senioren

Einen älteren Menschen in der Familie zu haben, kommt heutzutage seltener vor als noch vor ein oder zwei Generationen. Doch viele Familien haben noch immer ältere Menschen um sich. Gehört Ihre dazu, beachten Sie folgende Dinge:

Welpen und Kinder machen viel Arbeit. Sie müssen lernen, einander zu respektieren: kein Beißen, Springen, Haareziehen, Futterstehlen usw. Das bedeutet ständige Überwachung – eine schwere Aufgabe!

Welpen sind 23 Stunden am Tag voller Leben (so scheint es wenigstens). Ältere Menschen nicht. Welpen bewegen sich blitzschnell, die meisten älteren Menschen nicht. Welpen entdecken die Welt durch Geschmack, Geruch, Sehen und Berühren. Viele ältere Menschen leben in eingefahrenen Bahnen und lieben es nicht, wenn ein Neuling ihre Sachen durcheinanderbringt.

Ich will nicht sagen, daß ältere Menschen nicht in der Lage sind, einen Welpen zu genießen. Viele Senioren freuen sich darüber. Er weckt meist alte Erinnerungen an Welpen in ihrem Leben. Aber damals ist man anders mit Haustieren umgegangen. Hunde durften mehr in der Nachbarschaft umherstreunen und wurden selten so erzogen wie heute. Erwarten Sie also nicht von Ihrem 86jährigen Familienmitglied, daß es Ihre Ansichten in bezug auf Hundehaltung teilt.

Auch besitzen recht alte Menschen oft nicht mehr die Fähigkeiten, mit dem Hund umzugehen. Sie sind möglicherweise ungeduldig, verlieren das Zeitgefühl und vergessen, den Welpen zu füttern, oder sie stolpern über die Spielsachen. Achten Sie darauf, daß alle gefahrlos und zufrieden leben können. Opa sollte seine Zimmertür besser schließen, damit der Welpe nicht die Socken und Hausschuhe klaut. Oma sollte den Welpen nicht füttern, wenn sie selbst Mühe mit der eigenen Mahlzeit hat. Lassen Sie die liebe Tante Susie mit dem temperamentvollen Welpen nicht spazierengehen, wenn Gefahr besteht, daß er sie auf die Straße zerrt.

Wie ein Welpe älter wird, werden es auch die Menschen. Achten Sie auf Veränderungen, ob sie noch in der Lage sind, sich um den Welpen zu kümmern. Der Welpe wird in ein zwei Jahren zu einem gut erzogenen erwachsenen Hund heranreifen (vorausgesetzt, Sie erziehen ihn!) Bis dahin hat sich vielleicht eine tiefe Bindung zwischen dem Hund und dem älteren Familienmitglied entwickelt. Ich hoffe, daß ich das Glück haben werde, auch dann noch einen Hund halten zu dürfen, wenn ich selbst nicht mehr für ihn sorgen kann. Das wäre die Erfüllung meiner letzten Lebensjahre.

Welpen und Katzen

Trotz der Mär von Hund und Katz kommen viele wunderbar miteinander aus. Sie spielen zusammen, fressen zusammen, schlafen zusammen und genießen die gegenseitige Gesellschaft. Zwar gibt es Hunde, die Katzen jagen und gar töten, aber die meisten sind keine geborenen Katzenmörder.

Sollten Sie eine oder mehrere Katzen haben und einen Welpen anschaffen, gibt es ein paar Dinge, um die beiden miteinander vertraut zu machen. Sie sollten jedoch wissen, daß der Erfolg oder Mißerfolg wesentlich von der Persönlichkeit der Katze abhängt.

Bringen Sie den Welpen ins Haus, ist die Katze wahrscheinlich nicht begeistert. Welpen sind unberechenbar, machen Krach und sind dumm – aus der Sicht einer Katze. Ich habe Katzen erlebt, die vollkommen ausgeflippt sind. Sie rannten davon und kamen tage- oder wochenlang nicht aus dem Versteck. Diese Katzen werden die Gegenwart des Welpen bestenfalls tolerieren. Die Prognose für eine richtige Freundschaft ist nicht gut. Aber Toleranz und miteinander leben können ist ja schon einmal etwas.

Andere Katzen fauchen und spucken zunächst, sind aber am Welpen interessiert. Wenn der Welpe auf sie zugeht, rennen sie weg, aber schon kurze Zeit später treibt sie die Neugier wieder zurück. Diese Katzen haben eine gute Chance, Hundefreunde zu werden.

Denken Sie daran, daß Hunde nur wie Hunde spielen können. Das ist für die meisten Katzen etwas zu grob. Das Beißen, Knurren und Springen kann sie ängstigen. Rufen Sie die Katze, wenn der

Welpe müde ist. Grollen Sie »Nhaa«, sobald er wieder wach wird und auf die Katze losstürmt. Schmusen Sie miteinander beim Fernsehen (Welpen und Katzen lieben es, sich an den warmen Körper zu schmiegen). Vor allem beobachten Sie beide immer sorgfältig, um den Grundstock für eine gute Freundschaft zu legen.

Denken Sie daran, daß die Krallen einer Katze gefährliche Waffen sind. Eine Katze, die richtig Angst hat, schlägt mit ausgefahrenen Krallen zu und kann leicht eine Nase spalten oder ein Auge auskratzen. Ich traf vor Jahren einen entzückenden Springer-Spaniel-Welpen, dem eine Katze ein Auge ausgekratzt hatte.

Interessanterweise lernen Hunde, die eigene Katze zu lieben und fremde zu jagen. Drifter, mein Australian Shepherd, ist so ein Hund. Er lebte kurze Zeit zusammen mit meiner alten Tigerkatze Mittens, die an ihm kein Interesse hatte. Drifter ignorierte Mittens, jagte aber alle anderen Katzen vom Hof. Wahrscheinlich lag es daran, daß Mittens nie vor ihm davonlief. Sie blieb stehen und fauchte drohend. Drifter war gescheit genug, die Warnung ernstzunehmen – allerdings paßte ich auf und hätte Drifter zurückgehalten, wenn er auf die Katze losgegangen wäre. Denken Sie daran, daß Hunde alles jagen, was sich rasch entfernt. Die Katze lernt schnell, daß es kein Hetzspiel gibt, wenn man stehenbleibt. Es hängt wieder sehr von der Persönlichkeit der Katze ab. Jedes Tier, das sich in die Ecke getrieben fühlt, wird gefährlich. Überlassen Sie der Katze die Vorgehensweise. Freundschaften kann man nicht erzwingen.

Wenn Sie wirklich versessen darauf sind, Hund und Katze zu halten, ziehen Sie ein junges Kätzchen gemeinsam mit dem Welpen auf. Das ist am erfolgversprechendsten. Allerdings könnten Sie den Verstand verlieren, wenn die beiden erst einmal herausgefunden haben, wie toll man miteinander spielen kann! Ich erinnere mich da an einen Kunden, der drei Kätzchen und einen Welpen hatte. Alle fünf Monate alt. Der Welpe war ein 35 kg Mastiff, der mit den Kätzchen herumtobte, als wäre er eines von ihnen. Ich hätte dort nicht wohnen mögen!

Die Zeit arbeitet für Sie. Denn Welpen werden schließlich zu erwachsenen Hunden, und die Gehorsamserziehung hilft, den Hund in Haus und Garten unter Kontrolle zu halten. Katzen können mit ruhigen Hunden am besten umgehen, deshalb üben Sie sich in Geduld. In ein oder zwei Jahren liegen die beiden dicht aneinandergeschmiegt im Körbchen. Hoffentlich haben Sie die Videokamera zur Hand, denn das ist ein wirklich schöner Anblick!

Welpenfrüherziehung

Nun ist es Zeit für die ersten Schritte der Erziehung. Dieser Teil umfaßt viele wichtige Verhaltensweisen wie z. B. Stubenreinheit und Vermeiden von unerwünschtem Nagen. Wir stellen auch einfache Gehorsamskommandos vor wie Sitz und Platz, Grundstock für das Training in den kommenden Monaten. Alle Übungen sind auf ganz junge Hunde zugeschnitten. Jede Übung wird Schritt für Schritt beschrieben, so daß auch der Anfänger Erfolg hat.

Stubenreinheit

Kaum etwas bereitet beim neuen Welpen so viele Probleme. Hier das übliche Spiel: Ein Welpe kommt ins Haus. Am ersten Tag nimmt ihn jeder auf den Arm, spielt mit ihm und bringt ihn öfter raus. Später am Tag liest man Zeitung, bereitet das Abendessen, macht Schularbeiten, schaut fern usw. Oh nein! Der Welpe hat ein Bächlein auf den Teppich gemacht – geradewegs vor Papas Lieblingssessel. »Böser Hund!« schimpft man laut und putzt das Pfützchen ärgerlich auf.

Am Abend passiert wieder solch ein Malheur, dann am anderen Tag, und schon heißt es »Du wolltest doch den Hund!«. Prompt reagieren die Kinder: »Du warst aber an der Reihe aufzupassen!« Eine Woche später ist der Welpe gar nicht mehr so beliebt. Man entschließt sich, ihn draußen zu lassen, in der Garage oder im Keller. Dort bellt der Welpe und reißt ein Spielzeug der Kinder in Stücke. »Das ist wirklich ein Problemhund!« kommt man schließlich überein und findet, man sollte besser ein neues Heim für ihn finden.

99 von 100 sind keine Problemhunde. Der Welpe war nur nicht erzogen und hätte einen glücklicheren Start ins Leben gehabt, wenn sich jemand die Zeit genommen hätte, ihm die Stubenreinheit beizubringen. Flecken auf dem Teppich und Hundegeruch sind verständlicherweise unerwünscht. Tun Sie sich und dem Welpen den Gefallen, die Erziehung zur Stubenreinheit ernstzunehmen. Sie

»Warum bin ich hier?« Zunächst
versteht der Welpe nicht, daß er
sich bei den Ausflügen in den
Garten lösen soll. Durch konse-
quente Erziehung lernt er schnell,
was zu tun ist.

werden ein zufriedener Hundebesitzer sein. Ihre Familie wird zufrieden sein. Und Ihr Welpe bekommt die Gelegenheit, einen festen
Platz in Ihrem Heim und Herzen einzunehmen.
Der Schlüssel zur erfolgreichen Stubenreinheit ist ein gut durch-
dachtes System. Stubenreinheit ist nur eines von vielen Dingen, die
Sie dem Hund im Laufe seines Lebens beibringen. Aber wie bei der
Erziehung auch, führen ungenaue Anweisungen zu Frust, langsa-
mem Lernen und oft zu unzuverlässigen Ergebnissen. Widmen Sie
der Stubenreinheit ebensoviel Aufmerksamkeit und Hingabe wie
jeder anderen Gehorsamsübung.
Wie bei jeder Ausbildung sind Geduld, Ausdauer und ein gutes
Trainingsprogramm Voraussetzung für den Erfolg. Aber das beste
an dieser Übung ist (im Gegensatz zu einigen anderen), daß der Erfolg schlagartig einsetzt. Ihre Bemühungen zahlen sich in kürzester
Zeit aus.
Das System in diesem Kapitel bringt Ihren Welpen schnell dazu,
sich umgehend draußen zu lösen. Wenn Sie sich genau daran halten,
ist es möglich, daß der Welpe überhaupt nie ins Haus macht.

Vorher überlegen

Zuerst entscheiden Sie, wo der Hund sich im Garten lösen soll.
Manche Leute glauben, überall draußen sei in Ordnung. Das mag
sein, so lange es sich um Ihr Grundstück handelt (oder eines, wofür
Sie die Erlaubnis haben). Manche Leute möchten, daß der Hund im-

Der Laufstall ist für die Erziehung zur Stubenreinheit ein wichtiges Hilfsmittel. Führen Sie den Welpen sanft heran. Er sollte ein paar Spielsachen und eine weiche Unterlage vorfinden. Achten Sie darauf, daß der Laufstall die beschriebenen Sicherheitsanforderungen erfüllt.

Der Welpe soll nicht aus dem Laufstall schießen, sobald Sie ihn öffnen. Sagen Sie »Warten!« und schließen Sie die Tür rasch, wenn er versucht zu entkommen. Wartet der Kleine brav und geduldig, sagen Sie »Okay!« und locken ihn aus dem Laufstall heraus.

mer die gleiche Stelle im Garten benutzt. Das ist eine gute Idee, wenn Sie einen Blumen- oder Gemüsegarten, Kinderspielplatz, Picknickecke und dergleichen auf dem Grundstück haben. Abgesehen von der Ästhetik verbrennt Hundeurin manche Pflanzen, und Kot ist unhygienisch. Besonders am Gemüse und dort, wo sich Kinder aufhalten. Deshalb denken Sie erst darüber nach und planen den Löseplatz sorgfältig.

Wenn der Hund also als erwachsenes Tier einen bestimmten Platz bevorzugen soll, müssen Sie den Welpen jedes Mal, wenn er sich lösen soll, dorthin bringen. Damit festigen Sie eine Routine beim Welpen. Sind Sie zuverlässig genug, folgt er bald von selbst dieser Routine.

Achten Sie darauf, den Löseplatz regelmäßig zu reinigen. Hunde treten nicht gerne in Kot. Wird der Platz zu schmutzig, wird der Hund ihn trotz aller Erziehung meiden (ganz abgesehen davon, daß Ihr Garten schrecklich aussieht und sich die Nachbarn beschweren werden!). Eine Schaufel und eine Abfalltüte helfen, das Problem zu bewältigen.

Sollten Sie den Welpen noch nicht abgeholt haben, planen Sie den Löseplatz jetzt! Denken Sie daran, daß es der erste Platz ist, an dem Sie den Welpen nach dem Abholen absetzen. Oft sind die frischgebackenen Hundebesitzer so aufgeregt, daß sie den Hund direkt vom Auto ins Haus bringen. Nach der Autofahrt und der Aufregung, viele fremde Menschen und die neue Umgebung zu sehen, muß sich der Welpe lösen. Und wo macht er das zum ersten Mal? In der Küche oder auf dem Teppich im Wohnzimmer! Das ist kein guter Anfang für ein erfolgreiches Trainingsprogramm! Vergessen Sie nicht: Welpen sind Gewohnheitstiere. Wenn Sie mit ihm dort anfangen, wo er soll, dann wird er sich dort auch das nächste Mal rascher lösen, wenn Sie ihn hinbringen. Deshalb achten Sie darauf, daß er vom ersten Augenblick an draußen sein Geschäft verrichtet. Das ist nicht die Lösung für das Problem Stubenreinheit, aber es ist der erste Schritt – und nicht in einen Hundehaufen!

Die Routine

Ehe Sie dem Welpen beibringen, sich draußen zu lösen, müssen Sie lernen, wann der Welpe muß und wie lange er in der Lage ist, Blase und Darm zu kontrollieren. Die Bedürfnisse des Welpen (nicht

Ihre) bestimmen die Methode des Erziehungsprogramms zur Stubenreinheit. Welpen müssen sich stets nach dem Fressen oder Trinken lösen. Ebenso nach dem Aufwachen und wildem Spiel. Wie schnell danach? Je nachdem eine bis zehn Minuten danach.

Wenn Sie den Welpen rauslassen, müssen Sie mit rausgehen, jedes Mal! (Deshalb ist ein Welpe im Winter kein reines Vergnügen!) Es reicht nicht, den Welpen auf das eingezäunte Grundstück rauszuschicken und anzunehmen, nach zehn Minuten hat er sein Geschäft erledigt. Der Welpe weiß nicht, warum er rausgeschickt wurde. Vielleicht erforscht er in den zehn Minuten den Garten, knabbert an einem Ast und beobachtet einen Vogel. Bei Kälte und Regen bleibt er vielleicht vor der Tür sitzen und bewegt sich keinen Schritt. Sobald Sie ihn reinlassen, muß er! Das wollen Sie nicht erreichen. Deshalb müssen Sie mit ihm bei jedem Wetter draußen bleiben, zusehen, wenn er sich löst, und ihn nach Erledigung des Geschäfts tüchtig loben.

Bleiben Sie nie mehr als zehn Minuten draußen. Jeder Gang nach draußen muß dem Zweck dienen. Sie bringen dem Welpen bei, Rausgehen mit dem Entleeren von Blase und Darm zu verbinden. Tut er das binnen zehn Minuten nicht, kommt er wieder in seinen Laufstall. Das ist keine Bestrafung, weil er sich nicht gelöst hat! Sie stecken ihn hinein, weil es der einzige Platz ist, von dem Sie wissen, daß sich der Welpe dort nicht löst. Lassen Sie ihn statt dessen frei herumlaufen, wird er sich ein Löseplätzchen im Haus suchen. Das wollen Sie jedoch unter allen Umständen vermeiden. Deshalb bleiben Sie hart: Löst er sich draußen nicht, wandert er geradewegs in den Laufstall – jedoch nur für kurze Zeit. Dann kommt der nächste Schritt.

Nachdem der Welpe etwa eine Viertelstunde im Laufstall war, versuchen Sie Ihr Glück noch einmal. Die Chancen stehen gut, daß der Druck nun ausreicht und er sich im Garten löst. Großartig! Das ist es, was Sie erreichen wollten. Loben Sie ihn. Nun darf der Welpe im Haus frei laufen. Warum? Weil er sich entleert hat, wird er es wohl kaum in absehbarer Zeit wieder tun müssen. Machen Sie sich das zunutze. Spielen Sie mit dem Welpen, er darf beim Essenmachen die Küche erforschen, sich neben Sie zu einem Schläfchen legen, oder er bekommt sein Futter. Die Freiheit in der Wohnung zum Spielen, Essen, Erforschen ist gut für den Welpen und erlaubt Ihnen und Ihrer Familie, sich mit dem Welpen zu beschäftigen. Es hilft auch beim Konzept der Stubenreinheit. »Drinnen« bedeutet, sich nicht zu lösen, selbst während dem Spiel oder der Erforschung, während »Draußen« sich lösen bedeutet. Vergessen Sie nicht: in diesem Alter bedeutet Freiheit für den Welpen, sich unter Aufsicht zu befinden. Man kann Malheurchen nicht vermeiden, wenn man den Welpen nicht im Auge hat. Siehe auch im Kapitel »Vermeiden von unerwünschtem Zerbeißen«, Seite 131.

Einige Tricks

Zu Beginn der Stubenreinheitserziehung sollte der Welpe angeleint sein. Das hilft, ihn im Garten auf dem vorbestimmten Platz zu halten. (Zerren Sie ihn niemals dorthin, siehe Kapitel »Gewöhnung an Halsband und Leine«, Seite 139, wenn Sie Mühe mit der Leine haben.) Man vermeidet damit, daß sich ein Hund nur ohne Leine löst. Ich weiß nicht, warum es solche Hunde gibt, aber es gibt einige davon. Diese Angewohnheit kann zu Problemen führen, wenn Sie den Hund einmal nicht von der Leine lassen können.

Und noch eine Annehmlichkeit, die Sie schätzen werden: sich auf Kommando zu entleeren. Ist das wirklich möglich? Natürlich! Sie verbinden einfach den Vorgang mit einem bestimmten Wort, das Sie immer benutzen, wenn der Welpe sich löst. Allmählich verknüpft er das Wort mit der Tätigkeit und wird sein Bestes versuchen, wenn Sie es ihm sagen. Der menschlichen Natur entsprechend, gibt es die lustigsten Wörter und Sprüche dafür. Es ist vollkommen egal, was Sie sagen, solange es der Nachbar mit anhören darf. Sagen Sie es immer, wenn Sie mit dem Welpen zum Löseplatz gehen, und loben Sie ihn tüchtig, wenn er sein Geschäft auf Kommando gemacht hat.

Durch Beobachtung lernen Sie, wann Ihr Welpe muß. Es ist Ihre Aufgabe, ihn zum Löseplatz zu bringen. Passiert etwas in der Wohnung, weil Sie ihn nicht rechtzeitig hinausbefördert haben, dann ist das Ihr Fehler und nicht der des Welpen. Der unerzogene Welpe weiß nur, daß er muß, und das tut er. Sie müssen dafür sorgen, daß er seine Bedürfnisse draußen erledigt.

Malheurchen

Niemand ist vollkommen! Auch nicht Ihr Welpe. Ebensowenig Sie selbst. Es kommt vor, daß der Welpe unvermutet muß oder Sie einen Moment abgelenkt waren und die Anzeichen übersahen. Kommen Sie in einen Raum und finden ein Geschäftchen vor, sagen Sie nichts. Es ist zu spät, um den Welpen dafür zu tadeln. Ihn heranzuzerren und das Unglück zu zeigen, hilft nicht. Machen Sie es weg und passen Sie das nächste Mal besser auf.

Erwischen Sie den Welpen allerdings dabei, korrigieren Sie ihn mit einem grollenden »Nhaa!« Schlagen Sie ihn nicht mit der Zeitung und tunken Sie nicht seine Nase hinein. Das ist Mißhandlung. Sie verwirren den Welpen, lehren ihn nichts und zerstören das Vertrauen. Grollen Sie nur, das bedeutet für ihn, sofort mit dem aufzuhören, das er gerade tut. (Siehe Kapitel »Nhaa!« – Unterbrechung unerwünschten Verhaltens, Seite 146.) Nehmen Sie den Welpen auf den Arm und tragen Sie ihn auf seinen Löseplatz. Beendet er sein Werk dort, wird er gelobt.

Der ideale Zeitpunkt zu grollen ist, wenn er sich gerade daran gibt, sein Bächlein oder Häufchen zu machen. Wie wissen Sie das? Je nach Hund schnüffelt er zunächst auf dem Boden herum, geht rasch hin und her, strebt dem Teppich zu und hockt sich hin. Der nächstbeste Zeitpunkt ist, zu grollen, wenn er sich gerade löst. Am schlechtesten ist es, nachdem er sich gelöst hat. Beobachten Sie ihn sorgfältig, damit Sie zum richtigen Zeitpunkt korrigieren können.

Laufstall und Stubenreinheit

Können Sie den Welpen nicht beobachten, müssen Sie ihn irgendwo sicher unterbringen. Ein Laufstall ist dafür ideal. Hunde beschmutzen instinktiv ihren Schlaf- und Ruheplatz nicht. Der Laufstall nutzt diesen Instinkt. Ein eingesperrter Welpe bemüht sich einzuhalten. Dabei lernt er, dies im Hause zu tun. Wird der Welpe aus dem Laufstall herausgelassen, geht es sofort nach draußen, wo er sich lösen darf. So lernt er schnell die Routine: drinnen einhalten, draußen lösen.

Benutzt man keinen Laufstall oder entsprechenden Raum, kann sich der Welpe frei bewegen (hoffentlich nicht im ganzen Haus!). Er kann sich eine Stelle zum Lösen suchen und dann in Ruhe seinen sauberen, trockenen Schlaf- oder Spielraum aufsuchen. Er hat keinen Grund einzuhalten, und die Stubenreinheit wird vielleicht nie erreicht.

Achtung: Welpen dürfen niemals länger als vier Stunden am Stück über Tag im Laufstall bleiben. Erst im Alter von sechs Monaten kann der Welpe Blase und Darm kontrollieren. Es schadet deshalb, einen Welpen so lange im Laufstall zu lassen, daß er gezwungen ist, sich darin zu lösen. Passiert so etwas häufiger, läßt das Bestreben, seinen Platz sauberzuhalten, nach. Dann haben Sie ein echtes Problem, ihn jemals stubenrein zu kriegen. (Das ist einer der vielen Gründe, aus denen ich empfehle, keinen Welpen bei Hundehändlern zu kaufen. Sie verbringen ihr ganzes Leben in Käfigen, verschmutzen ihn und verlernen den Drang zur Reinlichkeit).

Richtlinien für die Benutzung des Laufstalls

Kurze Zeit bis maximal vier Stunden kann man einen Welpen sicher einsperren. So lange kann er einhalten, weil er seinen Platz sauberhalten möchte. Sobald Sie die Tür öffnen, machen Sie die Leine fest und bringen ihn sofort hinaus. Bei einem eingezäunten Grundstück sehen Sie vielleicht keinen Grund dafür, ihn anzuleinen. Trotzdem empfehle ich es in den ersten Wochen. Der kurze Gang vom Laufstall zur Tür bietet viele Möglichkeiten, sich hinzuhocken und sich zu lösen (besonders wenn der Druck groß ist). Die Leine hält den Welpen in Bewegung und vermeidet Unfälle auf dem Wege nach draußen.

In den späten Abendstunden verlangsamt sich der Stoffwechsel des Welpen. Er muß sich seltener lösen als am Tage. Sie können nun die Zeit im Laufstall über Nacht verdoppeln. Selbst junge Welpen schaffen es von 11 Uhr nachts bis 7 Uhr morgens. Aber in der ersten Woche des acht Wochen alten Welpen kann es vorkommen, daß Sie nachts raus müssen.

Wenn der Welpe nachts in seinem Laufstall weint, will er Ihnen vielleicht sagen, daß er dringend muß. Übergehen Sie das nicht. Ein Weg, sein Vertrauen zu erlangen, ist, daß Sie sich um seine Bedürfnisse kümmern. Machen Sie um die nächtlichen Ausflüge kein Aufhebens. Sie stehen auf, machen Sie die Leine fest, gehen hinaus, der Welpe löst sich, Sie sperren ihn wieder ein und gehen ins Bett. Wenn Sie mit ihm reden, spielen oder schmusen, bringen Sie ihm bei, wie schön es ist, nachts um drei aufzuwachen und all die Aufmerksamkeit zu bekommen. Vermeiden Sie unter allen Umständen eine solche Verknüpfung. Das Geschäft wird erledigt, und dann ab ins Bett.

Manchmal bekomme ich Anrufe, daß der Hund sich während zwei Stunden Abwesenheit des Besitzers im Laufstall löste. Fast immer liegt es daran, daß der Laufstall zu groß ist, sich der Welpe in einer Ecke lösen kann und trotzdem ein sauberes Schlafplätzchen findet. Er muß nicht einhalten. Er darf nur so viel Platz haben, aufrecht mit erhobenem Kopf hineingehen zu können, sich zu drehen und bequem hinzulegen.

»Aber mein kleiner Welpe wird rasch zu groß! Welche Größe soll ich kaufen?« Investieren Sie in einen Laufstall, in den der Hund noch im Alter von einem Jahr paßt. Obwohl er schon lange vorher zuverlässig stubenrein sein wird, werden Sie den Laufstall als Gottesgabe betrachten, wenn er durch die normale Nagephase zwischen dem vierten und zwölften Monat geht.

Löst sich der Welpe in einem zu großen Laufstall, können Sie ihn mit einem Stück Sperrholz, steifem Plastik usw. abteilen. Mit dem Wachstum des Welpen kann man den Laufstall anpassen. Die Welpen testen Ihr handwerkliches Geschick, indem sie durch kleine Öffnungen krabbeln, an den Kanten kauen und das fremde Material ablecken. Überlegen Sie, welche Gefahren lauern könnten, denn Sicherheit ist oberstes Gebot. Trauen Sie sich eine gute Lösung nicht zu, dann besorgen Sie sich einen kleineren Laufstall.

Sicherheit im Laufstall

Manchmal scheuen sich Leute vor dem Laufstall als Erziehungshilfe, halten ihn für grausam und fragen, was sie tun sollen, wenn ihn der Hund nicht mag. Richtig benutzt, ist der Laufstall nicht grausam. Die meisten Hunde lieben ihn – wenn er richtig eingesetzt wird. Einen Welpen aber länger als vier Stunden einzusperren, ist grausam. Wenn Sie nicht anders können, bitten Sie jemanden um Hilfe. Ist das nicht möglich, schaffen Sie sich keinen Welpen an! Einen Welpen zu lieben und haben zu wollen, macht Sie noch lange nicht zu einem guten Hundebesitzer, wenn Sie die Zeit nicht aufbringen können, ihn richtig aufzuziehen und zu erziehen.

Achten Sie darauf, daß sich der Welpe löst, ehe er über Nacht in den Laufstall geht. Solange er noch nicht stubenrein ist, bekommt er drei Stunden vor dem Schlafengehen nichts zu trinken (bei warmem Wetter legen Sie einen Eiswürfel in seinen Napf, daran kann er lecken, um sich abzukühlen). Auch am Tage sollte die Wasserration geregelt sein. Stellen Sie nicht den Wassernapf hin und lassen ihn beliebig trinken. Geben Sie dem Welpen vielmehr jede Stunde Gelegenheit zu ein paar Schluck. Lassen Sie das Wasser nicht im Laufstall. Er wirft die Schüssel um. Wenn es sehr heiß ist und Sie keine Klimaanlage haben, legen Sie ein paar Eiswürfel in seinen Napf. Damit bekommt er kleine Mengen Wasser und kann sich abkühlen.

Der beste Platz für den Laufstall ist in der Nacht in in Ihrem Schlafzimmer. Es ist für Hunde normal, gemeinsam eine Schlafhöhle zu teilen. Welpen, die nicht mit ins Schlafzimmer dürfen, wachen nachts manchmal auf und fühlen sich vom Rudel verlassen. Sie bellen und weinen und urinieren oft in den Laufstall. Ich kann die vielen Anrufe der verstörten Hundebesitzer gar nicht mehr zählen. Ausnahmslos war das Problem erledigt, sobald der Laufstall nachts im Schlafzimmer stand. Wollen Sie unter keinen Umständen einen Hund im Schlafzimmer, werden die ersten Nächte oder Wochen schwierig. Trotzdem kommen manche Leute gut damit zurecht. Stellen Sie sich aber auf ein paar durchwachte Nächte ein!

»Ich muß raus!«

Nach ein paar Wochen Routine durch die Methode des Stubenreinheitstrainings hat sich der Welpe angewöhnt, sich draußen zu lösen. Es ist nicht nach ein oder zwei Tagen geschafft. Eine Gewohnheit muß sich einprägen. Erst dann wird Ihnen der Welpe mitteilen, daß er hinaus muß.

Wie tut er das? Manche Welpen sitzen an der Tür und kratzen. Andere bellen oder rennen im Kreis. Solche offensichtlichen Signale erkennt man schnell. Andere Welpen verhalten sich stiller, sie winseln leise. Beobachten Sie ihn sorgfältig, ehe Sie ihn in der Wohnung freilassen, damit Sie diese ersten Anzeichen nicht verpassen. Stellen Sie also fest, daß hin und wieder ein Malheurchen passiert, gehen sie zurück zum Laufstalltraining und schränken die Bewegungsfreiheit des Welpen wieder ein. Selbst bei stubenreinen Welpen bedeutet Freiheit strenge Überwachung, bis das Nagealter vorbei ist.

Hundebesitzer fragen mich oft, wie lange die Erziehung zur Stubenreinheit dauert. Das hängt davon ab. Erstens vom Welpen. Einige können schneller länger einhalten als andere oder lernen schneller. Zweitens von Ihrer Gründlichkeit. Wenn Sie sich strikt an die Methode gehalten und den Welpen genau beobachtet haben, geht der Gewöhnungsprozeß schnell. Waren Sie nachlässig und haben Unfälle zugelassen, dann dauert es länger. Es gibt keinen genauen Zeitplan, aber Ihre Sorgfalt spielt eine große Rolle.

Vermeiden von unerwünschtem Zerbeißen

In der Entwicklung des Welpen ist die Nagewut am unangenehmsten. Mit »nagen« oder »anknabbern« meine ich das Zerbeißen von Dingen. Dies ist ganz anders als Beißen, bei dem er an Menschen herumkaut, was aus verschiedenen Gründen ebenso streng unterbunden werden muß. Wir behandeln dies im Kapitel »Nhaa! Unterbrechen von unerwünschtem Verhalten durch Knurren«, Seite 146.

Der Knabbertrieb ist für Hunde ganz natürlich. Er tritt erstmals in der Unabhängigkeitsphase des Welpen auf, der schlimmsten Phase, im Alter von etwa vier Monaten (siehe Kapitel »Entwicklung des Welpen«, Seite 57.) Alle Welpen machen eine solche Nagephase durch. Aber je nach Rasse, Gesundheit, Temperament und Persönlichkeit sind manche schlimmer als andere.

Für die Entwicklung eines Abwehrprogramms setzen wir voraus, daß Ihr Welpe zu den schlimmsten Nagern gehört. Vorbereitet zu sein hilft, teure Schäden vermeiden, wie angefressene Teppiche, zerfetzte Polstermöbel, zerbissene Schuhe und Kleidung, angenagte Möbel, Löcher in den Wänden. Klingt bös, nicht? Es ist schlimm,

Hunde kennen keinen Unterschied zwischen alten, abgetragenen Sachen und neuen Gegenständen. Um Probleme zu vermeiden, geben Sie dem Welpen ausschließlich Hundespielzeug.

ich habe das alles schon erlebt. Zerstörerisches Nagen kann sehr viel zerstören! Aber mit einiger Hilfe kann man es auch vermeiden. Am schlimmsten ist es aber, wenn sich der Hund das Zerstören von Dingen angewöhnt und ein Leben lang beibehält. Das passiert bei Welpen, die tagaus tagein die Gelegenheit haben, etwas kaputt zu machen.

Nur wenige chronische Nager hören damit von alleine auf. Verhaltensmuster, die ein Welpe entwickelt, halten oft ein Leben lang. Auch ein Gewohnheitsnager, der es nicht mehr täglich tut, erinnert sich daran, sobald er unter Streß gerät, z. B. beim Alleinsein, Umzug in ein neues Heim, Veränderungen in der Familie. Es ist Ihre Aufgabe, den Nagetrieb so zu lenken, daß der Welpe nichts zerstört und keine Gewohnheit daraus wird. Dann können Sie die zwölf bis 15 Jahre des Hundelebens ohne dieses Problem genießen.

Welpenzähne

Jeder, der je mit einem Welpen spielte, weiß, wie sich Welpen- oder Milchzähne anfühlen – sie sind nadelspitz. Obwohl sie die Haut eines Menschen zerkratzen und aufritzen können, sind sie nicht die gefährlichen Waffen des erwachsenen Hundes. (Dennoch müssen schon ganz junge Welpen lernen, daß sie ihre Menschen nicht beißen dürfen. Achten Sie vom ersten Tag an darauf.)

Mit vier Monaten fallen die Milchzähne aus. Sie haben ganz kurze Wurzeln, so daß die nachwachsenden bleibenden Zähne sie einfach aus dem Gaumen drücken. Man findet sie nur selten, weil der Welpe sie meist verschluckt. Manche Hundebesitzer heben sie auf, wenn sie einen finden (ich habe Drifters Milchzähne in einer kleinen Schachtel in meiner Schreibtischschublade).

Mit sechs Monaten sind die neuen Zähne durchgebrochen und haben die Milchzähne ersetzt. (Manchmal bleiben die Milchzähne kurze Zeit neben den neuen Zähnen stehen. Lassen Sie sie vom Tierarzt entfernen.) Die bleibenden Zähne haben sehr lange, starke Wurzeln. Frisch durchgebrochene Zähne sind schneeweiß. Bei guter Pflege bleiben sie das ein Leben lang.

Auch wenn die Zähne schon da sind, müssen sie noch ihren Platz im Kiefer finden. Dieser Prozeß ist mit ca. einem Jahr abgeschlossen. Aus diesem Grunde nagen Hunde im ersten Lebensjahr, wenn die Zähne durchbrechen.

Der Zwang zum Kauen

Ich habe festgestellt, daß der Drang am stärksten im Alter von sieben bis neun Monaten ist. Kauen ist Normalverhalten von Hunden. Deshalb wollen wir den Welpen nicht davon abhalten. Das wäre so, als wollten wir ihm das Bellen verbieten. Wir wollen nicht, daß der Hund seine natürlichen Bedürfnisse ganz sein läßt, sondern sie so leiten, daß sie nicht zum Problem werden.

Um unerwünschtes Kauen zu vermeiden, muß der Welpe lernen, Dinge zu beknabbern, die er haben darf. Möbel und Schuhe darf er nicht haben – niemals! Ihm alte Schuhe oder Kissen zu geben, ist ein schwerer Fehler, denn Welpen unterscheiden nicht zwischen alt und neu. Ihre besten Schuhe sind ihm genauso recht wie abgelegte. Spielsachen müssen ganz eindeutig ihm gehören. Büffelhautknochen und Quietschtiere darf der Welpe haben.

Aufpassen, aufpassen, aufpassen

Wie bringt man den Welpen dazu, nur an seinen Sachen herumzukauen? Zunächst muß man ihm welche geben, an denen er kauen kann (siehe Seite 75 »Sichere Spielsachen, die Spaß machen«). Dann heißt es aufpassen, aufpassen, aufpassen. Behalten Sie den Welpen ständig im Auge und achten Sie darauf, daß er sich nur mit Dingen beschäftigt, die er haben darf. Hat er etwas anderes, müssen Sie eingreifen, solange er sich damit befaßt. Es hat keinen Sinn zu schimp-

Alle Welpen haben Kaudrang. Selbst nach Durchbrechen der bleibenden Zähne bearbeiten die Welpen ihr Gebiß mit fast allem Harten, das sich bietet.

fen, wenn Sie ein zerfetztes Kissen finden. Auch wenn die Missetat erst zehn Minuten zurückliegt. Für den Welpen ist das zu lang. Der Welpe schaut womöglich verängstigt und traurig drein, solange Sie schimpfen, aber er hat keine Ahnung, daß Sie wütend sind, weil er vor einer Stunde irgend etwas gemacht hat. Eine sinnvolle Korrektur (die dem Welpen hilft zu lernen, es nicht wieder zu tun) muß zum richtigen Zeitpunkt erfolgen. Das heißt, wenn der Welpe drauf und dran ist, etwas zu tun oder es gerade tut.

Ich korrigiere Welpen, die an etwas knabbern, das sie nicht haben dürfen, ebenso wie bei der Stubenreinheit mit einem »Nhaa!« Ich werde erst dann aggressiv, wenn der Welpe trotzdem nicht sofort von seiner Sache abläßt.

Ich schüttle ihn dann am Nackenfell und knurre lauter (siehe Kapitel »Nhaa – Unterbrechen von unerwünschtem Verhalten durch Knurren«, Seite 146). Idealerweise knurre ich dann, wenn ich das Gefühl habe, daß der Welpe gleich an etwas knabbern wird. Mein Knurren sagt dem Welpen »Fang gar nicht erst damit an!« Der nächstbeste Zeitpunkt ist, wenn der Welpe gerade zugebissen hat. Liegt der Schuh erst mal schleimig und zerbissen auf dem Teppich, ist es zu spät. Räumen Sie auf, reparieren Sie den Schaden so gut es geht und schwören Sie sich, das nächste Mal besser aufzupassen.

Manche Leute berichten mir, daß sie, anstatt den Welpen zu korrigieren, einfach den Gegenstand austauschen. Das ist nach einer Korrektur in Ordnung, aber man muß ein paar wichtige Regeln beachten.

Zunächst warnen Sie stets mit dem knurrenden »Nhaa!«. Es ist wichtig, daß der Welpe eine ablehnende Erfahrung in Zusammenhang mit seinem unerwünschten Tun erfährt. Diese ablehnende Erfahrung (Ihr Knurren) beschleunigt den Lernvorgang. Es veranlaßt den Welpen, ein Verhalten zu unterlassen, das eine unangenehme Erfahrung auslöst. Nachdem Sie den Welpen korrigiert haben, nehmen Sie ihn sofort von dort weg, wenn möglich. Warten Sie etwa 30 Sekunden und geben Sie dem Welpen eines seiner eigenen Spielzeuge. Die Wartezeit ist wichtig, denn wenn man das Objekt sofort austauscht, lernt der Welpe, daß er einen Büffelhautknochen oder ein schönes Spielzeug bekommt, sobald er etwas von Ihnen anknabbert. Lachen Sie nicht, Welpen sind gescheit. Ich habe das wirklich erlebt. Der Welpe darf seinen ihm zugedachten Gegenstand nicht als Belohnung für das unerwünschte Verhalten betrachten.

Geeignete Kausachen helfen dem Welpen zu lernen, was er haben darf und was nicht. Bringt man ihm diese Regeln frühzeitig bei, vermeidet man einen erwachsenen Hund mit chronischer Zerstörungswut.

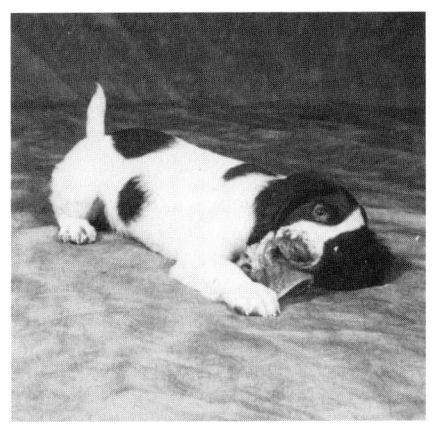

Kauen beim alleingelassenen Hund

Den Welpen mit Argusaugen zu beobachten ist wichtig – aber nicht immer möglich. Können Sie es nicht, sperren Sie ihn in den Laufstall. Das ist seine Höhle, dort kann er sicher ruhen, wenn Sie nicht da sind. (Denken Sie daran, daß der Welpe tagsüber nicht länger als vier Stunden am Stück im Laufstall sein darf.) Ein richtig eingesetzter Laufstall ist eine wunderbare Erziehungshilfe, um den Nagetrieb des Welpen zu steuern. Im Laufstall sollte der Welpe immer seine geeigneten Spielsachen haben.

Der Laufstall hält den Welpen nicht nur von unerwünschtem Verhalten ab, sondern der Welpe lernt auch, sich in Ihrer Abwesenheit zu benehmen. Der Welpe hat im Laufstall nur zwei Möglichkeiten: entweder legt er sich hin und schläft, oder er knabbert an seinem Spielzeug. Denken Sie daran: Wiederholung führt zur Gewohnheit. Im ersten Lebensjahr müssen Sie einen Welpen stets in den Laufstall sperren, wenn Sie ihn nicht beaufsichtigen können. Bleiben Sie konsequent, bekommt der Welpe die wundervolle Angewohnheit, sich in Ihrer Abwesenheit in seinem Laufstall zum Schlafen zusammenzurollen oder an seinem Spielzeug zu knabbern.

Andersherum geht es aber auch. Der Welpe kann sich genau so gut angewöhnen, Dinge zu zerstören, wenn Sie ihn nicht daran hindern. Diese Angewohnheit kann bis weit ins Erwachsenenalter reichen. In mehr als 20 Jahren Hundeausbildung traf dies ausnahmslos zu. Mir ist noch nie ein Hund begegnet, der als Welpe gut überwacht wurde und in Abwesenheit in den Laufstall kam, der als erwachse-

135

ner Hund urplötzlich angefangen hätte, Dinge zu zerstören. Chronisches zerstörerisches Kauen wird im ersten Lebensjahr zur schlechten Angewohnheit. Machen Sie alles richtig, dann kann ich Ihnen beinahe garantieren, daß Sie den erwachsenen Hund problemlos den ganzen Tag alleine lassen können.

Freiheit im Haus

Die Knabberphase dauert, bis der Hund etwa ein Jahr alt ist. Deshalb ist es wichtig, daß Sie einen Laufstall oder ähnliche Möglichkeit nutzen, bis die Phase überwunden ist. Heißt das, daß Sie am ersten Geburtstag Ihres Hundes den Laufstall öffnen und den ganzen Tag zur Arbeit gehen? Nein! Ebenso wie mit der Erziehung, muß man Neues in kleinen Schritten an den Hund heranführen. Zu viel oder zu schnell ist der beste Weg zum Mißerfolg.

Hier nun die typische Vorgehensweise. Zunächst betrachte ich mir die Persönlichkeit des Hundes und sein Verhalten. Schnappt er sich in Ihrer Anwesenheit gelegentlich noch etwas? Mit einem Jahr hat Drifter noch immer Dinge vom Tisch gestohlen oder den Kopf in den Mülleimer gesteckt, sobald ich nur den Rücken kehrte. Er konnte keine fünf Minuten lang aus den Augen gelassen werden. Manche sind mit einem Jahr so weit, andere brauchen dafür leider fast zwei Jahre!

Im Alter von 15 Monaten hatte sich das Nageverhalten bei Drifter sehr stark gelegt. Er mußte nun bald erwachsen sein. Das war für mich das erste Anzeichen, daß ich ihn langsam an die unbeaufsichtigte Freiheit im Hause heranführen konnte. Ich habe damit angefangen, ihn alleine im Haus frei zu lassen, als ich zum Briefkasten am Grundstückseingang ging. Hat er in diesen wenigen Minuten nichts angerührt, wurde er tüchtig gelobt. Ich weiß nicht, ob er verstanden hat, warum er gelobt wurde, aber ich tat alles mögliche, um sein gutes Verhalten zu bestärken. Hat er Unsinn gemacht, dann habe ich aufgeräumt und beschlossen, doch noch etwas mit meinen Übungen abzuwarten. Als meine ersten paar Minuten außer Haus erfolgreich waren, dehnte ich die Zeit meiner Abwesenheit etwas aus.

Verlangen Sie auch hier nicht zu viel zu schnell. Bleiben Sie eine Woche lang bei einem kurzen Zeitraum, z. B. während Sie die Kinder zur Schule bringen oder etwas im Laden an der Ecke einkaufen.

Dehnen Sie den Zeitraum nur dann aus, wenn bisher alles gutgegangen ist. Macht der Hund einen Fehler, müssen Sie sofort zum kürzeren Zeitraum zurückkehren oder ganz von vorne anfangen. Warum? Macht der Hund am zweiten Tag einen Fehler, dann wieder am dritten, wiederholt er unerwünschtes Verhalten. Geben Sie dem Hund dazu keine Gelegenheit! Könnte ich meinem Hund klar und deutlich erzählen:»Du hast mich im Stich gelassen. Mach das nie mehr wieder!«, brauchte ich das umständliche System nicht. Aber da es der Hund nicht versteht, habe ich nur die Möglichkeit, wieder von vorne anzufangen. Es ist unsere Aufgabe, unerwünschtes Verhalten vor Wiederholung zu bewahren!

Ich baue langsam dahingehend auf, den Hund mehrere Stunden lang alleine lassen zu können. Zuerst gebe ich zehn Minuten bis eine Viertelstunde hinzu. Später gehe ich zu Einstundensprüngen über. Die fortschreitende Reife des Hundes erleichtert auch meine Arbeit immer mehr. Denken Sie daran, die Zeit arbeitet für Sie. Der junge Hund ist eines Tages erwachsen und kann zuverlässig allein gelassen werden, solange Sie sich die Mühe machen, dieses erwünschte Verhalten einzuprägen.

Ein welpensicheres Haus

Es ist nicht leicht, einen Welpen zu beaufsichtigen. Das Leben in einem durchschnittlichen Haushalt ist bewegt und manchmal sogar hektisch. Auch wenn die Aufsicht am wichtigsten ist, gibt es noch ein Hilfsmittel – das welpensichere Haus.

Regel Nr. 1: Räumen Sie hinter sich und den Kindern auf! (Ältere Kinder und Teenager können ihre Sachen selbst in Sicherheit bringen; tun sie es nicht, bringt es ihnen der zerstörungswütige Welpe rasch bei!) Schuhe im Schlafzimmer, Stofftiere auf dem Sessel, ein Ledergürtel über der Stuhllehne, ein Baseballhandschuh an der Gartentür, dies sind alles einladende Objekte für einen neugierigen Welpen. Räumen Sie die Sachen so auf, daß der Welpe nicht drankommt. Betrachten Sie die Sache so: Jedes aufgeräumte Teil brauchen Sie nicht im Auge zu haben, wenn der Welpe frei läuft. Das erleichtert die Aufsicht ungemein.

Regel Nr. 2: Türen schließen! Besonders Schranktüren. Eine offene Tür lädt den Welpen geradezu ein, nachzusehen, was auf der anderen Seite los ist. Befinden sich dort Ihre teuersten Abendschuhe oder Aktenkoffer, werden sie kaum ungeschoren davonkommen. Ich schließe selbst Türen zu ungenutzten Räumen, und natürlich alle zu wertvollen Dingen, wie Antiquitäten oder wichtigen Unterlagen. Meine Bürotür ist meistens verschlossen. Ich möchte nicht, daß Manuskripte zerfetzt oder von schmutzigen Hundepfoten betreten werden. Eine Alternative zu verschlossenen Türen ist das Babygitter. Es schränkt die Bewegungsfreiheit ein, wenn Türen aus bestimmten Gründen offenbleiben müssen (z. B. Belüftung). Ich benutze es, damit der Welpe während der Küchenarbeit bei mir bleibt. Ich setze es am Treppenaufgang ein, damit er nicht unbemerkt nach oben klettert und unbeaufsichtigt herumstrolcht. Ich setze eines in die Terrassentür, damit der Welpe nicht ins Haus läuft, wenn ich mich draußen aufhalte. Babygitter sind einfache, preiswerte Hilfsmittel, die die Aufsicht über den Welpen sehr vereinfachen.

Regel Nr. 3: Vermeiden Sie Unfälle. Die Gefahren im Haus sind allgegenwärtig, wie Eltern von Kleinkindern wissen. Elektrokabel, giftige Chemikalien, scharfkantige Gegenstände usw. sind auch für den Welpen gefährlich. Wollen Sie mal Ihren Haushalt aus der Welpenperspektive erfahren? Krabbeln Sie auf allen Vieren herum. Sie werden viele Dinge entdecken, die Ihnen bisher gar nicht aufgefallen sind. Dieses unter einem Beistelltischchen baumelnde Kabel ist nur zu verlockend für den Welpen. Kaut er es durch, bedeutet das böse Verbrennungen oder gar den Tod. Er kann sich darin verfangen und die Lampe vom Tisch ziehen. Beim Toben kann das Bügelbrett schnell zusammenbrechen und das schwere Bügeleisen auf den Welpen fallen. Mit Reinigungsmitteln getränkte Putzlappen werden angefressen und vergiften den Hund. Die Möglichkeiten sind endlos! Sie müssen die Gefahren voraussehen und Unfälle verhindern. Glauben Sie mir, wenn jemand in der Lage ist, auf Gefahrenquellen zu stoßen, dann ist es ein Welpe! Denken Sie sorgfältig darüber nach. Wie sicher ist Ihr Heim?

Die beschriebenen Gefahren sind natürlich noch viel größer, wenn der Welpe unbeaufsichtigt allein im Haus ist. Kleinigkeiten können zu Katastrophen ausarten. Ungestillte Blutungen können den Welpen schwächen oder gar umbringen. Der Welpe kann an einem verschluckten Socken ersticken, oder er verstopft den Verdauungsapparat. Er kann sich irgendwo mit dem Halsband verfangen und sich erwürgen. Mache ich Ihnen Angst? Ja! Die Gefahren sind Realität. Auch wenn Sie Ihren Welpen in Ihrer Abwesenheit nicht einsperren wollen und Ihnen nicht am Schutze Ihrer antiken Möbel gelegen ist, müssen Sie die Sicherheit des Welpen gewährleisten. Babygitter, verschlossene Türen, ein Laufstall schützen nicht nur Ihr Eigentum, sondern vor allem den Welpen selbst.

Gewöhnung an Halsband und Leine

Wahrscheinlich wird Ihr Hund sein Leben lang ein Halsband tragen. Daran befindet sich vielleicht eine Steuermarke und ein Namensschildchen mit Ihrer Adresse und Telefonnummer. Gelegentlich wird am Halsband eine Leine befestigt. Für die meisten Hunde sind Halsband und Leine die Grundausrüstung fürs Leben. Aus diesem Grunde ist es wichtig, daß der Hund auf angenehme Weise damit vertraut gemacht wird.

Das Welpenhalsband

Den Welpen an ein passendes Halsband zu gewöhnen, ist meist recht einfach. Zunächst kaufen Sie ein leichtes Nylonband zum Schnallen, das gut paßt. Es darf nicht zu locker und nicht zu eng sein. Wie weiß man das? Es sollte gerade so locker anliegen, daß man mit der Hand drunterschlüpfen kann. Aber der Kopf des Welpen darf nicht hindurchpassen. In den meisten Zoofachgeschäften können Sie das richtige Halsband am Hund anprobieren. Oder Sie messen einfach mit einem Maßband den Halsumfang.

Achten Sie darauf, daß das überhängende Stück nicht so lang ist, daß es der Welpe anknabbern kann. Wählen Sie eine vernünftige Breite. Ein breites ist ungeeignet für einen Yorkshire Terrier, ein feines, dünnes gehört nicht um den Hals eines Bernhardiners. Ist das Halsband leicht, von richtiger Länge und entsprechender Breite, dann wird es vom Welpen besser akzeptiert.

Legen Sie nun das Halsband um. Dreht und wendet sich der Welpe dabei wie ein Aal, sollte ihn jemand festhalten, bis Sie es zugeschnallt haben. Manche Welpen reagieren überhaupt nicht auf das Halsband. Trifft das auf Ihren Welpen zu, loben Sie ihn! Die meisten allerdings reagieren auf das fremde Ding am Hals. Sie kratzen

Der verschüchterte Gesichtaus-
druck des Welpen wegen der
neuen Erfahrung von Halsband
und Leine verschwindet bald,
wenn Sie ihn richtig heranführen.
Viele Welpen verbinden rasch die
Leine mit einem Spaziergang.

mit der Hinterpfote daran. (Tut er das, darf er keinesfalls mit der
Pfote im Halsband hängenbleiben.) Vielleicht reibt er den Hals auf
dem Boden. In der Regel dauert das nur ein paar Minuten, bis er sich
daran gewöhnt habt. Ist der Welpe wirklich verstört, lenken Sie ihn
ab, setzen sich zu ihm auf den Boden und spielen mit ihm. Quietschen Sie mit einem Gummitierchen oder rollen Sie einen Ball. Ich
habe noch keinen Welpen kennengelernt, der sich nicht an ein kor-
rektes Halsband gewöhnte.

Ich habe festgestellt, daß man das Halsband am besten immer
umläßt. Aber Sicherheit geht vor. Wenn Gefahr besteht, daß er irgendwo hängenbleiben kann, am Laufstall z. B., nehmen Sie es ab,
wenn der Welpe nicht beaufsichtigt wird.

Hängen Sie in diesem Stadium noch keine Marken an das Halsband. Die Welpen bleiben unweigerlich daran hängen oder nehmen
sie in den Fang. Ich würde vorschlagen, damit bis zum Alter von
sechs Monaten zu warten (vorausgesetzt Ihr Welpe stromert nicht
frei in der Nachbarschaft herum, was er keinesfalls tun sollte!).

Gewöhnung an die Leine

Hat sich der Welpe nach ein paar Tagen an das Halsband gewöhnt
und nimmt keine Notiz mehr davon, können Sie mit der Leinenge-

140

wöhnung beginnen. Ich schlage eine 1,80 m lange Stoffleine vor. Stoffleinen sind leicht, waschbar und billig, so daß man sich eine neue leisten kann, wenn der Welpe seine in einem unbeobachteten Augenblick zerbeißt. Finden Sie eine edle Lederleine schöner, sparen Sie sich Ihr Geld, bis der Hund älter und ein wenig erzogen ist.

Manche Leute lieben Ausrolleinen. Ich mag sie aus verschiedenen Gründen nicht. Einmal erlauben Sie dem Hund (ja sie fördern es sogar), daß er an der Leine zieht, was eigentlich unkontrolliertes Verhalten ist. (Alle Hunde können lernen, bequem an lockerer Leine zu gehen. Ich nenne es kontrolliertes Gehen und beschreibe es ausführlich in meinem Buch »Hunde verstehen und richtig erziehen«.) Zweitens sind Ausziehleinen unhandlich und nicht gut zur Ausbildung geeignet. Sie hindern beim Ausführen der Techniken. Und drittens kenne ich Hundebesitzer, die die Leine an denkbar ungeeigneten Plätzen lang lassen: auf Bürgersteigen mit vielen Menschen, am Flughafen (einen Hund zu besitzen und gesunden Menschenverstand walten zu lassen, gehören nicht immer zusammen) usw. Wenn Sie aus irgendwelchen Gründen die Ausziehleine für Ihre Zwecke für unerläßlich halten, dann warten Sie wenigstens damit, bis der Welpe ein wohlerzogener erwachsener Hund ist.

Manche Welpen bleiben stehen, wenn sie zum ersten Mal Halsband und Leine tragen. Locken Sie den Welpen mit einem interessanten Gegenstand. Niemals wird der Welpe mitgezerrt.

Zur Gewöhnung machen Sie die Leine einfach am Halsband fest und lassen sie mitschleifen, so lange Sie zuschauen. Passen Sie gut auf, damit sie sich nicht an Möbeln oder Gebüsch verfängt. Der Welpe darf sich auch nicht hinlegen und an ihr kauen. Weigert er sich, einen Schritt zu gehen, ermuntern Sie ihn mit einem Bällchen oder rennen davon, damit er Ihnen folgt. Achten Sie darauf, daß der Welpe immer Ihnen nachläuft und nie Sie dem Welpen. Das untergräbt die Erziehung zum Herankommen. Unterbinden Sie auch jegliches Schnappen oder Beißenwollen.

Üben Sie das jeden Tag wenigstens zehn Minuten lang an einem Stück. Beobachten Sie den Welpen sorgfältig. Niemals darf er sich hinwerfen und die Leine anknabbern.

Nach etwa einer Woche täglicher Übung dürfte es dem Welpen nichts mehr ausmachen, die Leine hinter sich herzuziehen. Nun ist Zeit für den nächsten Schritt. Heben Sie das Leinenende auf und folgen Sie dem Welpen. Gehen Sie mit, wohin er auch gehen mag, vorausgesetzt, es lauert keine Gefahr, z. B. auf der Straße. Versuchen Sie, die Leine stets locker zu halten. Folgen Sie ihm in der Wohnung und im Garten, jeweils einige Minuten lang. Es macht nichts, wenn der Welpe jetzt noch etwas zieht. Solange Sie die Leine in der Hand haben, ist sie Ihr verlängerter Arm.

Wiederholen Sie diese Prozedur etwa eine Woche lang, bis sich der Welpe daran gewöhnt hat, an der Leine zu sein. Denken Sie immer daran, die Leine so locker wie möglich zu lassen.

Fängt der Welpe nun dauerhaft an zu ziehen, dann ist Zeit für den nächsten Schritt. Nun entscheiden Sie, wohin es geht. Halten Sie etwas, das seine Aufmerksamkeit erregt, in der Hand (Quietschtier, Ball oder Hundekuchen). Halten Sie die Leine in der einen Hand und den interessanten Gegenstand in der anderen. Gehen Sie los. Folgt der Welpe willig, loben. Ermuntern Sie ihn mit Worten. Denn er tut genau das, was Sie von ihm wollen.

Geht der Welpe in die Bremsen und will nicht folgen, wedeln Sie mit dem Lockvogel in Ihrer Hand vor seiner Nase herum, bis er aufmerksam wird. Gehen Sie wieder los, aber ziehen Sie nicht an der Leine. Zeigen Sie ihm nur das Ding, während Sie sich gemeinsam fortbewegen. Manchmal führt ein Leckerbissen wie ein Büffelhautknochen oder etwas Futter eher zum Erfolg. Ich gehe sogar mit der Leine in der Hand auf alle Viere, um den Welpen zu ermuntern, mir zu folgen.

Man darf sanft an der Leine rucken und wieder nachgeben,

während man den Welpen ermuntert, mitzugehen. Aber niemals an der Leine zerren. Zerren führt bei jedem Hund jeden Alters zum Widerstand, er zieht möglicherweise sogar in die andere Richtung. Am Ende ziehen Sie Ihren Welpen. Das ist aber das schlimmste, was man machen kann. Ich kenne einige Hunde, die die Leine hassen, weil der Besitzer eine unangenehme Verbindung damit knüpfte. Er hat den Welpen an der Leine mitgezerrt.

Loben Sie den störrischen Welpen, wenn er sich bewegt. Achten sie darauf, daß Sie ihn nicht für seinen Widerstand belohnen. Viele Besitzer machen den Fehler und loben den bockbeinigen Welpen durch süße, schmeichelnde Töne: »Komm, Welpchen, komm! Geh schön voran, guter Hund!« Diese Töne bedeuten für ihn Lob. Rührt er sich nicht vom Fleck, loben Sie seine Standhaftigkeit! Am besten sagt man gar nichts, bis er sich bewegt. Dann fangen Sie an zu loben. Keinesfalls grollt man »Nhaa!«, um seinen Widerstand zu brechen. Der Welpe sträubt sich wahrscheinlich, weil er Angst vor der neuen Situation hat. Knurren würde ihn nur noch mehr verängstigen. Sagen Sie nichts. Nur wenn er in die Richtung geht, die Sie wollen, loben.

Wiederholen Sie das täglich etwa zehn Minuten lang. Mit ein wenig Übung geht der Welpe vertrauensvoll mit.

Leinenbeißen

Ich unterbinde grundsätzlich Leinenbeißen, auch beim Welpen. Die Leine ist Ihr verlängerter Arm. In die Leine zu beißen, so lange Sie sie halten, ist das gleiche, als würde der Welpe in Ihren Arm oder in die Hand beißen. Der Welpe testet Sie.

Ich unterbreche das Leinenbeißen mit einem grollenden »Nhaa!«. Hört er nicht auf, reiße ich die Leine plötzlich nach oben aus seinem Fang und grolle »Nhaa!«. Seien Sie hart. Idealerweise knurrt man, wenn der Welpe gerade in die Leine beißen will. Zum richtigen Zeitpunkt sagt dies dem Welpen: »Beiß nicht in die Leine!« Korrigieren Sie: wenn der Hund die Leine schon im Fang hat, heißt es »Hör sofort damit auf, in die Leine zu beißen.« Das ist nicht so erfolgreich wie im ersten Fall. Der richtige Zeitpunkt ist wichtig – er fördert den Lernprozeß.

Ist der Hund ein besonders hartnäckiger Leinenbeißer, ermuntern Sie ihn regelrecht hineinzubeißen. Das gibt Ihnen viele

Leinenbeißen muß von Anfang an unterbunden werden. Knurren Sie sofort »Nhaa!«, sobald er die Leine ergreift. Reißen Sie sie rasch aus dem Fang und knurren Sie wieder, wenn der Welpe auf Ihr erstes Knurren nicht reagiert.

Übungsmöglichkeiten, die man braucht, um das unerwünschte Verhalten abzugewöhnen. Wedeln Sie mit der Leine vor seinem Gesicht herum. Schaut er interessiert hin und will gerade danach schnappen: »Nhaa!«. Hat er sie schon vor Ihrem Knurren im Fang, reißen Sie sie wie beschrieben aus seinem Fang. Wiederholen Sie das einige Male. (Sie können das auch zum Aufwärmen vor jedem Spaziergang üben.) Die meisten Welpen drehen nach ein paar Minuten schon den Kopf weg, weil jedesmal, wenn Sie in die Leine beißen wollten, eine unangenehme Erfahrung folgte.

Gewöhnung an das Ausbildungshalsband

Beginnt im Alter von vier Monaten das formelle Gehorsamstraining, braucht er wahrscheinlich ein Ausbildungshalsband. Ich empfehle, den Welpen daran zu gewöhnen, wenn er etwa 14 Wochen (dreieinhalb Monate) alt ist. Dann hat er sich zum Beginn des Trainings daran gewöhnt.

Ein Ausbildungshalsband ist einfach eine Kette mit kleinen, runden Metallgliedern und zwei großen Metallringen am Ende. Man läßt die Kette durch einen der Ringe gleiten, um das Halsband zu bekommen.

Man bezeichnet es manchmal auch als Kettenwürger. Aber der Name ist nicht richtig. Es würgt den Hund nur, wenn es falsch angewandt wird, z. B. wenn der Hund mit dem zugezogenen Halsband an der Leine zerrt. Das gleiche gilt, wenn der Welpe damit von den Pfoten gerissen wird. Weder Welpen noch erwachsene Hunde sollten jemals auf diese Weise gewürgt werden. Das ist gefährlich und unnütz bei der Erziehung. Die richtige Art und Weise, das Ausbildungshalsband zu benutzen, ist durch Rucken und Lockerlassen. Wenn Sie das Halsband ruckartig zuziehen und lockerlassen, fühlt der Hund die Korrektur an den Nackenmuskeln. Nacken und Brust sind die kräftigsten Körperteile des Hundes. Richtig angewandt, verursacht das Trainingshalsband weder Schmerzen noch Schaden.

Bei der Welpenerziehung macht man sich keine Gedanken darüber. Der Welpe soll lediglich damit vertraut werden.

Das Halsband richtig anzupassen ist wichtig. Sie müssen sowohl die Länge als auch die Dicke der Glieder auswählen. Egal wie groß Ihr Welpe ist, die Glieder sollten entweder mittelstark oder dick sein. Vermeiden Sie die ganz feinen oder ganz dicken. Feine Ketten sind zu scharf am Hals des Hundes, und die ganz dicken lockern sich nicht so schnell beim Rucken und Lockerlassen. Kleine bis mittelgroße Hunde sollten ein mittleres Ausbildungshalsband bekommen, mittelgroße bis große Hunde ein dickes. Lassen Sie sich nichts anderes einreden. Achten Sie darauf, daß die beiden Metallringe am Ende keine Haken, Marken oder sonstwas haben. Sie stören bei der richtigen Anwendung des Halsbands.

Die Länge ist ebenfalls wichtig. Beim angelegten und zugezogenen Halsband sollten nicht mehr als 5 bis 7,5 cm Kette übrig bleiben. Ist die Kette kürzer, kann sie nicht richtig benutzt werden.

Zur Gewöhnung stülpen Sie dem Welpen das Band über den Kopf und lassen es ihn im Hause tragen, so lange Sie zuschauen können (das andere Halsband kann dabei umbleiben). Die Metallglieder sind ihm wahrscheinlich fremd. Er schüttelt den Kopf, kratzt sich am Hals, rollt sich auf dem Boden. Oder er ignoriert es vollkommen. Wirkt er ängstlich, lenken Sie ihn mit einem Spielzeug ab.

Lassen Sie den Welpen das Halsband täglich 20 bis 30 Minuten tragen. Nach ein paar Tagen stecken Sie den Finger in den Ring, an dem die Leine festgemacht wird. Heben Sie ihn ein paarmal hoch, aber ziehen Sie nicht daran. Der Welpe soll sich nur an das Geräusch der aneinanderreibenden Kettenglieder gewöhnen, die er auch beim korrekten Rucken und Lockerlassen hört. (Korrekturen mit dem Ausbildungshalsband gehören nicht zum Welpenkindergarten!) Der Welpe soll nur mit dem Geräusch vertraut werden, damit er es bei der richtigen Ausbildung kennt.

Eine Warnung: Beobachten Sie stets den Welpen, wenn er das Trainingshalsband trägt. Niemals stecken Sie ihn damit in seinen Laufstall. Welpen sind so lebhaft und neugierig, daß sich einer der Ringe rasch verfangen kann. Auch außerhalb des Laufstalls kann er damit an vielen Dingen hängenbleiben. Sie haben dann Mühe, einen zappelnden, verängstigten Welpen zu befreien, der nahe daran ist, sich zu erwürgen. Diese Vorsichtsregeln gelten auch für erwachsene Hunde. Lassen Sie niemals einen Hund mit Trainingshalsband unbeaufsichtigt. Das Risiko lohnt sich nicht!

»Nhaa!« – Unterbrechen unerwünschten Verhaltens durch Knurren

Hunde verständigen sich in erster Linie durch Körpersprache. Sie benutzen Ohren, Rute, Kopf und Körper, um sich Artgenossen mitzuteilen. Sie übermitteln »Ich meine es ernst!« oder »Laß uns spielen!«. Hunde verständigen sich aber auch durch Laute. Eine Vielzahl Lautäußerungen wie Bellen, Grollen, Wimmern und Heulen haben jeweils eine ganz bestimmte Bedeutung für den Hund.

Ein Laut ist für alle Hundebesitzer besonders wichtig. Ein Ton, der eine klare Verständigung mit dem Hund erlaubt. Was ist das? »Nhaa!« – das Knurren!

Die Hundemutter benutzt diesen Ton, damit ihre Welpen sofort aufhören mit dem, was sie gerade tun. Verbeißt sich z. B. ein Welpe zu heftig in ihr Bein, knurrt sie. Das ist eine deutliche Warnung. Schenkt er ihr keine Beachtung, wird die Mutter aggressiv und schnappt nach dem Welpen. Das hat meist den erwünschten Erfolg. Ich habe eine Hündin gesehen, die einen besonders frechen Welpen am Nackenfell ergriff, fest aber vorsichtig schüttelte und ihn dann

Die Mutterhündin erträgt vieles mit Geduld. Werden die Welpen allerdings zu grob, knurrt oder schnappt sie nach ihnen. Das zeigt den Welpen, daß die Hündin immer das Sagen hat.

Die Welpen lernen, sich beim Knurren der Mutter zu unterwerfen. Der Hundebesitzer muß genau da weitermachen, wo die Mutter aufhört, und ihnen beibringen, daß »Nhaa!« ernstzunehmen ist.

auf den Rücken rollte, Bauch nach oben. Ein anderes Mal kniff sie so kräftig zu, daß der Welpe aufjaulte.

All diese Verhaltensweisen fordern Respekt. Die Hundemutter erwartet von ihren Welpen, daß sie sofort ihr Tun abbrechen, wenn sie knurrt. Sie fordert – und bekommt – den Respekt, indem sie ihre Aggression steigert, wenn die Welpen nicht reagieren. Meist müssen die Mütter nicht tagtäglich aggressiv gegenüber den Welpen werden. Ein paarmal wütend zuschnappen reicht meist aus, dem kleinen Kessen zu zeigen, daß das Knurren ernstzunehmen ist. Danach braucht sie nur noch zu knurren. Die Welpen wissen, daß sie mehr kann, wenn nötig – so können sie auch gleich gehorchen.

Eine weitere Möglichkeit, sich Respekt zu verschaffen, ist durch Beständigkeit. Ich habe beobachtet, daß eine Hundemutter eine der beständigsten Kreaturen dieser Welt ist! Sie knurrt jedesmal, wenn der Welpe etwas tut, das sie nicht mag, und der Welpe lernt, ein solches Verhalten zu meiden.

Sie müssen knurren

Kommt der Welpe mit acht Wochen zu Ihnen, müssen Sie sofort dort weitermachen, wo die Mutter aufhörte. Um den Ton der Mutter nachzuahmen, benutze ich einen gutturalen Laut. Es ist ein tiefer Ton und kommt tief aus meiner Kehle:»Nhaa!« Die meisten Welpen verstehen auf Anhieb, was das bedeutet, und hören mit allem auf, das sie gerade tun. Wie bei der Mutter ist auch bei uns die Beständigkeit Schlüssel zum Erfolg: Sie müssen jedesmal knurren, wenn der Welpe etwas Unerwünschtes tut.

Der Welpe lernt sicherlich nicht durch ein einziges Knurren. Ich werde oft gefragt, wie oft man denn knurren müsse, ehe der Welpe sein Verhalten ablegt. Ich sage dann immer, zwischen 10- und 1000mal, denn es ist schwierig, Lernvorgänge abzuschätzen. Wie schnell ein Welpe lernt, hängt von so vielen Dingen ab – von seinem Temperament, je nachdem, was er lernen soll, seiner Reife usw. Aber es gibt eine Garantie: Je beständiger Sie sind, desto schneller lernt der Welpe.

Vor einigen Jahren gab ich der Besitzerin eines ausgesprochen unangenehmen elf Wochen alten Airedale-Terrier-Welpen Privatunterricht. Der Welpe biß an allem herum. Er hatte ständig ihre Hände und Arme im Fang. Sie versuchte, das Verhalten durch kleine Klapse und »Nein!« abzuwenden, aber statt dessen knurrte der Welpe und schnappte nach ihr.

Als ich ihn hochhob, kaute er sofort an meinen Händen herum. Ich knurrte »Nhaa!«, er hörte sofort auf und leckte meine Hand. Ich lobte ihn und berührte sanft eine Vorderpfote. Sofort knabberte er wieder an meiner Hand herum. »Nhaa!« – sofort hörte er auf und leckte die Hand. Die Besitzerin war sprachlos.

Ich gab ihr den Welpen, der sofort an ihr herumknabberte. »Nhaa!« unterbrach sie ihn, und er leckte ihre Hand. Sie konnte es nicht glauben. Die weiteren Übungen verliefen gut, und als ich ging, war sie zuversichtlich, sich auf dem richtigen Weg zu befinden. Ich hörte wochenlang nichts von ihr, dann rief sie an. Sie hatte einige Fragen bezüglich des Welpen, die ich beantworten konnte. Dann fragte ich sie, ob das Beißen nachgelassen habe. Sie meinte, er tut es kaum noch. Ich fragte, ob er noch immer auf das Knurren reagiert. Ja, sagte sie, aber er hielte es für seinen Namen. Ob sie denn zu oft knurre?

An alle Welpenbesitzer: Nein, machen Sie sich keine Gedanken,

Schenkt der Welpe dem Knurren keine Beachtung, schnappt man gegen sein Gesicht oder kneift über den Fang.

Sie werden den jungen Welpen sehr oft anknurren müssen. Das ist ganz natürlich. Wären Sie eine Wölfin, würden Sie und die anderen Erwachsenen im Rudel mehrmals am Tag die Welpen anknurren und nach ihnen schnappen. Wie Sie schon bemerkt haben werden, versuchen sich die Welpen in allen möglichen Verhaltensweisen. Sie wiederholen alle, die sie als angenehm empfunden haben, und unterlassen jene, die unangenehm waren.

Denken Sie daran, daß das Knurren eine Verständigung ist. Ihr Ziel ist es, unerwünschtes Verhalten wie Teppiche anzuknabbern oder in Ihre Hand zu beißen, für den Welpen unangenehm zu gestalten. Je besser Ihnen das Knurren zum richtigen Zeitpunkt gelingt und immer erfolgt, desto schneller lernt der Welpe. Denken Sie daran: wann immer Sie wollen, daß der Welpe mit etwas aufhören soll, sagen Sie es ihm in Hundesprache mit »Nhaa!«.

Nach dem Knurren

Was machen Sie mit einem Welpen, der sich nicht beeindrucken läßt? Noch ist die Schlacht nicht verloren. Sie brauchen nur den nächsten Schritt im Hundeverhalten nachzuahmen, damit der Welpe das Knurren respektiert. Tun Sie, was die Mutter täte: Hört der Welpe nicht auf, wenn sie knurrt, schüttelt sie ihn am Nackenfell. Starren Sie in seine Augen und knurren Sie lauter. Oder schnappen Sie nach ihm mit einem festen Knurren. Beeindruckt ihn das nicht, beißen Sie ihn!

Wenn Sie ihn beißen, darf er keinesfalls zurückbeißen. Sind Sie sich dessen nicht ganz sicher, beißen Sie ihn nicht! Keine Ausbildungsmethode ist eine Verletzung wert. Das gilt insbesondere für ältere Junghunde oder erwachsene Hunde. Versuchen Sie es niemals mit einem Hund, der älter als vier Monate ist, wenn Sie fürchten müssen, daß er zurückschnappt. Beißt der Hund, dann haben Sie ein ernstes Verhaltensproblem. Suchen Sie dann die Hilfe eines professionellen Ausbilders.

Wenn ich einen Welpen beiße, halte ich den Fang zu und beiße über seinen Fang. Ich beiße nicht so fest zu, daß ich ihn verletze, aber der Welpe soll aufschreien. Das ist in Ordnung. Ich beiße nur als letzter Ausweg, wenn kein Knurren, Nackenschütteln oder Schnappen hilft. Meist brauche ich es nur einmal zu tun. Danach haben die Welpen gelernt, mein Knurren zu beachten – ebenso wie bei ihrer Mutter.

Beißen

Damit meine ich, wenn ein Welpe an Händen, Armen oder anderen Körperteilen herumbeißt. Unerfahrene Hundehalter halten es für Spielen. Andere glauben, es beruhe auf dem Zahnen. Beide Deutungen sind falsch. Natürlich kauen Welpen an Dingen, wenn sie zahnen, aber Menschen zu beißen, ist etwas ganz anderes (siehe »Vermeiden von unerwünschtem Zerbeißen«, Seite 131).

Beißverhalten heißt nicht, daß der Welpe bösartig oder falsch ist. Alle Welpen tun es mehr oder weniger. Der erfahrene Hundehalter nimmt es als das, was es ist: Der Welpe testet, wie weit er gehen kann. Damit findet er heraus, wo sein Platz in der Hierarchie des Rudels ist – das Rudel ist Ihre Familie.

Mit dem Beißen fertig zu werden, ist eine ganz klare Sache. Erlauben Sie es dem Welpen, hält er Sie für ein Rudelmitglied, das sich in der Rudelhierarchie unter ihm befindet. Er erwartet, daß Sie seinen Anweisungen folgen, und er wird nie ein wirklich gehorsamer Hund werden. Korrigieren Sie jedoch Ihren Welpen, sobald er an Ihnen herumbeißt, hält er Sie für ein »hohes Tier«. Er möchte dann Ihren Anweisungen folgen.

Ein beißfreudiger Welpe muß nicht zum bissigen Hund werden, aber viele Welpen, denen man das Beißen durchgehen ließ, wurden auch bösartige Erwachsene. Sie halten sich für den Rudelführer, der beißen kann und darf, wann er will. Im Hunderudel knurrt und beißt der Überlegene den Unterlegenen, nicht umgekehrt. Ein dominanter Hund in der Familie knurrt oder schnappt, wenn er von der Couch runter soll. Hunde, die sich für den Chef im Haus halten, beißen ihre Besitzer, wenn die ihnen etwas wegnehmen wollen.

Einer meiner Grundsätze in der Welpenerziehung ist: Erlaube niemals einem Welpen, was der erwachsene Hund nicht tun darf. Viele Leute berichten mir, wie süß sie es finden, wenn der Kleine an ihren Fingern herumkaut. Ein paar Wochen später höre ich, daß er zu grob wird und manchmal richtig zubeißt. Dann erfahre ich, daß der acht Monate alte Junghund zugebissen hat. Schlimmstenfalls hat er ein Familienmitglied, Nachbarskind oder den Briefträger ernsthaft verletzt. Der Hund hat nie gelernt, daß es niemals durchgeht, einen Menschen zu beißen. Am besten bringt man es ihm als Welpe bei, wenn er noch ausprobiert, wie weit er gehen kann. Je länger Sie damit warten, desto größer die Gefahr, einen schnappenden und bissigen Hund zu bekommen.

Denken Sie daran, wie wichtig dieses Beißverhalten ist. Ganz abgesehen davon, daß Sie niemals einen wirklich gehorsamen Hund haben werden, ziehen Sie sich eine potentielle Bestie heran, wenn Sie es dulden. Beißen Sie ihn über den Fang, und Sie tun sich und Ihrem Hund einen großen Gefallen.

Sind Knurren und Beißen wirklich so wichtig?

Auch wenn Disziplin nicht der angenehmste Aspekt der Welpenaufzucht ist, so ist sie doch in mancher Hinsicht unerläßlich. Respektiert Ihr Hund Sie nicht, dann gehorcht er auch nicht! Respekt erlangt man am besten, wenn der Welpe noch jung ist. Aber ist all das Knurren und Beißen nötig?

Denken Sie daran, daß das sehr vom Wesen Ihres Welpen abhängt. Manche sind hartnäckig und nehmen jede Chance wahr. Sie knabbern Möbel an, springen auf die Kinder, quälen die Katze, stehlen Wäsche aus dem Wäschekorb, durchforsten Schränke usw. Diese abenteuerlustigen Welpen sind oft starrköpfig und versuchen es immer wieder, ehe Ihre Korrekturversuche greifen. Sorgfältige Überwachung und viel energisches Knurren sind absolut notwendig, um einen solchen Welpen unter Kontrolle zu halten.

Andere Welpen sind sanftmütig. Sie liegen zufrieden neben ihrem Besitzer, kauen an ihren Spielsachen und ärgern weder Kinder noch Katze. Sie benötigen nur ein oder zwei Knurrer, um alles zu vermeiden, das man nicht wünscht. Aber nicht allzuviele Welpen sind so! Wenn, dann sind sie meist noch sehr jung. Nach ein paar Wochen baut sich ihr Selbstvertrauen auf, und sie entpuppen sich als ziemlich abenteuerlustig. Seien Sie vorbereitet. Die zuverlässigste Aussage, die man über Welpen machen kann, ist, daß sie absolut nicht einzuschätzen sind.

Denken Sie bitte immer daran, daß die hier beschriebenen Methoden und Techniken nur für Welpen zwischen der 8. Woche und dem 4. Monat gelten. Bis zum Alter von vier Monaten, in dem die formelle Erziehung beginnt, muß der Hund gelernt haben, daß »Nhaa!« unmittelbares Aufhören mit dem bedeutet, was er gerade tut. Besitzer, die dieses Ziel erreicht haben, haben es bei der Hundeerziehung wesentlich leichter. Ich brauche nicht zu betonen, wie unbefriedigend alle Erziehungsversuche sind, wenn sich der Hund für den Boss hält.

Der Umgang mit Welpen

Haben Sie jemals einen Welpen auf dem Arm gehabt, der so lange gezappelt hat, bis Sie ihn wieder absetzten? Haben Sie schon versucht, einen Welpen auf dem Schoß zu bürsten, Krallen zu schneiden, Zähne zu prüfen, der sich dagegen heftig wehrt? Obwohl die meisten Welpen es lieben, gehalten und gestreichelt zu werden, mögen sie die Einschränkung ihrer Bewegungsfreiheit gar nicht. Welpen müssen lernen, wie sie sich beim Bürsten, Krallenschneiden usw. benehmen müssen.

Ich nenne das »Handhabung« des Welpen. Diese Handhabung ist mit das wichtigste, das Sie mit ihrem Welpen tun. Die Gewöhnung des Welpen an die Handhabung gehört zu den Dingen, die sofort nach der Ankunft im neuen Heim beginnen. Es ist unerläßlich, daß der Welpe und später der erwachsene Hund Ihre Hände als sanfte Kontrolle oder Berührung jeder Körperstelle hinnimmt.

Bis die Welpen erwachsen sind, müssen sie lernen, sich von ihrem Besitzer und dem Tierarzt berühren und abtasten zu lassen ohne zu knurren, zu schnappen oder zu beißen. Ihr Welpe muß sich all das nachfolgend aufgezählte widerstandslos gefallen lassen: Fell bürsten, Ohren reinigen, Zähne prüfen, baden, Medikamente verabreichen (oder Erste Hilfe), Krallenschneiden, Absuchen nach Flöhen, Halsband anlegen und abnehmen, eine Zecke entfernen. Die Liste

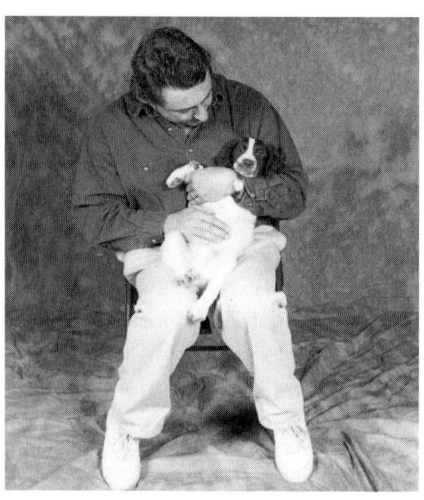

Ein wesentlicher Bestandteil des Welpenkindergartens ist es, dem Welpen beizubringen, daß er sich anfassen läßt.

könnte endlos weitergehen. Der Sinn ist klar. Der Hund muß, was immer Sie mit ihm zu seiner Gesundheit, Pflege und Erziehung machen müssen, hinnehmen.

Hier ein Wort zur Mißhandlung. Man darf niemals von einem Hund erwarten, daß er Schläge, Tritte oder sonstwelche aggressiven Übergriffe duldet. Sie dürfen Ihrem Hund niemals so etwas antun. (Eine Ausnahme wäre Selbstverteidigung, wenn ein Hund Sie echt angreift). Mißhandlung macht den Hund nicht nur ängstlich, sondern zerstört sein Vertrauen und die Bindung zu Ihnen. Wenn Sie oder ein Familienmitglied sich nicht beherrschen können, tun Sie dem Hund den Gefallen und suchen Sie ihm ein neues Heim.

Jeder Hundebesitzer hat die Pflicht, sein Heimtier vor Schaden zu bewahren – nicht etwa selbst zuzufügen oder zu erlauben, daß andere ihm Schaden zufügen. Wenn ich also in diesem Buch über die Handhabung spreche, meine ich sanfte, liebevolle Handhabung. Alles andere ist Mißhandlung und zu keiner Zeit angebracht.

Der Anfang: Bäuchlein zeigen

Hat der Hund nicht frühzeitig gelernt, sich anfassen zu lassen, werden die Besuche beim Tierarzt, im Hundesalon oder die häusliche Pflege zum Alptraum. Ich kenne die Besitzerin eines Golden Retrievers, die ihren Hund nicht impfen ließ, weil sie den Zirkus beim Tierarzt fürchtete. Natürlich wurde der ungeschützte Hund krank und mußte wochenlang leiden, bis er wieder gesund war. Er wäre beinahe gestorben. All das hätte vermieden werden können, wenn der Hund frühzeitig gelernt hätte, sich handhaben zu lassen.

So fängt man an: setzen Sie sich wenigstens einmal am Tag bequem in einen Sessel und nehmen Sie den Welpen auf den Schoß. Rollen Sie ihn sanft auf den Rücken, Bauch nach oben. Der Kopf ruht auf Ihrer Brust, die Rute zwischen Ihren Knien. Strampelt und kämpft er, weil er diese Lage nicht einnehmen will, halten Sie ihn fest und knurren »Nhaa!«. Denken Sie immer daran, daß es den Satz »Er mag das nicht!« in Ihrem Wortschatz in diesem Zusammenhang nicht gibt! Sie wissen, daß es nur zu seinem Wohl ist.

Beendet Ihr Knurren seinen Widerstand, fein. Entspannen Sie Ihren Zugriff und loben Sie ihn ruhig mit beruhigender Stimme: »Guter Hund, eines Tages wirst Du es lernen, wirklich gut.« So lange der Welpe entspannt auf Ihrem Schoß bleibt, sprechen Sie lo-

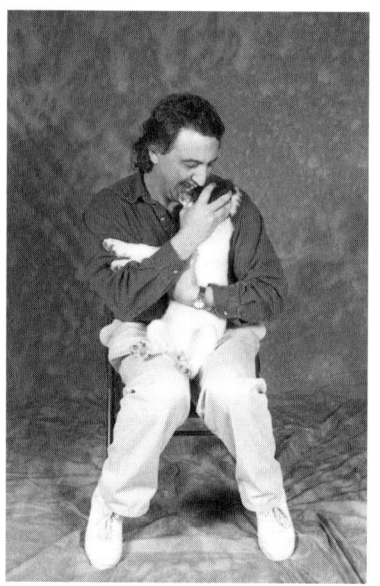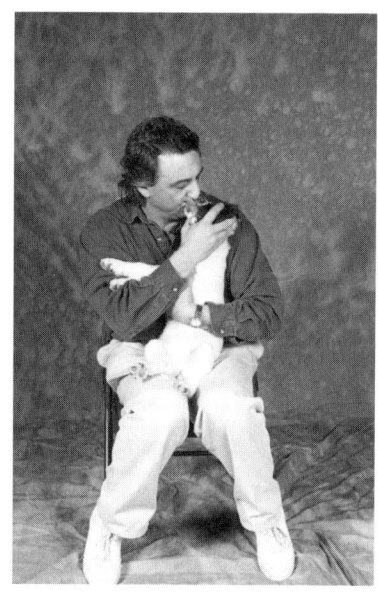

Zappelt und beißt der Welpe, knurren Sie »Nhaa!«. Seien Sie drauf vorbereitet zurückzubeißen, wenn es nötig ist. Bestimmt antwortet der Welpe mit ergebenem Lecken.

Wenn der Welpe entspannt auf Ihrem Schoß liegt, berühren Sie sanft die Pfoten. Denken Sie daran, daß Hunde sehr sensibel in bezug auf ihre Pfoten sind und Ihnen mißtrauen, wenn Sie ihnen dabei wehtun.

bend mit ihm. Das bekräftigt den Welpen, daß er etwas gut macht, indem er sich Ihrer Handhabung unterwirft. Ignoriert er Ihr Knurren und zappelt weiter, müssen Sie etwas härter durchgreifen. In gewissem Maße spielen Sie die Rolle der Mutterhündin. Sie würde aggressiv, wenn die Welpen ihr Knurren überhörten. Auch Sie sollten so handeln. Versuchen Sie ein ärgerliches, knurrendes Schnappen in Richtung Hundefang. Hilft das nicht, lesen Sie ab Seite 146. »Nhaa! Unterbrechen unerwünschten Verhaltens durch Knurren«. Beruhigt sich der Welpe endlich nach Ihrer Korrektur, loben Sie ihn. Ihr Lob bestätigt ihm, daß er nun das Richtige tut. Am Ende dieser Lektion, die nicht länger als 15 Sekunden dauern sollte, lassen Sie den Welpen herunter. Tun Sie es nicht, solange er noch zappelt. Das zeigt ihm nur, daß er sich durch sein Zappeln mit Erfolg befreit hat. Lassen Sie ihn frei, sobald er sich unterwirft und entspannt.

Loben Sie ihn für seine gutgemachte Sache. Schaffen Sie es, daß sich der Welpe etwa 15 Sekunden lang auf Ihrem Schoß entspannt, ist das sehr gut. Das ist für manche Welpen schon ein großer Schritt, besonders wenn sie eine dominante Persönlichkeit haben. Allein dieser Akt, ihn zur Unterwerfung zu bringen, zeigt ihm, daß Sie der Rudelführer sind. Und bei manchen Welpen ist das gar nicht so einfach.

Sich anfassen lassen

Hat sich der Welpe auf Ihrem Schoß entspannt, beginnt das Abtasten. Nehmen Sie zunächst eine Vorderpfote in die Hand und berühren Sie jede einzelne Zehe. Zieht er die Pfote zurück, knurren Sie »Nhaa!«, läßt er es sich gefallen, wird tüchtig gelobt.

Denken Sie daran, daß Hunde allgemein nervös werden, wenn man die Pfoten berührt. Das hat einen guten Grund, sie schützen ihre Pfoten, die ihnen erlauben zu gehen, zu rennen und zu jagen, sehr sorgfältig. Es ist wichtig, daß der Welpe lernt, daß seine Pfoten in Ihren Händen sicher sind. Eines Tages müssen seine Krallen geschnitten werden. Das ist eine anstrengende Balgerei mit Hunden, die nicht an die Berührung ihrer Pfoten gewöhnt sind. Hunde schneiden sich gelegentlich die Ballen auf oder treten in einen Dorn. Hat der Hund gelernt, daß Sie sanft mit seinen Pfoten umgehen, können Sie ihm in solchen Situationen besser helfen.

Nach den Pfoten heben Sie nun die Lefzen an und betrachten die

Eine kurze Überprüfung des Gebisses ist wichtig. Der Welpe lernt, die Pflege der Zähne und des Gaumens hinzunehmen und erlaubt Ihnen, notfalls Fremdkörper zu entfernen.

Zähne. Man braucht den Fang nicht lange aufzuhalten – nur gerade so, daß man hineinschauen kann. Fahren Sie mit dem Zeigefinger am Gaumendach entlang. Vergessen Sie nicht zu knurren, wenn der Welpe versucht, am Finger zu kauen.

Die Berührung des Fangs mag Ihnen seltsam erscheinen, aber ich habe festgestellt, daß es wichtig ist. In den Jahren meiner Arbeit beim Tierarzt kamen öfter Hunde, die einen Fremdkörper im Fang feststecken hatten. Sie schüttelten den Kopf, versuchten, sich davon mit den Pfoten zu befreien, es half nichts. Es wäre einfach gewesen, den Gegenstand mittels Pinzette oder den Fingern herauszuholen. Aber das ging nicht bei Hunden, die dies nicht gewöhnt waren. Sie mußten wegen dieser einfachen Behandlung voll narkotisiert werden. Das machte eine rasche und billige Angelegenheit zu einem teuren Unterfangen.

Berühren Sie auch andere Körperteile, solange der Welpe auf dem Schoß ist. Streichen Sie den Bauch entlang, heben Sie die Beine hoch und überprüfen Sie die Achselhöhlen, die Innenschenkel (Lieblingsplätze für Zecken und Flöhe), schauen Sie überall nach. Der Tag wird kommen, da Sie es aus gesundheitlichen oder hygienischen Gründen tun müssen. Ihm jetzt das Stillhalten beizubringen, erleichtert Ihnen dann die Arbeit.

Hurra! Eine erfolgreiche Lektion ist beendet. Ich nenne dies Streß-Gähnen, was den Hund zu entspannen scheint. Der Welpe muß die Handhabung nicht gerade lieben, aber er muß sie akzeptieren.

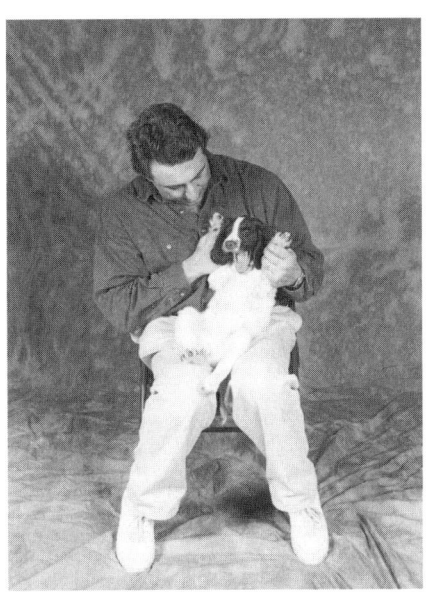

Kennen Sie den Körper Ihres Hundes?

Diese Handhabung hat noch einen Vorteil: man lernt den Körper seines Hundes kennen. Ich erinnere mich an eine Klientin der Tierklinik. Sie rief erschreckt an, ihr Hund habe Zahnfleischkrebs. Was haben wir gefunden? Einen großen schwarzen Fleck auf der Hundezunge, der offensichtlich schon sein Leben lang da war. Der Hund war kerngesund. Die Frau war nur in Panik geraten, weil sie ihren Hund nicht kannte. Deshalb ist es sehr wichtig zu wissen, wie der Hund normalerweise aussieht.

Kennt man den Körper seines Hundes genau, stehen die Chancen gut, daß man krankhafte Veränderungen rasch erkennt. Erscheint etwas ungewöhnlich, bemerkt man es frühzeitig. Rechtzeitige Behandlung bewahrt den Hund vor größerem Schaden. Ein kleines Knötchen unter dem Fell kann der Tierarzt mit Skalpell und ein paar Stichen entfernen. Der Hund verbringt höchstens ein paar Stunden in der Praxis. Aber ein grapefruitgroßer Tumor, der bisher nicht bemerkt wurde, bedarf einer komplizierten Operation, langen Hospitalaufenthalts und langwieriger Genesung.

Einmal machte ich selbst die Erfahrung. Byrons gerötetes, blutunterlaufenes Auge reagierte nicht auf Augentropfen gegen Bindehautentzündung, eine unbedeutende Infektion. An dem Tag, an dem er mit den Augen zu zwinkern begann und offenbar Licht vermied, ging es sofort wieder zum Tierarzt. Ergebnis: Ein Tumor wuchs im Auge, der nur schwer zu greifen war. Das Gute daran war, daß das Entfernen des Auges den Hund gesund machte. Keine Verbreitung des Krebses, kein gerissener Tumor, kein früher Tod. Byron war damals in mittlerem Alter, und er ist heute ein lieber, gesunder alter Herr, eine meiner großen Freuden im Leben.

Zu wissen, was normal beim Hund ist, ist ungeheuer wichtig. In Zukunft werden Sie sofort wissen, wenn etwas nicht normal ist, und können das Problem ohne Verzögerung angehen. Ich erinnere Hundebesitzer immer wieder gerne daran, daß sie für die »soziale Sicherheit« des Hundes verantwortlich sind. Voller Krankenschutz, der damit beginnt, dem Welpen beizubringen, sich handhaben zu lassen, ist ein wichtiger Schritt dahin.

Einführung in die Grundkommandos Teil I

Meine Gehorsamskurse beginnen ab einem Mindestalter: Die Welpen müssen wenigstens vier Monate alt sein. Warum? Wenn Sie schon einen Welpen haben, kennen Sie die Antwort. Welpen unter vier Monaten sind wie Babys. Sie lernen gerade, ohne die Mutter zu leben, lernen ihren Namen und ihr neues Heim kennen, usw. Und sie haben nur eine geringe Konzentrationsfähigkeit. Im Alter von vier Monaten haben sie sich in der Regel in ihr neues Leben gut eingewöhnt. Sie sind noch immer Kinder, aber sie sind in der Lage, bei der Erziehung besser aufzupassen.

Diese Mindestaltersgrenze bezieht sich auf das formelle Gehorsams- oder Unterordnungstraining und nicht auf die Welpenerziehung, die vorher beginnt. Man kann zwischen der 8. Woche und dem 4. Monat mit dem Welpen eine ganze Menge für einen leichteren Start in das richtige Erziehungsprogramm tun.

Alle beschriebenen Schritte führen Welpen unter vier Monaten sanft in die Grundkommandos ein. Wir erwarten vom Welpen keinen Gehorsam wie von einem erwachsenen Hund. Das wäre nicht nur unrealistisch, sondern auch schädlich. Welpen sind keine kleinen erwachsenen Hunde. Sie sind unreife, unerfahrene Jungtiere, die entsprechend behandelt werden müssen.

Eine Formel für wirkungsvolle Erziehung

Ehe Sie nun dem Welpen Gehorsamskommandos beibringen, sollten Sie selbst die Grundzüge der Hundeerziehung verstehen. Meine Herangehensweise erfolgt in drei Phasen. Phase 1 ist, den Hund dazu zu bringen, ein erwünschtes Verhalten zu zeigen und daran ein Hörzeichen (Kommando) zu knüpfen. Phase 2 besteht darin, im Kopf des Hundes das Verhalten mit dem Hörzeichen zu verknüpfen. Das bedeutet einfach, daß der Hund stets das Hörzeichen hört, sobald er die erwünschte Übung ausführt. Phase 3 ist die Überprüfung. Man sagt das Hörzeichen und sieht, wie der Hund reagiert. Macht er es in der Testphase richtig, wird er überschwenglich gelobt. Tut er es nicht, wird er korrigiert. Im Welpenkindergarten gibt es noch keine Testphase. Welpen unter vier Monaten sind dazu einfach zu unerfahren. Sie sind noch nicht lange genug auf der Welt, um die Übung so gut lernen zu können, daß man sie überprüfen könnte. Im Welpenkindergarten zeige ich dem Welpen nur, was er tun soll, und übe oft. Mein Ziel ist es, eine feste Verbindung zwischen dem Verhalten und dem Hörzeichen zu knüpfen. Mit zunehmendem Alter gibt es noch viel Zeit, den Welpen zu überprüfen.

Erziehung durch Locken versus Erziehung durch Zeigen

Nun ist es an der Zeit, mit Phase 1 zu beginnen: den Welpen dazu zu bringen, etwas zu tun, wobei er gleichzeitig ein Hörzeichen hört. Ich habe zwei Methoden (obwohl nur eine davon ins Programm des Welpenkindergartens gehört). Eine ist einfühlsame Erziehung. Man lockt den Welpen in eine Übung hinein, z.B. sich zu setzen oder zu legen. Dazu benutze ich einen Gegenstand, der die Aufmerksamkeit des Welpen weckt, und mit dem ich ihn locken kann. Das kann ein Hundekuchen, ein Ball, ein Quietschtier, ein Nylonknochen oder sonstwas sein, das der Hund gerne mag. (Wenn nichts anderes hilft, darf es auch ein Leckerbissen sein!)

Die Fotos zeigen den Unterschied zwischen Erziehung durch Locken und Erziehung durch Zeigen.

Bei der Lockmethode veranlaßt man den Welpen mit Hilfe eines interessanten Gegenstandes, die gewünschte Position einzunehmen (oben). Bei der Zeigemethode bringt man den Welpen sanft in die Position (unten).

Hier die Methode: Zunächst lenke ich die Aufmerksamkeit des Hundes auf diesen Gegenstand. Dann bewege ich ihn in eine bestimmte Position, so daß der Hund sich für den Gegenstand interessiert und ihm in die Sitzhaltung folgt, sich stellt oder legt. Ich kann ihn auch damit heranlocken. Gleichzeitig sage ich das entsprechende Hörzeichen oder Kommando. Bei genügender Wiederholung verknüpft der Hund das Hörzeichen fest mit der Tätigkeit. Das ist der Zweck von Phase 2: so oft üben, bis der Hund geistig das Hörzeichen mit dem erwünschten Verhalten verbindet.

Ich benutze diese einfühlsame Ausbildung bei älteren Welpen und erwachsenen Hunden. Ich liebe sie, weil das Lernen schneller geht. Diese Art der Ausbildung scheint den Hund zu freudigerer Mitarbeit zu animieren.

Die andere Form der Erziehung, nämlich durch Zeigen, ist Teil meines formellen Trainings und des Welpenkindergartens. Damit bringt man den Welpen körperlich dazu, eine erwünschte Haltung einzunehmen. Erziehung durch Zeigen erfolgt immer auf sanfte Weise. Man braucht nicht grob zu sein, um einem Hund zu zeigen, was er tun soll.

Auch wenn Hunde hierbei nicht so schnell zu lernen scheinen wie mit Locken, hat die Erziehung durch Zeigen einige Vorteile. Es vermittelt dem Welpen, daß Sie das Sagen haben. Jedes Mal, wenn Sie den Welpen mit sanfter Kraftanwendung in eine bestimmte Haltung bringen, machen Sie ihm eindeutig klar: »Ich bin der Rudelführer. Wenn ich möchte, daß du dich hinsetzt oder deine Beine anhebe, weil du dich hinlegen sollst, kann ich das tun.« Das ist eine sehr wichtige Lektion für Welpen (und alle Hunde). Mehr zu diesem Thema im Kapitel »Der Umgang mit Welpen«, Seite 154.

Hier ein Beispiel für die Methoden. Stellen wir uns vor, der Welpe liegt auf dem Sofa und soll runter. Ich könnte ihn mit einem Hundekuchen herunterlocken. Zeigt er sich am Leckerbissen interessiert, sage ich »Runter« und locke dabei. Das wäre die lockende Methode. Oder ich könnte ihn am Halsband fassen, sanft vom Sofa ziehen oder heben und sagen »Runter!«. Das wäre die Zeigemethode. Auch wenn er durch das Locken schneller lernt, versteht er aufgrund der Zeigemethode, daß ich das Sagen habe.

Die meisten Welpenerziehungsprogramme wenden nur die Lockmethode an. Vielleicht glauben die Ausbilder, weil sie es mit Welpen zu tun haben, müßte die Erziehung »Spaß und Spiel« bedeuten. Ich stimme dem nicht zu. Ich bin der Meinung, daß alle

Ausbildungsmethoden sanft und für den Hund angenehm ausgeführt werden sollten. Aber der Zeitrahmen zwischen der 8. Woche und dem 4. Monat ist ideal, um dem Welpen zu zeigen, daß Sie der Boss sind. Es ist wichtig, den Welpen in der Zeit so oft wie möglich anzufassen. Auch wird Ihr Welpe in dieser Zeit wahrscheinlich an Ihnen herumbeißen, sobald Sie ihm etwas zeigen. Die Zeigemethode gibt Ihnen die Gelegenheit, dieses Verhalten zu unterbinden.

Ich habe viele ältere Welpen kennengelernt, die ein Kindergartenerziehungsprogramm nach der Lockmethode absolviert haben. Im Alter von vier Monaten hatten die Welpen eine gute Vorstellung von der Bedeutung der Kommandos, aber sie hatten keinen Respekt vor ihren Besitzern. Ich sage meinen Schülern immer wieder: »Wenn der Hund Sie nicht respektiert, wird er Ihnen nie gehorchen – egal wie gut er die Kommandos auch versteht.« Um gehorsam zu sein, muß der Hund nicht nur verstehen, was wir von ihm wollen, sondern es auch tun. Das heißt nicht, daß die Lockmethode für den Welpen falsch ist. Ich empfehle jedoch, daß Sie sich den Respekt des Hundes durch eine sanfte Zeigemethode verschaffen können. Aus diesem Grunde betone ich die Zeigemethode im Welpenkindergarten. Im Alter von vier Monaten beginnt der Welpe mit der regulären Ausbildung. Er läßt sich dann von Ihnen handhaben und ist bereit zu all den Vorteilen der Lockmethode.

Der Beginn der Erziehung

Nun folgen Schritt-für-Schritt-Anweisungen einiger Grundübungen für den Welpen. Nehmen Sie sich Zeit. Beginnen Sie in einem ruhigen Raum, wo nur wenig oder gar nichts stört (z.B. andere Leute, Haustiere, Fernseher, Radio, Spielzeug oder Futter). Wählen Sie einen Zeitpunkt, an dem der Welpe ausgeruht ist, aber schon etwas Spiel und Auslauf hatte. Achten Sie darauf, daß der Hund sich vorher lösen konnte. Der Zeitpunkt sollte nicht vor dem regelmäßigen Füttern sein, wenn Hunger den Welpen ablenken könnte. Wichtig ist, daß Sie selbst entspannt und geduldig sind. Ein nervöser Besitzer, der schnell aus der Fassung gerät, hat keine Chance, dem Neuling etwas beizubringen. Sind Sie, der Welpe und das Umfeld fertig, fangen Sie an.

Sitzen auf Kommando

Wir wollen, daß sich der Welpe auf das Hörzeichen »Sitz« hinsetzt. Im Welpenkindergarten zeigt man dem Welpen einfach, was er tun soll. Wenn er älter ist, wird noch viel Zeit sein für das formelle Training und um ihn zu überprüfen, ob er auf Kommando auch wirklich reagiert. Ein nicht trainierter Welpe tut es nicht! Damit bringen Sie ihm aber bei, das Kommando »Sitz« (oder jedes andere Hörzeichen) schlichtweg zu überhören, wenn Sie ihm nicht deutlich zeigen, was er tun soll, wenn er das Hörzeichen hört. Denken Sie daran: ein Welpenkindergarten ist da, um dem Welpen Dinge zu zeigen. Es gibt keine Überprüfung oder Korrektur.

Methodisches, konsequentes Herangehen beim Kommando »Sitz« hilft dem Welpen, schnell zu begreifen. Und so geht's.

Führen Sie die rechte Hand unter das Halsband, Handfläche nach oben. Leicht festhalten. Legen Sie die linke Hand, Handfläche nach unten, auf die Schultern des Welpen. Ziehen Sie das Halsband sanft nach oben und hinten, streichen Sie gleichzeitig den Rücken entlang und drücken Sie das Hinterteil sanft in die Sitzposition. Gleichzeitig mit dem Druck in die Sitzposition sagen Sie seinen Namen und »Sitz!«.

Hier die Hauptregel für die Hundeerziehung: Geben Sie nur ein Kommando, wirklich nur eines! Auch wenn es ein paar Sekunden dauert, bis der Welpe richtig sitzt, wiederholen Sie das Kommando nicht. Loben Sie den sitzenden Welpen.

Das ist einfach. Auch wenn Sie nicht das Gefühl haben, daß das Herunterdrücken ins Sitz etwas Besonderes ist, so ist es doch der erste große Schritt in der Hundeerziehung. Beginnt der Welpe in ein paar Monaten mit der Gehorsamsausbildung, werden Sie staunen, wie zuverlässig er auf das Kommando »Sitz« hört. Für zuverlässige Ergebnisse müssen Sie jedoch während der ganzen Welpenkindergartenzeit dem Hund zeigen, was er tun soll.

Viele Leute erzählen mir, daß der Hund schon mit zehn oder zwölf Wochen Sitz macht. Dafür gibt es eine interessante Erklärung. Erlangen Sie die Aufmerksamkeit Ihres Welpen in dieser Zeit, insbesondere mit einem Leckerbissen in der Hand, und sagen »Sitz, Sitz, Sitz!«, setzt sich der Welpe. Sie könnten auch irgend etwas anderes sagen, das Ergebnis wäre das gleiche. Aus irgendeinem Grund setzen sich Welpen, wenn man nur oft genug ein Wort wiederholt. Leider führt solch eine Methode zu unzuverlässigem Gehorsam.

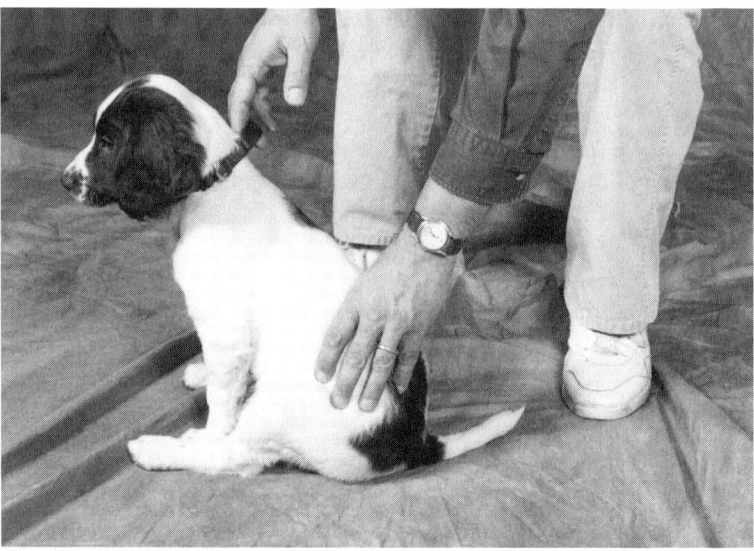

Sitz auf Kommando fällt den meisten Welpen leicht. Greifen Sie das Halsband mit der einen Hand und streichen Sie mit der anderen am Rücken entlang. Dabei zieht man das Halsband sanft hoch und drückt das Hinterteil des Welpen nach unten. Achten Sie darauf, den Namen des Hundes mit dem Kommando »Sitz!« zu sagen.

Die meisten Hunde, die so erzogen wurden, benötigten zahlreiche Hörzeichen, ehe sie das erwünschte Verhalten zeigten. Auch reagieren solche Welpen nur, wenn man einen Hundekuchen in der Hand hat. Andere wiederum gehorchen nicht immer.

So etwas versteht man nicht unter einem gut erzogenen Hund. Unser Ziel ist zuverlässiges Ausführen einer Übung, jedes Mal, wenn das Hörzeichen ertönt. Deshalb ist es so wichtig, daß das Kommando nur einmal erfolgt. Sie möchten einen erwachsenen Hund, der auf einmaliges Hörzeichen hin sofort reagiert. Dieses Muster muß man von Anfang an einhalten.

Ertappen Sie sich dabei, ein Kommando mehrmals zu sagen, heften Sie sich einen Zettel an die Kühlschranktür:»Ich darf ein Kommando nur einmal geben!«

Platz auf Hörzeichen

Sich auf Hörzeichen hinzulegen, ist eine wichtige Übung, die man sehr gut mit dem Welpen üben kann. Warum? Es früh beizubringen, ist viel einfacher als bei einem älteren oder erwachsenen Hund. Das liegt daran, daß die Platzlage in den Augen des Hundes eine Pose der Unterordnung ist. Ein Hund, der sich damit schwer tut, seinen Herrn zu akzeptieren, wird sich auch bei dieser Übung sträuben. Junge Welpen leisten diesen Widerstand noch nicht, oder nicht so stark wie später. Nutzen Sie deshalb die Unschuld der Jugend und lassen Sie das»Platz« zu einem wesentlichen Teil der Welpenerziehung werden.

Wie beim »Sitz«, eignet sich eine methodische, sich ständig wiederholende Herangehensweise am besten und hilft dem Welpen, schneller zu lernen. Und so macht man das:

- Bringen Sie den Welpen dazu, sich an Ihrer linken Seite zu setzen – mit Hilfe des Hörzeichens»Sitz« nach der oben beschriebenen Technik. (Falls Sie sich wundern: es ist nichts Magisches an der linken Seite. So hat sich eben die Hundeerziehung im Laufe der Zeit entwickelt. Der Ausbilder hat es so leichter, Hände und Körper des Hundeführers genau zu dirigieren.)
- Beim links sitzenden Hund haken Sie den Daumen Ihrer linken Hand oben auf dem Nacken des Welpen unter das Halsband. Die Handfläche liegt auf dem Rücken des Welpen, die Finger zeigen zur Rute.

Platz auf Kommando bedarf exakten Vorgehens. Beim sitzenden Welpen hakt man den Daumen in das Halsband, spreizt die Finger auf dem Rücken und zieht leicht zurück. Heben Sie die Vorderpfoten an und bringen Sie den Hund zu Boden. Sagen Sie dabei den Namen des Welpen und »Platz!«.

- Ziehen Sie das Halsband mit dem Daumen zurück. Setzen Sie gerade so viel Kraft ein, daß das Hinterteil des Welpen den Boden berührt. Stellt sich der Welpe immer wieder hin, strecken Sie die offene Handfläche und die Finger weiter den Rücken entlang und setzen etwas mehr Druck ein.
- Mit der rechten Hand heben Sie die Vorderläufe vom Boden ab – aber versuchen Sie nicht, beide Pfoten mit der rechten Hand zu ergreifen. Das ist zu umständlich. Statt dessen fassen Sie mit der rechten Hand hinter beide Vorderbeine. Das Ihnen zugewandte Bein ruht auf dem rechten Arm, während Sie das abgewandte Bein ergreifen. Fassen Sie das Beim sanft von hinten und heben Sie es mit Hand und Arm an. Das hebt beide Vorderbeine des Welpen ein paar Zentimeter vom Boden ab (es ist leichter, das Bein nahe den Pfoten statt höher am Körper zu ergreifen). Das wirkt kompliziert, ist es aber nicht (siehe Foto).
- Befinden sich nun beide Vorderläufe in der Luft, sagen Sie den Namen des Welpen mit dem Hörzeichen »Platz«. Während Sie dies sagen, legen Sie den Körper des Welpen auf den Boden und nehmen die Hand weg.
- Der Welpe braucht nicht gleich bis runter auf den Brustkorb. Vielleicht müssen Sie ihn erst auf die Seite rollen, um ihn niederzulegen. Das ist in Ordnung. Achten Sie darauf, sanft vorzugehen.
- Sobald der Welpe liegt, loben Sie ihn überschwenglich! Er darf nun sofort aufspringen, wenn er nicht liegenbleiben will – das ist keine »Bleib«-Übung!

Einige Welpen sträuben sich dabei. Wenn der Welpe sich überhaupt nicht handhaben lassen will, lesen Sie noch einmal ab Seite 154 nach und üben dies durch, ehe Sie sich an die Platzübung machen. Erlaubt der Welpe, daß Sie ihn sonst handhaben, sträubt sich aber bei dieser speziellen Übung durch Beißen und Knurren, dann haben Sie es mit einem dominanten kleinen Kerl zu tun! (Denken Sie daran, Platz ist eine Unterordnungsgeste!)

Es ist wichtig, daß Sie dieses Knurren und Beißen weder dulden noch ihm nachgeben. Es ist Ihre Aufgabe, die dominante Persönlichkeit in Ihrer Meute zu sein, und die Platzübung bietet Ihnen eine großartige Gelegenheit, es ihm mitzuteilen. Also, wenn er beißt und knurrt, knurren Sie zurück »Nhaa!«. Gibt er nicht nach, knurren Sie lauter. Lesen Sie noch einmal »Nhaa!« – Unterbrechen unerwünschten Verhaltens durch Knurren (Seite 146). Üben Sie das Platz täglich mehrmals. Es ist eine sanfte, aber wirkungsvolle Methode, dem Welpen zu zeigen, daß Sie das Sagen haben.

Fängt Ihr kleiner aufmüpfiger Freund an, die Platzlage zu akzeptieren, loben Sie tüchtig. Das Platz soll für ihn eine wundervolle Erfahrung sein. Das hilft ihm zu verstehen, daß er das richtige tut.

Denken Sie daran, daß noch nicht Zeit zum Überprüfen des Gelernten ist. Mit anderen Worten: warten Sie beim Hörzeichen nicht darauf, was passiert. Es ist Ihre Aufgabe, dem Welpen zu zeigen, was er tun soll, und damit das Hörzeichen zu verknüpfen. Seine Aufgabe ist es lediglich, sich das gefallen zu lassen. Das gilt für alle Übungen in diesem Erziehungsstadium. Sie unterrichten den Welpen. Wenn Sie das Hörzeichen sagen, zeigen Sie ihm also, was er zu tun hat. Jedesmal!

Ein paar Trainingstips

Es ist wichtig, daß der Zeitablauf bei der Sitz- und Platzübung stimmt. Hier ein Beispiel für schlechtes Timing: Sie sagen irgendwo im Raum »Sitz«. Zwei Sekunden später gehen Sie zum Welpen und bringen ihn zum Sitzen. Gutes Timing wäre, wenn Hörzeichen und Verhalten zusammenfallen. Sie wollen, daß der Welpe sein Verhalten mit Ihrem Hörzeichen verknüpft. Deshalb soll der Welpe das »Sitz« dann hören, wenn Sie ihn hinsetzen, und »Platz«, wenn Sie ihn auf dem Boden ablegen. Jegliche Zeitverzögerung zwischen Handeln und Kommando verzögert das Lernen.

Üben Sie ein paarmal am Tag und nicht mehrmals hintereinander. Immer dann, wenn Sie dem Welpen begegnen, beugen Sie sich über ihn und lassen ihn sitzen oder liegen. Denken Sie daran, Sie helfen dem Welpen dabei, die Verbindung zu knüpfen. Welpen sind natürlicherweise den ganzen Tag auf Forschungsreise und lernen ununterbrochen Neues über ihre Umwelt. Nutzen Sie dies, indem Sie ein wenig am Morgen und ein wenig am Nachmittag und dann wieder am Abend üben. Das macht mehr Sinn, ganz besonders bei Welpen, als eine Viertelstunde lang zu üben. Es soll Spaß machen und nicht unangenehm sein.

Behindern Sie den Lernprozeß nicht, indem Sie zwar das Kommando sagen, aber dem Welpen nicht zeigen, was er tun soll. Zeigen Sie es ihm jedes Mal! Lassen Sie es sich zur Routine werden, die

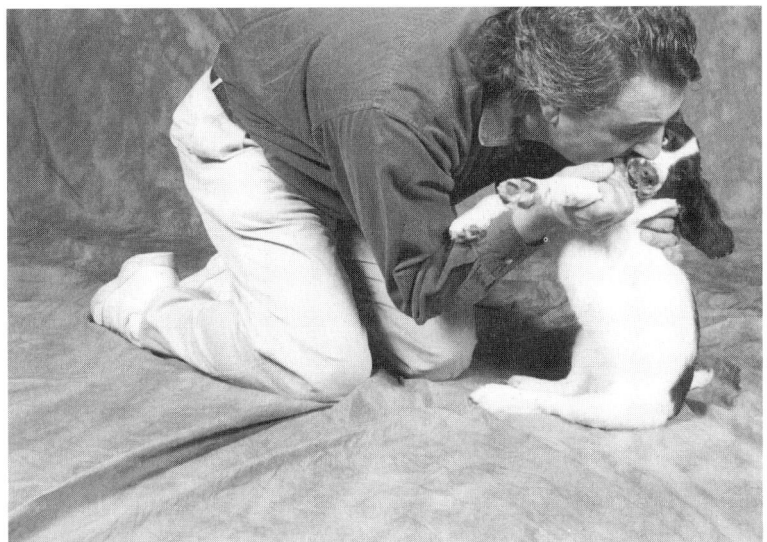

Manche Welpen kämpfen und beißen bei den Übungen. Knurren Sie »Nhaa!« oder beißen Sie den Welpen, wenn er Ihre Hände beknabbert, knurrt oder beißt. Denken Sie daran: ein Teil der Erziehung besteht darin, daß der Welpe sich anfassen läßt.

Hände am Welpen zu haben, ehe Sie das Kommando geben. Damit machen Sie es immer richtig.

Der Welpe muß in diesem Stadium noch keine Reaktion auf Ihre Kommandos zeigen. Er soll Ihnen lediglich erlauben, mit ihm Sitz und Platz zu machen. Das einzige, das er falsch machen kann, wäre zu beißen, zu kämpfen und sich zu sträuben, wie es manche dominante Welpen tun. Tut Ihr Welpe das, korrigieren Sie mit »Nhaa!«. Fahren Sie unbeirrt mit der Übung fort, damit der Welpe nicht lernt, daß er sich mit Beißen und Knurren durchsetzen kann. Denken Sie daran: der Sinn der Welpenerziehung ist, dem Welpen beizubringen, daß er Ihren Anweisungen folgt und nicht umgekehrt.

Eine Verhaltenskette

In dieser Phase muß der Welpe sitzen, damit er gelegt werden kann. Machen Sie aber bitte nicht immer unmittelbar nach dem Sitz eine Platzübung. Sonst bildet der Hund eine Verhaltenskette, wenn Sie später in die Testphase übergehen. Eine Verhaltenskette löst mehrere Verhaltensweisen mit einem einzigen Kommando aus. Ein Beispiel: Sie sagen »Sitz«, der Welpe setzt sich, er weiß, was folgt, und legt sich automatisch hin. Um solche Verhaltensketten zu vermeiden, muß man den Welpen manchmal nur sitzen lassen. Ein anderes Mal üben Sie beide Kommandos hintereinander. Treffen Sie den sitzenden Welpen an, können Sie ihn gleich Platz machen lassen. Durch eine Mischung der Übungen kann der Welpe nicht lernen, ein bestimmtes Kommando zu erwarten.

Warum ist das Voraussehen eines Kommandos nichts Gutes? Weil wir dem Welpen (und allen Hunden) beibringen, auf uns zu achten und auf unsere Hörzeichen hin zu folgen. Selbst zu entscheiden, wie man sich verhält, ist nicht das gleiche wie aufpassen und den Anweisungen zu folgen. Auch wenn es sich nicht um unerwünschte oder schlechte Verhaltensweisen handelt (wie z.b. sich hinzulegen anstatt sich auf Kommando »Sitz« zu setzen). Aber das Ergebnis ist ein Hund, der nicht tut, was man ihm sagt und nicht zuverlässig gehorcht. Ihr Ziel ist ein Hund, der deutlich versteht, was man von ihm will, und auch genau das tut.

Das bedeutet nicht, daß man mit militärischem Drill vorgeht, harsch oder unfreundlich ist. Es bedeutet nur, daß man dem Welpen jedes Kommando zeigt und ihn dazu bringt, genau das, was wir wollen, zu tun und nichts sonst. Daraus erwächst ein wundervoll gehorsamer Hund, der bei jedem Ihrer Hörzeichen sofort weiß, was er zu tun hat, und der jedes Mal Lob erntet, wenn er es gut gemacht hat.

Wählen Sie Ihre Hörzeichen

Ich benutze bei der Ausbildung die Hörzeichen Sitz, Platz, Bleib usw. Es spielt jedoch keine Rolle, welches Wort Sie mit dem jeweiligen Verhalten verknüpfen wollen. Sagen Sie »Pfirsich« immer dann, wenn Sie den Welpen zum Sitzen bringen, wird er sich irgendwann von selbst setzen, wenn er das Wort hört. Welche Worte Sie auch wählen, der Welpe lernt am schnellsten, wenn sie kurz und einsilbig sind. Z.B. »Drifter, Sitz« ist leichter für den Hund, als sich einzuprägen »Drifter, ich wäre dir sehr verbunden, wenn du dich in nächster Zeit einmal setzen würdest.« Wenn Sie also bei der Wortwahl Ihrer Hörzeichen kreativ werden wollen, dann halten Sie sie zumindest kurz.

Zwar spielt das Wort, das Sie benutzen, keine Rolle, aber es muß immer das gleiche sein. Sagen Sie nicht am einen Tag Platz, am anderen Leg' dich und am nächsten Down. Suchen Sie sich eines aus und bleiben Sie dabei. Jedes Familienmitglied sollte die gleichen Wörter gebrauchen. Wenn jeder mit dem Welpen übt, hört er die Worte immer wieder und bekommt eine immer stärkere Verbindung zwischen dem Hörzeichen und seinem Verhalten.

Es ist ebenso wichtig, daß jedes Wort nur eine Bedeutung für den Hund hat. Am häufigsten wird das Platz mißbraucht. Man sagt Platz und erwartet, daß sich der Hund legt. Beim nächsten Mal meinen Sie mit Platz, daß er sich auf seinen Platz begeben soll. Wenn ein Wort mehrere Bedeutungen zuläßt, wird der Hund nie richtig verstehen, wie er reagieren soll. In diesem Fall sagen Sie Platz, wenn er sich legen, und »Korb«, wenn er sich dorthin begeben soll.

Genaugenommen hat auch das »Nhaa!« nur eine einzige Bedeutung, nämlich abzulassen von seinem Tun. Ob er nun an Ihnen hochspringt, beißt oder etwas anknabbert. Dies ist ein sinnvolles, vielseitig einsetzbares Hörzeichen, hat aber nur eine einzige Bedeutung: Hör auf damit!

Bleib

Man kann jetzt schon mit dem Bleib beginnen, wie z.B. dem Sitzbleib. Es bedeutet, daß der Welpe so lange sitzenbleibt, bis er mit einem neuen Hörzeichen entlassen wird. Ich benutze dazu das Wort

Dem Welpen beizubringen, an Ort und Stelle zu verharren, braucht etwas Geduld. Bringen Sie den Welpen zum Sitzen, bereiten sich aber auf ein sofortiges »Nhaa!« vor, sobald er versucht aufzustehen, und setzen Sie ihn wieder hin.

»Okay!« Es kann auch ein beliebiges anderes sein. Im Laufe der Jahre habe ich von Schülern schon »Geh!« oder »Frei!« gehört. Wählen Sie ein Wort, das Ihnen gefällt. Aber denken Sie daran, daß es, wie jedes andere Hörzeichen, eine ganz spezielle Bedeutung haben muß.

Sie werden festellen, daß das Sitz-bleib eine sehr praktische Übung ist. Hier einige Beispiele dafür: Im Welpenkindergarten lasse ich die Welpen Sitz-bleib an der Tür zum Garten machen. Als erwachsene Hunde warten sie, bis sie hinausgehen dürfen. Das hindert sie daran, hinauszustürmen, sobald die Tür aufgeht. Das gleiche mache ich beim Ein- und Aussteigen am Auto. Ich will nicht, daß meine Hunde beim Öffnen der Autotür über meine Post oder Einkäufe ins Auto stolpern. Beim Sitz-bleib räume ich erst alles ein und bin dann soweit, sie einsteigen zu lassen.

Sitz-bleib hilft auch gut bei der Kontrolle unerwünschten Verhaltens. Mein Australian Shepherd Drifter ist ein Hütehund. Da ich keine Farm habe, hat er keine Möglichkeit, Rinder und Schafe zu hüten (auch wenn er an ein paar Hüteveranstaltungen teilgenommen und den Hüteinstinkt-Test mit Leichtigkeit bestanden hat). Deshalb hat Drifter andere Möglichkeiten entwickelt, seinen Hütetrieb abzureagieren. Für ihn sind Menschen auf Rädern und Rollerskates Stadtschafe. Ich weiß, daß er sie liebend gern die Straße entlangtreiben und sie in die Hacken beißen würde. Bei einem Spaziergang habe ich Drifter jedoch unter Kontrolle, sobald ein Radler oder Roller in Sicht kommt. Ich lasse ihn einfach Sitz-bleib machen. Er kann nicht gleichzeitig davonhetzen und neben mir sitzenbleiben. Ist die Gefahr vorüber, entlasse ich ihn mit »Okay!« und lobe tüchtig. Sitz-bleib gibt mir eine einfache, gewaltlose Möglichkeit, unerwünschtes Problemverhalten zu vermeiden.

Begrüßen wir unterwegs Freunde, lasse ich ihn Sitz-bleib machen. Damit habe ich den Hund unter Kontrolle, und er hampelt nicht an der Leine herum. Außerdem erheischt er damit mehr Aufmerksamkeit, denn er ist ruhig und kann gestreichelt werden. Jeder hat davon nur Vorteile.

Einige der Gehorsamsübungen, die der Welpe später beim formellen Gehorsamstraining lernt, verlangen ein zuverlässiges Befolgen von Sitz-bleib, z.B. wenn er lernt, Menschen zu begrüßen, ohne an ihnen hochzuspringen oder auf Hörzeichen heranzukommen. Es ist also eine wichtige Übung, die man jung beginnen sollte. Sie ist die Grundlage für viele gute Verhaltensweisen.

Behalten Sie den Welpen im Auge, auch wenn Sie neben ihm stehen. Er sollte zwar sitzenbleiben, versucht aber womöglich aufzustehen oder sonstiges unerwünschtes Verhalten zu zeigen, wie Leinenbeißen. Seien Sie vorbereitet auf ein »Nhaa!«.

Ihr Ziel im Welpenkindergarten ist, daß der Welpe zwei volle Minuten sitzenbleibt, ohne sich zu bewegen. Sich nicht zu bewegen bedeutet nicht, daß er stocksteif dasitzen muß. Er darf den Kopf bewegen und mit der Rute wedeln. Aber er darf sich nicht legen oder aufstehen. Er darf auch nicht davonrobben. Er muß ruhig auf einem Fleck sitzen.

Und so bringt man das Sitz-bleib bei:

- Befestigen Sie die Leine am Halsband. Lassen Sie den Welpen nach der bereits erwähnten Methode links sitzen.
- So lange Sie sich noch über den Welpen beugen und ihn handhaben, sagen Sie »bleib« (Ich empfehle nicht, hierbei den Namen des Welpen zu sagen. Der Name soll Aufmerksamkeit erregen, er signalisiert dem Welpen beim formellen Gehorsamstraining achtzugeben, weil er etwas tun soll, z.B. sich hinlegen oder herankommen. Hier verlangen wir, daß er stillhält, sich nicht bewegt oder eine Bewegung erwartet. Ich habe festgestellt, daß das alleinige Bleib ihm hilft, viel schneller zu begreifen).
- Nach dem Hörzeichen »Bleib« nehmen Sie die Hände weg und

richten sich auf. Beobachten Sie den Welpen dabei. Steht er auf oder legt sich, knurren Sie »Nhaa!« und bringen ihn mit den Händen zurück in die korrekte Position. Erinnern Sie ihn mit »Bleib« an das Sitzenbleiben.

- Machen Sie das so lange, bis der Welpe ruhig neben Ihnen sitzenbleibt. Denken Sie daran: er darf mit der Rute wedeln und den Kopf bewegen. Er braucht kein Standbild zu sein, aber er darf nicht aufstehen oder sich hinlegen.
- Nun nehmen Sie mit der rechten Hand die Leine auf. Die linke Hand greift die Leine mit der Handfläche nach unten in halber Höhe zwischen Haken und rechter Hand.
- Steht der Welpe wieder auf, knurren Sie »Nhaa!«. Der beste Zeitpunkt ist, wenn der Welpe gerade überlegt, aufzustehen. Der schlechteste ist, wenn Sie hinschauen, und er ist fort. Beobachten Sie den Welpen sorgfältig.
- Üben Sie immer nur kurze Zeit. Anfangs sollten es nur 15 Sekunden sein. Hat man in dieser Zeit Erfolg, kann man zu 30 Sekunden übergehen. Verlängern Sie jedes Mal um 15 Sekunden, bis der Welpe volle zwei Minuten lang sitzenbleibt.
- Am Ende der Zeit entlassen Sie ihn mit »Okay!« oder was immer Sie sagen und gehen einen kleinen Schritt vorwärts. (Der Schritt vorwärts bringt den Welpen in Bewegung, hilft ihm zu lernen, was das Befreiungswort bedeutet). Entlasssen Sie den Welpen nicht mit Lob, denn in der formellen Ausbildung lobt man, während er Bleib macht – es ist eine verbale Belohung dafür, daß er das Richtige tut. Jetzt wäre aber ein Lob nur Ablenkung für den Welpen, der gerade erst lernt, was es mit dem Bleib auf sich hat.
- Nachdem Sie den Welpen entlassen haben, loben Sie ihn tüchtig. Was hat er doch alles so fein gemacht!

Macht Ihr Welpe die Sitz-bleib-Übung richtig, dann können Sie die Dauer auf über zwei Minuten ausdehnen. Aber machen Sie nicht den Fehler vieler Anfänger und entfernen Sie sich vom Welpen. Bleiben Sie dicht bei ihm, so daß Sie ihn korrigieren und richtig setzen können, sobald er sich rührt. Der richtige Zeitpunkt Ihres Eingreifens ist wichtig, damit der Welpe versteht, was Sie von ihm wollen.

Üben Sie auf die beschriebene Weise wenigstens dreimal am Tag Sitz-bleib mit Ihrem Hund.

Einführung in die Grundkommandos - Teil II

In den vorangegangenen Kapiteln stellten wir drei Grundübungen vor: Sitz auf Kommando, Platz auf Kommando und Sitz-bleib. In diesem Kapitel folgen einige weitere Übungen. Überfordern Sie sich und Ihren Welpen nicht, indem Sie versuchen, alle Kommandos auf einmal zu üben. Bleiben Sie eine Woche lang bei den ersten dreien und beginnen Sie dann mit den neuen. Die meisten Welpenbesitzer stellen fest, daß es einige Zeit dauert, bis man die Übungen in das tägliche Leben eingefügt hat. Stubenreinheitstraining und den lebhaften Welpen zu überwachen halten die meisten Besitzer genug auf Trab.

Denken Sie aber daran, daß Sie sich durch diese Gehorsamsübungen im Ansehen des Welpen als Rudelführer etablieren. Gleichzeitig lernt der Welpe, wie man lernt. Das heißt, daß er darauf eingestimmt wird, mit Ihnen zu arbeiten und von Ihnen Anweisungen zu empfangen. Deshalb ist nur ein oder zwei Minuten zu üben besser als nichts. Mit der Gehorsamserziehung zu warten, bis der Kleine ein wenig älter ist, vergeudet nur wertvolle Zeit, und womöglich gewöhnt er sich unerwünschte Verhaltensweisen an, was Ihnen die künftige Arbeit nur erschwert.

Platz-bleib

Das bedeutet für den Welpen liegend zu verharren, bis er, wie auch beim Sitz-bleib, durch ein besonderes Wort von Ihnen entlassen wird. Sie werden feststellen, daß das Platz-bleib im ganzen Hundeleben eine unglaublich nützliche Übung ist. Ein Hund, der das Platz-bleib beherrscht, darf überallhin mit und ist immer unter Kontrolle. Ein Hund, der Platz-bleib beherrscht, muß niemals ins Schlafzimmer oder in den Keller gesperrt werden, wenn Besuch kommt. Ein Hund, der Platz-bleib kann, bettelt niemals bei Tisch. Sie werden noch bei zahlreichen Gelegenheiten feststellen, daß das Platz-bleib eine wahrhaft wunderbare Sache ist.

Platz-bleib ist eine wichtige Übung zur Kontrolle des Hundes, die schon im Welpenkindergarten unterrichtet werden kann.

 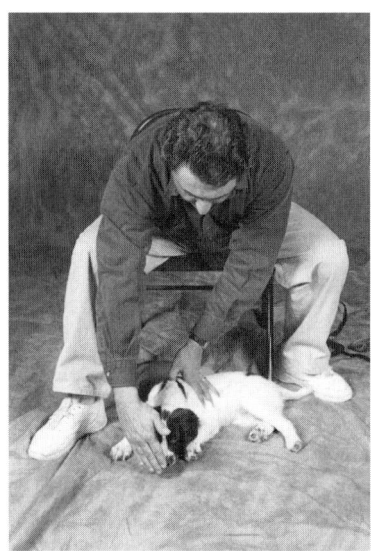

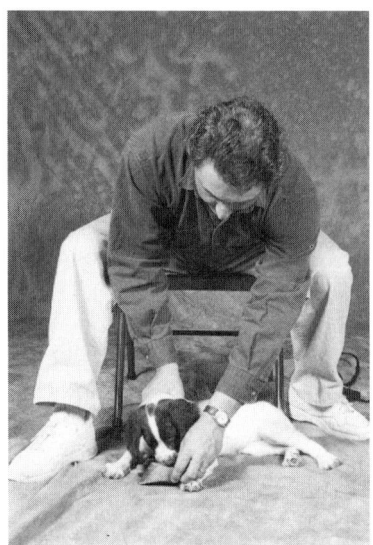 

»Platz-bleib« ist eine der nützlichsten Übungen, die ein Hund lernen kann. Sie legen den Welpen sanft auf den Boden, sagen »Bleib!«, geben ein Kauspielzeug und beobachten ihn. Sobald er aufstehen möchte, knurren Sie »Nhaa!« und legen ihn zurück. Nach kurzer Zeit weiß er, was Sie wollen.

- Wenigstens einmal am Tag bringen Sie den Welpen vor Ihren Lieblingssessel. Der Welpe trägt sein Halsband, daran die 1,80 m lange Leine. Sie haben das Lieblingskauspielzeug des Welpen bei sich.

- Bringen Sie den Welpen auf die schon beschriebene Weise zum Liegen (siehe Seite 167). Liegt der Welpe dann, sagen Sie gleichzeitig »Bleib!« und öffnen vor seiner Nase kurz die Hand, mit ihm zugewandter Handfläche. Das ist das übliche Handzeichen für Bleib. (Beim Sitz-bleib kann man das Handzeichen nicht geben, weil man mit beiden Händen den Welpen hält.) Geben Sie dem Welpen das Kauspielzeug, und setzen Sie sich neben ihn in den Sessel.

- Steht der Welpe auf, knurren Sie »Nhaa!« und drücken ihn rasch und sanft in die Platzlage zurück. Sagen Sie wieder »Bleib!« Machen Sie das so oft, bis er liegenbleibt.

- Ziehen Sie im Geiste einen Kreis um den Welpen. Er darf darin seine Haltung verändern. Bewegt er sich aus dem Kreis heraus, knurren Sie »Nhaa!« und legen ihn zurück.

- Setzen Sie sich bei der Platz-bleib-Übung nicht auf den Boden. Sie befinden sich sonst auf seiner Ebene, was für ihn eine Unterwerfungsgeste ist, er wird Sie weiter testen. Statt dessen sitzen Sie hoch über ihm im Sessel. Sie sollten allerdings nicht weiter als 30 cm von ihm entfernt sein.

- Der ideale Zeitpunkt, ihn mit Knurren zu korrigieren, ist, wenn er nur daran denkt, aufzustehen. Beobachten Sie ihn genau. Der nächstbeste Zeitpunkt ist, wenn er gerade dabei ist aufzustehen. Am schlechtesten ist es, wenn Sie hinschauen, und er ist fort! Behalten Sie ihn im Auge.

- Halten Sie den Welpen nicht an strammer Leine. Das Ziel ist nicht, ihn unten zu halten, sondern, daß er von alleine liegenbleibt. Legen Sie aber die Leine nahe an Ihren Fuß, so daß Sie rasch darauf treten können, wenn er versucht aufzustehen und aus dem gedachten Kreis herauszuspringen. Lassen sie ihn nicht an der Leine kauen. Fängt er an, die Leine zu beknabbern, knurren Sie »Nhaa!« und ziehen ihm die Leine aus dem Fang. Geben Sie ihm sein Kauspielzeug wieder.

- Blieb der Welpe die ganze von Ihnen gewünschte Zeit liegen, stellen Sie sich hin, so daß er sich links befindet. Sagen Sie nun das Befreiungswort »Okay!« und ermuntern Sie ihn, aufzustehen. Loben Sie ihn sehr für seine gute Tat.

Entlassen Sie den Welpen nicht, solange Sie auf dem Sessel sitzen. Tun Sie das, erwartet der Welpe jeden Augenblick, entlassen zu werden. Lehren Sie ihn, daß er nicht aufstehen darf, ehe Sie nicht neben ihm stehen und er das Wort hört. Stellen Sie sich gelegentlich neben ihn, entlassen Sie ihn aber nicht. Sagen Sie stattdessen »Bleib«, und setzen Sie sich wieder. Das lehrt ihn, daß Ihr Aufstehen für ihn nicht gleichbedeutend mit »Auf geht's!« ist. Lassen Sie ihn stets auf das Entlassungswort warten!

Üben Sie Platz-bleib mit dem Welpen wenigstens einmal am Tag, 30 Sekunden lang, eine Woche lang. Verlängern Sie jede Woche die Übungszeit um 30 Sekunden. Ihr Ziel in diesem Stadium ist, daß der Welpe volle drei Minuten liegenbleibt. Wie beim Sitz-bleib verlängere ich die Zeit erst, wenn er die letzte Zeitspanne erfolgreich überwunden hat – auch wenn es länger als eine Woche dauert. Man soll den Welpen nicht bedrängen, sondern einen bestimmten Zeitplan beibehalten. Welpen lernen unterschiedlich schnell. Ein guter Ausbilder paßt sich an und kommt damit zum Erfolg.

Im Alter von vier Monaten beginnt das formelle Training, dann können Sie die Dauer des Platz-bleib verlängern. Meine erwachsenen Hunde schaffen leicht eine halbe Stunde. Aber im Welpenkindergarten sind drei Minuten schon großartig.

Platz-bleib und die Rudelführung

Abgesehen davon, daß Platz-bleib eine wunderbare Kontrollübung ist, ist sie eine natürliche Weise, dem Welpen zu zeigen, daß Sie Rudelführer sind. Ich habe dies schon in meinem Buch »Hunde verstehen und richtig erziehen« beschrieben, aber ich denke, eine Wiederholung ist sinnvoll.

Vor einigen Jahren bildete ich für kurze Zeit in einer Hundepension Hunde aus und führte Unterordnungskurse durch. Die Besitzer züchteten Collies. Meist war es nur ein Wurf im Jahr. Ihr Zuchtziel waren Ausstellungshunde. Wie viele andere Züchter auch, verkauften sie ihre Welpen, die sich nicht für die Ausstellung eigneten, an Privatleute. Oftmals behielten sie einen Welpen zurück, den sie für den besten im Wurf hielten. Entwickelte er sich wie erhofft, stellten sie ihn aus oder züchteten mit ihm weiter.

Als ich dort arbeitete, hatten sie einen Wurf mit neun Welpen. Im Alter von acht Wochen wurden sechs verkauft. Drei blieben noch ein paar Wochen, weil man noch nicht sicher war, welchen man behalten wollte.

Mehrmals täglich wurden die drei inzwischen elf Wochen alten Welpen mit der Mutter zusammen in einen kleinen eingezäunten Hof gelassen, um frische Luft zu schnappen und zu spielen. Eines Tages standen ein Mitarbeiter und ich am Fenster und beobachteten die drei Welpen beim Raufen und Kampfspielen. Die Mutter hatte sich unter einen kleinen Baum im Schatten niedergelegt. Nach ein paar Minuten Spiel wurde es den Welpen langweilig, und sie stürzten sich auf ihre Mutter. Zunächst begannen sie mit kleinen »Angriffen«. Sie rannten auf sie zu, kniffen sie in Beine, Ohren und Rute. Knurrte sie, stoben sie davon und sammelten sich wieder, bauten Selbstvertrauen auf und attackierten sie wieder. Das ging ein paar Minuten so. Die Hündin starrte sie nur an, und als sie sich näherten, zeigte sie die Zähne und grollte in tiefem Ton. Sie wurden vorsichtig, hatten aber noch keine Angst.

Plötzlich schoß die Mutter wie ein Blitz hervor und griff sich jeden Welpen. Sie stellte sich über ihn und knurrte furchterregend. Jeder Welpe rollte sich sofort in Unterwerfungspose auf den Rücken. Die nächsten zwanzig Minuten ging sie langsam um die Welpen herum. Jedes Mal, wenn ein Welpe aufstehen wollte, stellte sie sich über ihn und knurrte. Es war eine unglaubliche Szene – ich wünschte, ich hätte eine Videokamera gehabt.

Als ich diese Darbietung hundlichen Verhaltens sah, war meine erste Reaktion: Sie bringt den Welpen Platz-bleib bei, genauso wie ich den Hunden in meinen Übungsgruppen. Dann ging mir ein Licht auf. Die Hündin interessiert es überhaupt nicht, wie sich die Welpen gegenüber Gästen oder beim Abendessen benehmen. Dies war ganz einfach die natürliche Methode, den Welpen zu sagen: »Ich bin der Rudelführer. Wenn ich knurre, habt Ihr mich zu respektieren!«

Wenn Sie mit Ihrem Welpen Platz-bleib üben, bringen Sie ihm also nicht nur eine außerordentlich nützliche Übung bei, sondern Sie überzeugen ihn nach hundlicher Manier, daß Sie der Rudelführer sind.

Herkommen auf Kommando

Fast jeder Hundebesitzer möchte, daß sein Hund auf Ruf zu ihm kommt. Aber viele Hundebesitzer schaffen das nie. Jedenfalls nicht zu ihrer Zufriedenheit. Aber einen Hund dazu zu bringen, auf Ruf zu kommen, ist wirklich nicht schwer. Die Besitzer machen lediglich viele Fehler, wenn sie ihre Hunde dazu bringen wollen, heranzukommen. Nur sehr wenige machen sich die Mühe, es dem Hund wirklich beizubringen. Sie stellen sich irgendwie vor, daß es der Hund schon herausfinden wird.

Wenn Sie mit dem Welpen richtig anfangen, sind Sie schon ein riesiges Stück weiter auf dem Wege zum erfolgreichen, zuverlässigen Herankommen auf Ruf.

Im Welpenkindergartenalter ist in bezug auf das Herankommen das, was Sie nicht tun, ebenso wichtig wie das, was Sie tun. Sie können viele Probleme bei der späteren Ausbildung vermeiden, wenn Sie die Hinweise streng beachten. Hier sind die wichtigsten Dinge, die man nicht tun sollte, wenn man ein zuverlässiges Herankommen auf Kommando anstrebt.

Regel Nr. 1: Das Herankommen darf für den Welpen niemals eine unerfreuliche Angelegenheit sein. Es ist wichtig, daß Sie ihm zeigen, daß Herankommen immer eine wunderbare Sache ist. Sie dürfen den Welpen niemals korrigieren, wenn er zu Ihnen kommt, egal was auch passiert ist, egal wie wütend Sie sein mögen. Der schwerste Fehler ist, den Welpen heranzurufen und dann zu strafen. Hier ein Beispiel: Man bemerkt, daß sich der Welpe gerade über einen Schuh hermacht. Man ruft den Welpen: »Rover, hier!«. Der Welpe kommt heran und hört nun in ärgerlichem Ton: »Böser Welpe! Laß den Schuh in Ruhe!« Der Welpe weiß nun, daß das Herankommen keineswegs eine angenehme Erfahrung ist. Denken Sie daran, daß Hunde unangenehme Erfahrungen meiden. Wiederholt sich das ein paarmal, dann wird der Welpe tunlichst vermeiden, zu Ihnen zu kommen.

Es ist Ihre Aufgabe, dem Welpen zu zeigen, daß es immer angenehm ist, zu Ihnen zu kommen. Ich gehe sogar so weit, Ihnen vorzuschlagen, den Welpen so weit zu konditionieren, daß Herankommen die schönste Sache der Welt ist. Streicheln, Leckerbissen, Loben, alles darf er haben, wenn er zu Ihnen kommt.

Sie fragen sich nun, wie Sie jemals einen Welpen für eine Missetat tadeln sollen. In Situationen wie in der oben beschriebenen ist die beste Zeit, den Welpen zu tadeln, wenn er sich gerade an den Schuh heranmachen will. Die nächstbeste, wenn er den Schuh mit dem Fang ergreift. Es ist zu spät, wenn der Welpe stolz mit dem Schuh im Fang herumtrabt. Jetzt gilt es nur, den Schuh zu retten. Es gibt zwei Möglichkeiten. Sie rufen den Welpen in freundlichem Ton heran, loben ihn, wenn er kommt, nehmen ihm den Schuh ab und geben ihm nach ein paar Sekunden eines seiner Spielzeuge. Die zweite Möglichkeit ist, leise an den Welpen heranzutreten und ihm den Schuh abzunehmen.

Regel Nr. 2: Rennen Sie nicht brüllend hinter dem Welpen her, wenn er nicht gehorcht (z.b. nicht zu Ihnen kommt). Wenn Sie das tun, lösen Sie seinen Fluchtinstinkt aus, und er läuft weg. Viele Welpen machen ein Spiel daraus. Sie brauchen dies nur wenige Male zu wiederholen, und schon haben Sie einen Welpen, der sich alles mögliche Verbotene schnappt, nur damit Sie ihn durchs Haus jagen. Das ist für die meisten Welpen ein Mordsspaß! Hat er das verbotene Stück, vergessen Sie jegliche Strafe (ich weiß, das ist hart!). Wollen Sie die Verhaltenskorrekturen zum richtigen Zeitpunkt ansetzen, dann räumen Sie auf und halten den Welpen unter Aufsicht.

Körpersprache und Laute

Wann immer Sie den Welpen rufen, ist es wichtig, die richtige Körperhaltung einzunehmen und den richtigen Ton zu treffen. Eine wichtige Regel ist, sich immer auf Augenhöhe des Welpen zu begeben. Stehen Sie aufrecht, ist Ihre Körperhaltung dominant, was ihm Angst machen kann. Die meisten Welpen gehen auf jemanden in einer dominanten Körperhaltung nicht zu. Hinhocken wirkt aus der Welpenperspektive heraus viel einladender, und der Welpe kommt viel lieber zu Ihnen.

Auch verspricht ein harscher Ton nichts Gutes. Vielmehr löst er Fluchtinstinkte aus, was bedeutet, daß der Welpe vor Ihnen wegläuft oder sich ergibt, indem er auf den Rücken rollt und den Bauch

Damit der Hund freudig herankommt, müssen Körperhaltung und Stimme einladend und nicht drohend wirken. Sie knien sich hin, halten einen interessanten Gegenstand und rufen den Welpen mit fröhlicher, aufmunternder Stimme.

183

präsentiert. Keines von beiden wollen wir erreichen. Wir wollen, daß der Welpe fröhlich auf uns zuläuft. Deshalb soll die Stimme einladend sein, wann immer Sie den Welpen rufen. Eine hohe, begeisterte Stimme wirkt am besten. Oft reicht sie aus, um das erwünschte Verhalten zu erreichen.

Außerdem sollten Sie stets etwas Reizvolles in der Hand halten, wenn Sie den Welpen rufen. Ein Quietschtier, Ball oder Hundekuchen lockt den Welpen heran. Manchmal entscheidet das Lockmittel, ob der Welpe herankommt oder nicht.

Wie man vermeidet, das Nicht-Kommen zu üben
In Bezug auf Hundeerziehung sind die Worte »wiederholen« und »üben« austauschbar. Jedes Mal, wenn man ein Verhalten wiederholt, übt man. Wenn Sie zehn Minuten lang mit dem Hund üben, wiederholen sie Verhalten. Hunde gewöhnen sich ständig wiederholte Verhaltensweisen an.

Sie wollen sicherstellen, daß jedes Mal, wenn Sie den Welpen rufen, er auch kommt. Es ist deshalb von entscheidender Bedeutung, daß Sie mit dem Welpen nicht das »Nicht-Herankommen« einstudieren. Was bedeutet das? Nicht-Herankommen üben heißt, das Kommando »Hier!« in Situationen anzuwenden, in denen der Welpe falsch reagiert. Ein Beispiel: Sie rufen regelmäßig »Hier!«, wenn Ihr Welpe wegrennt oder an einem Busch schnüffelt. Damit bringen Sie ihm bei, das Hörzeichen »Hier!« nicht zu beachten. Diese Lektion wollen Sie ihm ganz sicher nicht beibringen!

Um eine konditionierte Reaktion auf das Kommando »Hier!« zu erreichen, muß der Welpe jedes Mal, wenn er das Wort hört, auch tatsächlich herankommen.

Verzweifeln Sie nicht: Gelegentliches falsches Reagieren vom Welpen macht nicht das ganze Training zunichte. Aber Sie müssen aus Erfahrung lernen, wann Sie das Wort »Hier!« am wirkungsvollsten einsetzen. Hier ein Beispiel: Es ist Montagmorgen, Sie ziehen die Jacke an, um auszugehen. Sie wollen den Welpen in den Laufstall setzen, solange Sie weg sind. Sie hocken sich hin und halten das Lieblingsspielzeug in der Hand und rufen, »Hündi, hier!« Aber nein, er hat spitzgekriegt, daß Sie weggehen wollen. Anstatt zu kommen, rennt er hinters Sofa. Wiederholt sich das Spiel am Dienstag, Mittwoch, Donnerstag und Freitag, dann üben Sie das Nichtkommen. Über kurz oder lang haben Sie einen Welpen, der bei »Hier!« hinter das Sofa krabbelt.

Statt dessen müssen Sie sich am Dienstag aufgrund Ihrer Erfahrung vom Montag etwas einfallen lassen. Ehe Sie die Jacke anziehen, nehmen Sie den Welpen auf den Arm, schmusen mit ihm und setzen ihn in den Laufstall. Achten Sie darauf, daß er einige ungefährliche Spielsachen hat, damit er spielen oder schlafen kann, bis Sie zurückkommen.

Hört der Welpe im Freien nicht, lassen Sie ihn erst von der Leine, wenn er zuverlässig auf »Hier!« reagiert. Denken Sie immer daran: Hunde lassen sich ständig wiederholendes Verhalten zur Gewohnheit werden. Das Nichtkommen zu üben ist der größte Fehler, den die Leute mit dem Kommando »Hier!« machen.

Der Welpe lernt Herankommen
Denken Sie daran, daß Kommen auf Ruf nicht einfach passiert. Hunde, die zuverlässig kommen, wurden dazu erzogen. Ich habe noch keinen Hund erlebt, der von selbst darauf gekommen wäre, auf Rufen unverzüglich heranzukommen. Formelle Gehorsamserziehung schließt schrittweises Vorgehen ein, soll der Hund zuverlässig gehorchen. Aber Sie können schon mit dem Welpen in kleinen Schritten anfangen. Vermeiden sie auf jeden Fall, das Nicht-Kommen zu üben! Es macht all Ihre harte Arbeit zunichte!

So macht man's richtig:
- Bringen Sie den angeleinten Welpen auf einen großen freien Platz und nehmen Sie sein Lieblingsspielzeug sowie einige kleine Leckerchen mit. Achten Sie darauf, daß der Platz nicht an der Straße liegt. Leben Sie in der Stadt, suchen Sie einen Park. Ein Fußballplatz ist prima.
- Bringen Sie den Welpen in die Feldmitte und lassen Sie ihn von der Leine. Bei einem Welpen zwischen der 8. und 12. Woche stehen die Chancen gut, daß er sich in der fremden Umgebung nicht weiter als ein paar Schritte von Ihnen entfernen wird. Geht er ein paar Schritte weg, rufen Sie seinen Namen. In angenehmer, freudig erregter, überschwenglicher Stimme rufen Sie »Hier!« und rennen unmittelbar vom Welpen weg. Dabei loben und ermuntern Sie ihn, Ihnen zu folgen.

Diese Übung löst den Hetztrieb des Welpen aus, und er rennt Ihnen nach. Wenn Sie losrennen, beobachten Sie ihn über die Schulter. Sehen Sie ihn nachlaufen, wenden Sie sich ihm zu, hocken sich hin. Wedeln Sie mit seinem Lieblingsspielzeug und zeigen Sie es ihm. Ist er angekommen, wird er tüchtig gelobt, umarmt, und

Die meisten Welpen kommen bei dieser Haltung freudig angerannt. Sie können auch ein Stück vom Welpen weglaufen, um den Nachlaufreflex auszulösen. Achten Sie darauf, daß er tüchtig gelobt wird, wenn er kommt.

Welpen gehören zu den freund-
lichsten Kreaturen dieser Erde.
Ihr Drang, jemanden zu begrüßen, äußert sich oft im Hochspringen, das sofort unterbunden
werden sollte.

vielleicht bekommt er einen kleinen Leckerbissen. Er soll glauben, daß er das Großartigste in seinem bisherigen Leben voll-
bracht hat!
- Üben Sie das sechs- bis achtmal am Tag, bis der Welpe vier Monate alt ist und die Erziehung beginnt. Mit einem guten Funda-
ment aus dem Welpenkindergarten und nachfolgend etwas for-
mellem Training wird er bei jedem Ruf auf Sie zurennen. Das ist
der Hund, von dem die meisten Leute träumen!

Begrüßen ohne Hochspringen

Der Welpenkindergarten eignet sich hervorragend, um ein Verhalten zu festigen, das für das künftige soziale Leben des Hundes sehr
wichtig ist. Ich meine, Menschen begrüßen ohne hochzuspringen.
Hunde springen bei der Begrüßung aus einem einzigen Grund
hoch: sie wollen Aufmerksamkeit erregen! Genau deshalb bringen
Erziehungsmethoden wie den Hund mit dem Knie wegzustoßen,
gar nichts. Das Kniestoßen ist Aufmerksamkeit. Der Hund kriegt
genau das, was er will. Hunde, insbesondere Welpen, finden unangenehme Aufmerksamkeit immer noch besser als gar keine.
Das Kniestoßen ist nicht nur nutzlos, sondern auch gefährlich.

187

Ehe der Welpe hochspringen kann, beugen Sie sich rasch über ihn, drücken sein Hinterteil in die Sitzposition und begrüßen ihn erst dann. So lernt er, daß er die Aufmerksamkeit, die er sich wünscht, ohne Hochspringen erreicht.

Besonders für Welpen. Stoßen Sie hart genug zu, dann verleiden Sie ihm vielleicht das Hochspringen, aber Sie könnten ihn verletzen! Im Laufe meiner Jahre als Tierarzthelfer bekam ich einige Röntgenaufnahmen von Verletzungen zu sehen, die Leute ihren Hunden bei der Abwehr von Anspringen zugefügt hatten. Sie reichten von gebrochenen Kiefern bis hin zu gebrochenen Schultern.

Keine Erziehungsmethode darf Schmerzen oder gar Verletzungen verursachen! Vermeiden Sie solche Methoden, um das unerwünschte Anspringen abzugewöhnen. Diese Techniken sind bestenfalls unnütz, schlimmstenfalls schmerzhaft für den Hund.

Am besten geht man das Problem beim Welpen an, indem man nach dem Grund des Verhaltens fragt. Der Welpe will Aufmerksamkeit. Er muß also daran gewöhnt werden, diesen Wunsch in der Sitzhaltung zum Ausdruck zu bringen. Beim formellen Gehorsamstraining benutze ich das Sitz-bleib während der Begrüßung. Junge Welpen sind noch nicht so weit, sie sind aber wohl in der Lage zu lernen, daß man nur begrüßt wird, wenn man sitzt.

Die meisten Menschen merken gar nicht, daß sie den Welpen im Grunde erst dazu animieren, hochzuspringen. Wie oft haben Sie den kleinen Welpen beim Nachhausekommen auf den Arm genommen, dicht vors Gesicht gehalten und ihn begrüßt? Ich gebe zu, es gibt nichts Niedlicheres als Küsse eines knuddeligen Welpen. Aber dieser süße Fratz wird eines Tages ein 80 kg Bernhardiner werden oder ein lebhafter 40 kg Golden Retriever. Der soll dann besser nicht zur Begrüßung in Ihr Gesicht springen!

Die Antwort ist, erwünschtes Begrüßungsverhalten von Anfang an in richtige Bahnen zu lenken. Bücken Sie sich bei der Begrüßung rasch und drücken Sie den Po des Welpen in die Sitzlage. Tun Sie das, ehe der Welpe springt. Sich zu ihm auf den Boden zu hocken ist in Ordnung, wenn Sie das wollen. Wenn nicht, bleiben Sie stehen und bücken sich, halten Sie den Welpen in der Sitzposition, streicheln Sie seine Brust, seinen Kopf, küssen ihn oder was immer Sie wollen. Ihr Ziel ist, dem Welpen zu zeigen, daß sein Wunsch nach Aufmerksamkeit nur dann erfüllt wird, wenn alle vier Pfoten auf dem Boden bleiben.

Ist der Welpe schneller als Sie und springt, knurren Sie »Nhaa!« und setzen ihn rasch hin. Denken Sie daran, daß Sie durch Knurren den Welpen nicht hindern zu springen, wenn die Pfoten Sie schon berühren. Sie zeigen ihm nur, daß er mit seinem Tun aufhören soll, das er bereits begonnen hat. Sie wollen dem Welpen aber angewöhnen, daß er gar nicht erst springt. Sie müssen eben schnell genug sein, ihn niederzusetzen, ehe er zum Sprung ansetzt.

Diese Übung ist mehr oder weniger schwierig, je nach Rasse und Persönlichkeit. Besitzer lebhafter Pudel oder Springer Spaniels haben es schwerer als Besitzer kurzbeiniger Bassethounds und schwerfälliger Neufundländer. Aber es braucht gar nicht erst zum Problem zu werden, wenn Sie dem Welpen frühzeitig zeigen, wie er sich bei einer Begrüßung verhalten soll, nämlich alle vier Pfoten auf dem Boden zu haben. Wenn Sie dann im formellen Training mit dem Sitz-bleib weitermachen, hat Ihr Hund schon eine Vorstellung davon, was von ihm erwartet wird.

Ein letzter Gedanke: Lernen Sie, den Welpen jedes Mal, wenn Sie nach Hause kommen, zu bestätigen. Alle Hunde haben einen starken Instinkt, Neuankömmlinge im Lager bzw. Haus zu begrüßen. Selbst wenn Sie nur vom Gang zum Briefkasten am Gartentor zurückkommen, wird Sie der Welpe höchstwahrscheinlich begrüßen. Nutzen Sie diese Gelegenheiten, setzen Sie den Welpen hin und wiederholen Sie so die Übung. Sie erreichen damit nicht nur rasche Fortschritte, sondern festigen die Bindung, weil sie ihn jedes Mal als Mitglied des Rudels bzw. der Familie bestätigen.

Still sein auf Kommando

Bellen ist natürliches Hundeverhalten. Es ist sogar psychisch gesund. Bellen entlädt Frust. Es ist auch eine hündische Verständigungsform und bei erwachsenen Hunden Warnung vor Grenzüberschreitungen. Bellen kann aber auch ganz schön auf die Nerven gehen und zu einer schlechten Angewohnheit ausarten. Um das zu vermeiden, bringe ich meinen Hunden bei, auf Kommando still zu sein. Der Hund hat dann sofort mit dem Bellen aufzuhören. Auch hier kann man beim Welpen den Grundstock legen. Das Bellverhalten des Welpen zeigt schon, ob man daran arbeiten muß. Die meisten Welpen sind keine Kläffer, aber sie können es im Laufe der Entwicklung werden. Manche Welpen beschweren sich durch Bellen, z.B. wenn sie im Laufstall eingesperrt sind oder mit Ihnen spielen wollen. Solchen Welpen beizubringen, auf Kommando still zu sein, kann eine sehr nützliche Übung sein.

Es gibt zwei verschiedene Methoden. Eine oder beide sind akzeptabel, je nach Situation. Bellt der Welpe im Laufstall, hat man eine gute Gelegenheit. Zunächst müssen Sie sicher sein, daß er Ihnen nicht sagen will, daß er dringend raus muß. Bellt er nur, weil ihm etwas nicht paßt oder aus reiner Langeweile, klopfen Sie mit der Hand auf den Laufstall oder machen sonst ein lautes Geräusch. Sagen Sie dabei mit fester Stimme »Ruhe!«. Der durch das Geräusch verdutzte Welpe ist still. Ihr Kommando wird mit dem Aufhören zu bellen verknüpft. Wiederholen Sie dies, wann immer der Welpe bellt. Schließlich brauchen Sie gar nicht mehr auf den Laufstall zu klopfen, das Kommando alleine wird ausreichen.

Sind Sie zu bequem dafür oder ignorieren das Bellen, sind Sie dafür verantwortlich, daß er sich das Bellen angewöhnt. Lassen Sie den Welpen aus dem Laufstall, sobald er bellt, belohnen Sie sein Bellen, und er wird noch mehr kläffen. Sperren Sie den Welpen nicht mehr in den Laufstall, weil er ihn »nicht mag« und bellt, sagt Ihnen der Welpe, was Sie zu tun haben. Das ist keine gute Grundlage für eine erfolgreiche Erziehung oder Ihr Image als Rudelführer.

Die zweite Methode ist, den Fang des Welpen sanft ein paar Sekunden lang zuzuhalten und dabei »Ruhe!« zu sagen. Quetschen Sie nicht den Fang. Damit würden Sie den Welpen ängstigen oder verletzen. Er schüttelt dann den Kopf vor und zurück und winselt. Sie dürfen den Fang also nur geschlossen halten. Das Kommando »Ruhe!« muß genügen, sein Bellen abzubrechen.

Folgender Vergleich wird Ihnen helfen, die Wirkung zu verstehen. Stellen Sie sich vor, sie besuchten China und sprächen kein Wort chinesisch. Würde Sie jemand bitten, den Mund zu halten, würden Sie nie begreifen, was er von Ihnen will, und Sie würden weiterreden. Aber immer, wenn Sie den Mund aufmachen, legt Ihnen jemand die Hand über den Mund und sagt »Ruhe!« auf Chinesisch. Ganz schnell wüßten Sie, worum es geht. Das gilt auch für Hunde. Sie verstehen unsere Sprache nicht. Sie knüpfen nur Verbindungen mit den Lauten. Sie müssen dem Hund zuerst zeigen, was Sie von ihm wollen, und dann ein Kommando damit verbinden.

Manche Welpen lernen das Hörzeichen »Ruhe!« nach ein paar Übungen, andere brauchen Hunderte von Wiederholungen. Vergessen Sie nicht, daß Welpen wie Menschen Einzelwesen sind. Haben Sie Geduld und arbeiten Sie beständig, dann erzielen Sie Erfolge!

Welpenpflege

Können Sie dem Welpen eine gute Gesundheitsvorsorge und Pflege bieten? Dieser Teil des Buches zeigt Ihnen, wie man es richtig macht. Und letztlich einige abschließende Gedanken über das Heranziehen eines gut erzogenen, liebenswerten Welpen.

Gesundheitsfragen

Oft treten Welpenbesitzer mit Fragen zur Gesundheit an mich heran. Ich kann und möchte keinen Tierarzt ersetzen. Auch wenn ich Jahre als Tierarzthelfer gearbeitet habe, reicht meine Kenntnis nicht im entferntesten an die eines Tierarztes heran. Aber ich kenne die Grundbegriffe der Gesundheit, die jeder Hundebesitzer kennen sollte.

Dieses Kapitel soll als Informationsquelle dienen und Richtlinien zur Pflege des Welpen geben. Es wurde mit Hilfe eines wunderbaren Tierarztes geschrieben, Chuck Noonan, D.V.M., der in Weston, Connecticut, USA, praktiziert. Bei speziellen Gesundheitsproblemen sollten Sie einen Tierarzt aufsuchen. Nichts ersetzt die Augen, Ohren und Hände eines erfahrenen Tierarztes, wenn es gilt, ein Gesundheitsproblem zu lösen. Insbesondere ein ernsthaftes. Unter Beachtung dessen betrachten wir uns nun einige Gesundheitsfragen in bezug auf junge Hunde.

Notfälle

Was ist ein Notfall beim Welpen? Wie erkennt man ihn? Was tut man in einem solchen Fall?

Zunächst muß der Besitzer wissen, wohin er sich wenden kann, ehe irgend etwas passiert. Als Sie den Welpen kauften, haben Sie wahrscheinlich schon einen Tierarzt aufgesucht (siehe Seite 194).

Wissen Sie, ob dieser Tierarzt auch in Notfällen jederzeit erreichbar ist? Verständlicherweise sind es die meisten nicht. Sie teilen sich die Bereitschaft mit anderen Ärzten der Region oder verweisen an eine Tierklinik. Leider lehnen manche Tierärzte Notfälle sogar ab, falls sie nicht von einem zahlenden Stammkunden eingeliefert werden. Würde Ihr Welpe in diesem Moment ernsthaft krank, an wen würden Sie sich wenden? Wissen Sie, wo die nächste Tierklinik ist? Kennen Sie den Weg dorthin? Wissen Sie, wo die Vertretungen Ihres Tierarztes sind? Ehe Sie weiterlesen, beantworten Sie diese Fragen. Sie werden sich im Ernstfall besonnener und richtig verhalten, wenn Sie wissen, was zu tun ist.

Festzustellen, ob es sich um einen Notfall handelt oder nicht, kann bei einem Hund schwierig sein, denn er kann nicht sprechen. Es ist so, als ob man bei einem Baby herausfinden müsse, wie krank es ist. Hinweise wie ungewöhnliches Verhalten oder Veränderungen der Körperausscheidungen können helfen, aber nur ein Tierarzt kann eine Diagnose stellen und das Problem behandeln. Hier eine Liste, wie man einen Notfall erkennt.

Zehn häufige Notfallsituationen, die sofortiger tierärztlicher Hilfe bedürfen:

1. Schwierigkeiten beim Atmen
2. Krämpfe
3. Blut in Urin, Kot, Erbrochenem oder aus der Nase
4. Autounfälle
5. Taumeln
6. Temperatur über 38,8°C
7. Einnahme möglicherweise giftiger Substanzen, besonders Pflanzenschutzmittel, Insektenvertilgungsmittel, verschreibungspflichtige Medikamente, Reinigungsmittel, Antifrostmittel für Autokühler, scharfe oder spitze Gegenstänen usw.; Welpen fressen alles!
8. Schwere Lähmungen von Gliedmaßen
9. Unfähigkeit, Urin oder Kot abzusetzen
10. Wiederholtes Erbrechen

Im Notfall ist Ihre Verantwortung nicht damit erschöpft, ein Telefonat zu führen oder mitten in der Nacht in die Praxis zu fahren. Es gibt noch eine Reihe von Schritten, die dazu beitragen können, eine korrekte Diagnose zu stellen und den Welpen entsprechend zu versorgen. Diese Schritte treffen nicht auf alle Situationen zu, aber man sollte jeden kennen, damit man im Notfall sein Bestes tun kann.

Zehn Schritte, um dem Tierarzt im Notfall zu helfen:

1. Die Daten des Hundes müssen immer zur Hand sein. Nehmen Sie sie mit.
2. Beobachten Sie sorgfältig. Sie sollten dem Tierarzt sagen können, wann der Welpe zuletzt getrunken, gefressen, uriniert und Kot abgesetzt hat.
3. Nehmen Sie eine Probe vom Kot, Erbrochenen oder Urin mit zum Tierarzt.
4. Notieren Sie den Zeitablauf von Krämpfen und oder Ohnmachten.
5. Stoppen Sie heftige Blutungen auf dem Wege zum Tierarzt durch direkten, festen Druck.
6. Beginnen Sie auf dem Wege zum Tierarzt mit dem Kühlen überhitzter Hunde mit Wasser oder Eispackungen.
7. Nehmen Sie Reste des vermutlich geschluckten Giftes mit zum Tierarzt.
8. Geben Sie keine Medikamente oder Hausmittelchen aus der Menschenapotheke ohne Rücksprache mit dem Tierarzt.
9. Denken Sie daran, daß ein Hund, der Schmerzen hat, auch seinen Besitzer beißen kann.
10. Vor allen Dingen: bewahren Sie einen kühlen Kopf. Jetzt müssen Sie Ruhe bewahren, gut zuhören und – ganz wichtig – für liebevolle und gute Behandlung sorgen.

Notfälle können beängstigende, traurige Erfahrungen für Hunde und Besitzer sein. Ich hoffe, daß Sie niemals eine erfahren müssen. Sollte aber doch etwas passieren, dann werden Sie mit der Sache besser fertig und können mehr zur Rettung des Tieres beitragen, wenn Sie sich mit den obigen Ratschlägen vertraut machen.

Die Wahl des Tierarztes

Je nachdem wo Sie wohnen, gibt es mehrere zur Auswahl. Hatten Sie vorher kein Tier, wissen Sie vermutlich nicht, an welchen Sie sich wenden sollen. Hier einige Tips, den richtigen zu finden.

● Wenn möglich, fangen Sie mit ein paar Empfehlungen an. Wenn alle Nachbarn ihre Tiere gerne zu Dr. Noonan bringen, dann versuchen Sie es mit ihm. Schwört Ihr Züchter auf einen anderen, dann ziehen Sie auch den in Betracht. Sie treffen die Entscheidung, die man natürlich ohne Schwierigkeiten revidieren kann.

- Machen Sie einen Termin in den ersten zwei Tagen nach dem Einzug des Welpen in Ihr Heim. Das hat mehrere Vorzüge. Zunächst werden irgendwelche Krankheiten oder Probleme entdeckt und behandelt. Zweitens lernt der Welpe den Tierarzt kennen und wird mit der Umgebung vertraut. Drittens haben Sie die Möglichkeit, Praxis und Mitarbeiter kennenzulernen.

- Worauf muß man achten? Die Praxis und das Umfeld müssen sauber sein und sauber riechen. Man wird freundlich und hilfreich empfangen. Man braucht nicht unendlich lange zu warten. Man spürt Ordnung und Ruhe. Mindestens sollte ein OP und die Grundausrüstung zum Röntgen vorhanden sein. Nicht jede Tierarztpraxis paßt in diese Beschreibung. Vertrauen Sie auf Ihr Gefühl und suchen sich einen anderen, wenn Sie meinen, daß einiges verbesserungsbedürftig ist.

- Das gilt auch für das Personal. Wird der Welpe grob angepackt? Widmet man Ihnen bei Ihrem ersten Besuch für eine gründliche Untersuchung wenig Zeit? Beantwortet man Ihre Fragen? Wird die Behandlung verständlich erklärt? Denken Sie daran: Ihr Tierarzt und Sie sind ein Team, das für die Gesundheit und Pflege des Welpen sorgt. Ihre eigenen Beobachtungen und Beschreibungen des Welpen helfen dem Tierarzt bei einer genauen Diagnose und wirksamen Behandlung. Es soll sich zwischen Ihnen und dem Tierarzt Vertrauen entwickeln, vorausgesetzt, Sie sind mit der Praxis, dem Personal und dem Tierarzt selbst einverstanden.

Impfungen und andere Vorsorgemaßnahmen

Wie Babys brauchen auch Welpen Schutz gegen lebensbedrohende Krankheiten. Die moderne Tiermedizin hat zahlreiche Impfstoffe und Medikamente entwickelt, die seit Jahren Hundeleben retten. Glauben Sie deshalb nicht, Hunde könnten nicht daran erkranken. Wahrscheinlich kennen Sie gar nicht alle Krankheiten, vor denen ein Welpe geschützt werden sollte. Der geringe Zeit- und Kostenaufwand für diese Impfstoffe zahlt sich vielfach im Leben eines Hundes aus.

Nachstehend ein empfohlenes Impfschema für Welpen mit weiteren Hinweisen für den ersten Tierarztbesuch. Sie ersehen daraus, was Sie bei jedem Besuch erwartet. Scheuen Sie sich nicht, den Tierarzt nach allem zu fragen, was Sie außerdem wissen wollen. Informierte Besitzer geben ihren Welpen die besten Aussichten auf ein langes, gesundes Leben.

1. Tierarztbesuch mit 8 Wochen
1. Untersuchung mit Wiegen
2. Besprechung der Ernährung
3. Kotprobe
4. ggf. vorbeugende Maßnahmen gegen Parasiten, je nach Wohnort
5. ggf. Wurmkur gegen Spulwürmer (häufig bei Welpen)
6. Überprüfung des Impfausweises und ggf. Impfung gegen Staupe, Parvovirose, Hepatitis, Leptospirose (auch kombinierte Spritzen)

2. Tierarztbesuch mit 12 Wochen
1. Untersuchung mit Wiegen
2. Besprechung der Ernährung, Stubenreinheit und Pläne bezüglich Zucht oder Kastration
3. Kotprobe
4. ggf. vorbeugende Maßnahmen gegen Parasiten
5. ggf. Wurmkur gegen Spulwürmer
6. ggf. Auffrischung der Impfungen
7. Tollwutimpfung

3. Tierarztbesuch mit 16 Wochen
1. Untersuchung mit Wiegen
2. Besprechung der Ernährung, Stubenreinheit und Pläne zur Zucht oder Kastration
3. ggf. vorbeugende Maßnahmen gegen Parasiten
4. ggf. Auffrischung von Impfungen

Verbringt Ihr Welpe viel Zeit mit anderen Hunden, sowohl im Zwinger als auch auf Ausstellungen, dann sollten Sie gegen Zwingerhusten, eine häufige Erkrankung der Atemwege, impfen lassen. Sind die Impfungen abgeschlossen, brauchen Sie keinen weiteren vorsorglichen Besuch bis zum Alter von einem Jahr.

Positive Erfahrung mit dem Tierarzt

Auch der gesündeste Hund braucht irgendwann einmal tierärztliche Versorgung. Einmal im Jahr wird der Hund zu einer allgemeinen Untersuchung und zu den Auffrischungs-Impfungen dem
Tierarzt vorgeführt.

Ein Hund, der sich beim Tierarzt nicht bändigen läßt, bekommt
eine weniger gute Versorgung, ganz einfach weil der Besitzer den
Aufwand scheut. Jetzt, im Welpenkindergarten, können Sie dem
Welpen helfen, medizinische Behandlung zu dulden. Ich brauche
nicht zu betonen, wie wichtig das für sein ganzes Leben ist.

Der erste Schritt für eine erfreuliche Erfahrung beim Tierarzt ist,
den Welpen an gründliche Handhabung zu gewöhnen, siehe im Kapitel »Der Umgang mit Welpen«, Seite 154. Ein Welpe, der daran
gewöhnt ist, sich überall anfassen zu lassen, sich in Fang und Ohren
schauen zu lassen, reagiert nicht panisch, wenn der Tierarzt es tut.
Üben Sie auch das Bleib. Es ist ein Vergnügen, mit einem Welpen zu
arbeiten, der sich setzen und legen kann und auch liegenbleibt. Es
hilft nicht nur dem Tierarzt bei der Untersuchung, der Welpe tut
auch etwas ihm Vertrautes, das ihm Sicherheit in der unbekannten
Umgebung der Praxis schenkt.

Zappelt und sträubt sich Ihr Welpe und widersetzt sich der
tierärztlichen Untersuchung, dann reagieren Sie so wie zu Hause,
knurren Sie! Besitzer versuchen oft, den Welpen zu beruhigen und
streicheln ihn mit sanften Worten wie »alles in Ordnung, der Onkel
Doktor hilft dir!«. Denken Sie daran, daß Streicheln und sanftes Reden in den Augen des Welpen Lob bedeuten! Man lobt niemals für
widerspenstiges und aggressives Verhalten! Statt dessen loben Sie
den Welpen nur, wenn er sich die Untersuchung gefallen läßt. Hat
der Welpe Angst, sagen Sie nichts (Sie wollen die Angst ja nicht bestätigen!). Mit der Zeit gewöhnt sich der Welpe daran.

Letztlich überdenken Sie die Wahl Ihres Tierarztes nach einigen
Besuchen. Der beste Ruf nützt Ihnen nichts, wenn Sie und Ihr
Welpe mit ihm schlechte Erfahrungen machen. Manchmal passen
einfach Persönlichkeiten nicht zusammen, manchmal haben Tierärzte Vorurteile gegen bestimmte Rassen, manchmal sind die
Sprechstunden überfüllt, so daß der Besuch alles andere als angenehm ist. Ihre Zufriedenheit und das Wohlergehen des Welpen
zählen am meisten. Haben Sie keine Angst vor einem Wechsel, wenn
Sie nicht zufrieden sind.

Kastration

Dies ist eine wichtige Entscheidung im ersten Lebensjahr Ihres Hundes. Im Welpenkindergarten kümmert Sie das wenig, aber schon ein paar Monate später. Deshalb sollten Sie schon jetzt überlegen, was Sie tun wollen.

Im Kapitel ab Seite 34 habe ich alle möglichen Typen von Züchtern beschrieben. Deshalb haben Sie schon eine Vorstellung davon, welchen Aufwand an Zeit und Kosten verantwortungsvolle Zucht bedeutet. Meiner Meinung nach sollte der durchschnittliche Hundehalter nicht züchten. Es ist schwer, es richtig zu machen! Auch wenn Sie glauben, Ihr Hund sei der beste, den es je gegeben hat, ist das kein Grund, noch mehr Hunde in die Welt zu setzen. Viele Tausend wunderbare, unerwünschte Hunde werden jährlich abgeschoben. Ich denke, daß ein Hundehalter seine Verantwortung auf die gesamte Hundebevölkerung ausdehnen sollte. Und das bedeutet, nicht mit Ihrem Liebling zu züchten!

Der medizinische Eingriff zur Kastration ist bei beiden Geschlechtern einfach und wirksam. Im Laufe der Jahre wird er millionenfach durchgeführt und stellt für das Tier ein minimales Risiko dar. Tatsächlich gewinnen sowohl Rüde als auch Hündin dadurch aus gesundheitlicher Sicht. Z. B. die lebensbedrohende Pyometra – eine Infektion der Gebärmutter – kann bei nicht kastrierten Hündinnen auftreten. Nicht kastrierte Rüden tragen ein höheres Risiko, an Prostataentzündungen und Afterkrebs zu erkranken.

Zahlreiche Mythen ranken sich um die Kastration. Man hört, es folgten Fettleibigkeit, Rüden würden feige, oder es sei unnatürlich. Sprechen Sie mit dem Tierarzt, wenn Sie derartige Bedenken haben, und lesen Sie meine Ausführungen in meinem Buch »Hunde verstehen und richtig erziehen«, woraus Sie ersehen, daß es dem Hund, dem Besitzer und der gesamten Hundebevölkerung nützt. Ich empfehle es unbedingt.

Rassehunde und Gesundheitsvorsorge

Einige Hundebesitzer haben mehr mit dem Tierarzt zu tun als andere. Glück scheint eine große Rolle bei der Gesundheit des einzelnen Hundes zu spielen. Sorgfältige Überwachung ist wichtig, damit der Hund nicht auf die Straße läuft oder Gift aufnimmt.

Aber auch der verantwortungsvollste Hundebesitzer kann öfter mit dem Tierarzt zu tun haben. Das liegt daran, daß manche Hunderassen bestimmte Anfälligkeiten haben. Bei einer Umfrage haben mir Tierärzte in den USA ihre Erfahrungen mit einigen bekannten Rassen, die sie öfter sehen, mitgeteilt. In ihrem Leben benötigen Hunde dieser Rassen öfter als normal tierärztliche Hilfe. Die häufigsten Gründe für einen Tierarztbesuch führe ich in der folgenden Liste auf.

Zehn beliebte Rassen, die wahrscheinlich öfter als normal zum Tierarzt müssen:

1. Englische Bulldogge (Atembeschwerden, Hautprobleme, Kaiserschnitt, Lähmungen)
2. American Cocker Spaniel (Ohren-, Haut-, Augenprobleme)
3. Shar Pei (Haut-und Verdauungsprobleme)
4. Chow Chow (Haut-und Verdauungsprobleme)
5. Deutscher Schäferhund (Augenprobleme, Hautprobleme, Lähmungen, Schwierigkeiten mit dem Verdauungsapparat)
6. Boxer (Hautprobleme, Herzkrankheiten, Schwierigkeiten mit dem Verdauungsapparat)
7. Dalmatiner (Hautprobleme, Probleme mit dem Urinapparat, Taubheit)
8. West Highland White Terrier (Hautprobleme)
9. Dobermann (Herzkrankheiten, Prostataprobleme, Hautprobleme)
10. Collie (Blindheit)

Besitzen Sie einen Hund dieser Rassen, geraten Sie nicht in Panik, weil Sie mit einem kränklichen Hund rechnen müßten. Statt dessen nutzen Sie diese Kenntnis eines potentiellen Problems. Denken Sie daran: frühzeitiges Eingreifen verbessert die Chance auf Heilung oder Linderung der Krankheit.

Wenn Sie wissen, wo Ihr Welpe gezüchtet wurde, fragen Sie den Züchter nach diesen Angaben. Gute Züchter kennen die Gesundheitsprobleme ihrer Rasse und bemühen sich, nur mit gesunden Tieren zu züchten. Bitten Sie den Tierarzt, den Welpen auf diese möglichen Probleme hin zu untersuchen. Er ist zwar kein Hellseher, aber ein erfahrener Tierarzt erkennt mögliche Ansätze für ein erhöhtes Risiko.

Tips für die Pflege des Welpen

Je nach Rasse (Mischung oder reinrassig) bedarf Ihr Welpe sein Leben lang geringer, mäßiger oder aufwendiger Pflege. Am meisten Arbeit kann das Welpenfell machen. Ein Pudel muß regelmäßig zum Hundefriseur zum Waschen, Scheren, Krallenschneiden, Kämmen usw. Ein Labrador Retriever braucht nur gebürstet zu werden und im Notfall ein Bad in der häuslichen Wanne. Ich hoffe, daß Sie sich vor der Anschaffung des Welpen gründlich über den Pflegeaufwand informiert haben. Es gibt nichts Schlimmeres als ein verfilztes, stinkendes Fell eines langhaarigen Hundes, dessen Besitzer entweder zu faul oder zu gleichgültig ist, um sich darum zu kümmern.

Auch eine pflegeleichte Rasse braucht etwas Aufmerksamkeit. Krallen wachsen, Fell geht aus, Flöhe und Zecken springen an Bord, und kleine schmutzige Pfützchen nach einem Regenschauer zieren die Wohnung. Sie sollten deshalb Grundsätzliches über die Pflege des Welpen wissen.

Ebenso wichtig wie Ihre Kenntnisse ist, daß der Welpe Ihre Pflegemaßnahmen duldet. Beginnen Sie mit dem Handhaben, wie auf Seite 154 beschrieben.

Bürsten und Kämmen

Das ist wahrscheinlich die wichtigste und einfachste Pflegemaßnahme. Offensichtlicher Nutzen ist, totes Haar aus dem Welpenfell zu entfernen, damit das Fell gesund glänzt. Bürsten und Kämmen erlauben Ihnen auch, den Welpen regelmäßig am ganzen Körper zu untersuchen. Eine solche regelmäßige Kontrolle ist sehr wichtig, denn man findet kleine Probleme schon, ehe sie zu großen werden.

Kann man beim Bürsten etwas falsch machen? In gewisser Weise, ja. Falsch ist, die Pflegezeit in einen anstrengenden Zweikampf ausarten zu lassen. Nicht nur der Welpe wird sie hassen lernen, sondern auch Sie ihn, mit der Folge, daß Sie sich beide davor drücken. Das ist für beide ein großer Nachteil.

Bürsten sollte für den Welpen angenehm sein, sowohl körperlich als auch gefühlsmäßig. Bürsten Sie nur, wenn der Welpe entspannt ist, mit einer Bürste mit stumpfen Metallborsten, die durch das Fell durchdringen und die Haut massieren. Setzen Sie sich mit dem Welpen auf den Boden oder, falls nötig, stellen Sie ihn auf einen festen, rutschfesten Tisch.

Bürsten Sie das Fell zunächst nur wenige Minuten lang. Sagen Sie ihm, wie hübsch er aussieht. Sagen Sie ihm, wie gut sich die Bürste unter dem Hals, auf dem Rücken und über seinen Schultern anfühlt. Sprechen Sie ununterbrochen mit ihm in angenehmen Tönen, was die meisten Welpen beruhigt. Ich habe so mit meinen Hunden angefangen, und nun lieben sie es, gebürstet zu werden. Es ist für uns beide eine angenehme, entspannende Angelegenheit. (Ich zweifle nicht im geringsten an der wissenschaftlichen Erkenntnis, daß das Streicheln eines Haustieres den Blutdruck senkt. Sehen Sie die Haarpflege Ihres Hundes deshalb auch als eine eigene Gesundheitsmaßnahme an!)

Einige Welpen geraten beim ersten Bürstenstrich geradezu aus dem Häuschen. Sie springen herum und versuchen, in die Bürste zu beißen. Das ist nicht ungewöhnlich. Sie müssen nun Ihren gesunden Menschenverstand einsetzen, um das ohne Zweikampf zu überstehen. Hatte der Welpe vorher genügend Auslauf und war entspannt? Waren Sie entspannt und geduldig? Haben Sie mit ihm geübt, sich anfassen zu lassen? Es ist sicher in Ordnung, ein paar Mal tief zu knurren, damit der Welpe mit seiner Zappelei aufhört. Aber wenn das ganze in einen Ringkampf ausartet, fangen Sie ganz von vorne an. Üben Sie die Handhabung ein paar Tage lang. Dann beginnen Sie mit der Bürste, streichen aber nur mit der Rückseite über das Fell (ohne Borsten). Danach mit der Borstenseite, aber nicht so stark aufdrücken. Eine Bürste durchs Fell zu reißen, ist weder angenehm noch entspannend.

Nach dem Bürsten entfernt Kämmen das restliche tote Haar und glättet das Fell. Benutzen Sie einen Kamm mit weiten Zinken, damit er das Fell durchdringen kann. Ziepen Sie nicht an Fellknoten und Filzen. Je nach Haarbeschaffenheit verfilzt das Fell rasch um eine Klette oder ein kleines Ästchen herum, vor allem dort, wo es besonders dicht und lang ist, wie z.B. hinter den Ohren oder am Bauch. An solchen Knoten zu ziehen, tut weh. Versuchen Sie, die Knoten vorsichtig mit den Fingern zu lösen, oder schneiden Sie sie mit einer stumpfen Schere auf. Häufigeres Bürsten und Kämmen verhindert die Knotenbildung.

Bei manchen Rassen liefern die Züchter gleich genaue Pflegeanleitungen mit. Dazu gehören Empfehlungen für bestimmte Bürsten und Kämme usw. Folgen Sie diesen Empfehlungen eines erfahrenen

Züchters! Haben Sie Zweifel, fragen Sie Ihren Tierarzt oder vereinbaren Sie einen Termin beim Hundefriseur (wobei Sie bei der Pflege anwesend sein sollten). Dort zeigt man Ihnen am besten, wie man eine spezielle Rasse pflegt.

Hat sich der Welpe ans Bürsten und Kämmen gewöhnt, planen Sie die Zeit dafür wenigstens einmal in der Woche ein – und zwar bis an sein Lebensende. Bei vielen kurzhaarigen Rassen ist das alles, was Sie regelmäßig tun sollten. Ich finde, die Bürste sollte immer griffbereit sein. Meine liegt neben meinem Lieblingssessel. Ich greife häufiger danach und bürste die Hunde beim Fernsehen, guter Musik oder einem Schwätzchen mit der Familie. Das hilft mir sehr dabei, diese wichtige Arbeit zur wöchentlichen Routine werden zu lassen.

Krallenschneiden

Das sollten Sie lernen, es ist nicht schwierig. Bei den meisten Rassen müssen die Krallen regelmäßig geschnitten werden, wenn sie zu lang werden. Zweimal im Jahr beim Tierarzt reicht nicht. Krallen schneiden sollten die Besitzer also selbst regelmäßig zu Hause.

Überlange Krallen schaden dem Hund. Sie können damit hängenbleiben und sie sich ausreißen. Durch lange Krallen bekommt der Hund Spreizpfoten. Dabei dehnt sich das Bindegewebe zwischen den Pfoten aus und wird schwächer. Tatsächlich könnte es reißen und beim älteren Hund schwere Probleme verursachen. Ich habe Hunde mit Krallen gesehen, die wieder zurück in die Hundepfote wuchsen. Das verursacht starke Schmerzen und Entzündungen.

Der Trick beim Krallenschneiden ist, nicht zu viel des Guten zu tun. In der Kralle ist ein kleines Blutgefäß; schneidet man die Kralle zu kurz, verletzt man diese Ader. Der Hund verblutet zwar nicht, aber es tut weh. Mit dieser Erfahrung wird er Sie nur noch ungern ranlassen. Der Trick ist, nur gerade die Spitze abzuzwicken, und zwar häufig. Mit den Krallen wächst nämlich auch die kleine Ader, und je länger die Ader, desto weniger können Sie schneiden. Bei jedem Krallenschneiden ziehen sich die Adern jedoch ein Stückchen zurück. Wenn Sie also immer wieder nur ein klein wenig kürzen, halten Sie die Krallen auf guter Länge, ohne je die Ader zu verletzen.

Versuchen Sie es nicht mit Nagelschneidern für den menschlichen

Bedarf. Sie sind kaum geeignet und ein größeres Verletzungsrisiko für den Hund. Es gibt viele verschiedene Krallenzangen. Manche sind zwar besser als andere, aber im wesentlichen ist es dem persönlichen Geschmack überlassen, für welche man sich entscheidet. Am besten fragt man einen erfahrenen Hundefriseur, Zoofachhändler oder Tierarzt. Profis benutzen selten billige Geräte.

Einen ruhigen Welpen verletzt man nicht so schnell wie einen zappeligen. Schneiden Sie die Krallen zum ersten Mal, sollten Sie vielleicht einen Helfer finden, der den Hund festhält.

Es ist schwer, ein bewegliches Ziel zu treffen, deshalb bringen Sie den Welpen vor dem Schnitt zur Ruhe. Ich lasse meine Hunde beim Schneiden der vorderen Krallen sitzen. Meine Helferin Barbara McKinney kniet neben dem Hund und faßt mit einem Arm über den Hunderücken. Den anderen Arm führt sie unter die Brust des Hundes. Mit beiden Händen greift sie die Vorderbeine und hält sie fest. Eine gute Technik ist, die Ellbogen in der Handfläche zu halten, damit der Hund nicht ausbrechen und seinen Vorderlauf zurückziehen kann. Ich halte die Vorderpfote in der Hand und schneide die Krallen.

Für die Krallen der Hinterpfoten lege ich den Welpen hin. Barbara schiebt eine Hand unter das Halsband, um ihn festzuhalten. Sie hält den Hinterlauf mit der anderen Hand oben am Sprunggelenk. Manche Hunde brauchen die Hand unter dem Halsband nicht, dann krault sie die Brust. Ich halte die Pfote in einer Hand und schneide mit der anderen.

Knurren Sie »Nhaa!«, wenn der Welpe anfängt zu zappeln und sich zu wehren. Auch wenn der Welpe festgehalten werden muß, darf der Druck nicht zu stark sein. Das hätte nur zur Folge, daß sich der Welpe noch heftiger widersetzt. Krault Ihr Helfer sanft den Welpen, scheint ihn das abzulenken. Wir loben den Welpen nicht, weil er dann sofort anfängt zu zappeln. Das Lob könnte auch die Nervosität des Welpen bestätigen. Sagen Sie nichts, bis Sie fertig sind. Loben Sie dann überschwenglich und geben Sie eventuell einen Leckerbissen zur Belohnung.

Die meisten Hundefriseure und Tierärzte zeigen Ihnen gerne, wie man es macht. Es ist auch ihr Vorteil, wenn die Krallen regelmäßig geschnitten werden. Kommen die Hunde zur Haarpflege in den Salon, können sie lange Krallen nicht so weit wie nötig zurückschneiden. Um die Krallen auf die richtige Länge zu bekommen, müßten Sie jede Woche einen Termin machen. Und das 8 Wochen lang. Das kostet Sie mehr Zeit und Aufwand, als es die Krallen wert sind. Manche Tierärzte schlagen vor, den Hund in Vollnarkose zu legen, um die Krallen auf die nötige Länge zu schneiden und anschließend zu verbinden. Das ist teuer – ganz zu schweigen vom Risiko und den Schmerzen für den Hund. Wenn Sie dann immer noch nicht in der Lage sind, die Krallen kurz zu halten, können Sie diese Prozedur in absehbarer Zeit wiederholen.

Flöhe und Zecken

Hier folgt kein medizinischer Vortrag über Flöhe und Zecken. Ihr Tierarzt kann Ihre Fragen ausführlicher beantworten. Statt dessen beschreibe ich Grundsätzliches für Menschen, die bislang weder Hund noch Katze besessen haben.

Flöhe sind winzige Insekten, die einen Teil ihres Lebenskreislaufes damit verbringen, sich vom Blut warmblütiger Tiere zu ernähren. Hunde sind eine ideale Nahrungsquelle, deshalb sind Flöhe so lästige Parasiten. Ständig mit frischem Blut versorgt, vermehren sie sich unglaublich rasch. Eier und Larven (Zwischenstadien vor dem erwachsenen Tier) infizieren Ihr Heim, reifen heran und ernähren sich wieder vom Tier.

Anzeichen für Flohbefall sind Kratzen, Knabbern im Fell, Lekken an After und Geschlechtsteilen. Finden Sie winzige braune oder schwarze Krümelchen im Fell, besonders am Haaransatz, handelt es sich möglicherweise um Flohdreck. Das ist der Kot der Flöhe und nichts anderes als verdautes Blut. Legen Sie ihn auf ein Küchenpapier und geben Sie einen Tropfen Wasser darauf. Wird es rot? Dann ist es verdautes Blut – und eine Bestätigung Ihrer Vermutung: Flöhe!

Flöhe beißen auch Menschen, aber wir sind keine idealen Langzeitgastgeber, denn wir haben kein dichtes Fell. Flohbisse findet man oft an den Fesseln oder oben an unbekleideten Beinen. Die Bisse ähneln kleinen Moskitostichen oder Spinnenbissen und jucken bei manchen Menschen fürchterlich. Ganz sicher kann man auf solche Erfahrung verzichten – ganz zu schweigen von Ihren Gästen!

Vorbeugung und Kontrolle
Am besten bekämpft man Flöhe, indem man verhindert, daß sie sich im Haus einnisten. Nehmen Sie niemals Ihren Hund mit zu Leuten,

die ein Flohproblem haben. Zahlen Sie ein paar Mark extra für ein Flohbad, ehe der Hund aus einer Hundepension nach Hause kommt. Nutzen Sie Flohbekämpfungsmittel wie Sprays, Pulver und Bäder, um jeden Floh, der aus Versehen Ihren Hund betritt, zu vernichten. (Folgen Sie stets den Gebrauchsanweisungen der Hersteller. Insektenvernichtungsmittel sind potentiell gefährliche Substanzen.) Gerät der Flohbefall außer Kontrolle, muß schlimmstenfalls der professionelle Kammerjäger einschreiten und Ihre Wohnung begasen.

Ich werde immer wieder nach Flohhalsbändern gefragt, die viele Hunde zur Vorbeugung tragen. Ich benutze sie nicht bei meinen Hunden. Tierärzte haben mir gesagt, daß viele Hunde einfach zu groß sind und sich die Wirkung des Halsbandes nicht auf den ganzen Hund erstreckt. Flöhe, die den Hals-Nacken-Bereich meiden, leben fröhlich am hinteren Ende des Hundes. Ja, sie krabbeln sogar in den After, in die Ohren und zwischen die Zehen, um sich notfalls zu verstecken. Deshalb braucht man noch nicht einmal einen Floh zu sehen und hat trotzdem ein Problem!

Flohkämme sind für viele Rassen nützlich. Es sind feinzinkige Kämme, die die Flöhe auffangen. (Allerdings ist das schwierig bei einem besonders langen, dichten oder lockigen Fell.) Nach jedem Kammstrich taucht man ihn in heißes Wasser, das Flöhe rasch tötet. (Das Wasser sollte so heiß sein, daß Sie noch gut hineinfassen können.) Jeder gefangene Floh ist einer weniger, der sich ernährt und vermehrt. Bei der Flohbekämpfung kann auf das Kämmen mit dem Flohkamm nicht verzichtet werden.

Ich habe auch festgestellt, daß gründliches Staubsaugen hilft. Mit gründlich meine ich jeden oder einen über den anderen Tag. Das ist für vielbeschäftigte Menschen viel Arbeit. Glauben Sie mir, Ihr Leben wird sehr viel komplizierter mit starkem Flohbefall in der Wohnung. Nehmen Sie sich die Zeit und saugen Sie das ganze Haus ab. Es lohnt sich. Vergessen Sie das Hundelager nicht. Dort befinden sich die meisten Eier und Larven. Eine heiße Wäsche mit Seifenlauge tötet ebenfalls Flöhe und sollte wenigstens einmal in der Woche vorgenommen werden.

Noch ein Wort zum Staubsauger: Aufgesaugte Flöhe (einschl. Larven) krabbeln unverzüglich aus dem Staubsauger heraus, sobald der Strom abgestellt wird. Werfen Sie deshalb die Staubtüte nach jedem Saugen sofort weg (teures Unterfangen!). Oder schneiden Sie ein Flohhalsband in kleine Stücke und geben Sie es in den Beutel, oder sprühen Sie ein Papiertaschentuch gründlich mit Flohspray ein und legen Sie es in die Tüte. Dann wird alles Aufgesaugte abgetötet, bis die Tüte voll ist und außer Haus entsorgt wird. Wir gehen sogar so weit, die Öffnung mit Tesafilm zu verschließen, ehe wir sie wegwerfen. Bei der Flohbekämpfung kann man nicht gründlich genug sein.

Ein relativ neues Produkt, das den Lebenskreislauf des Flohs durchbricht, ist beim Tierarzt erhältlich. Hat der Floh das Blut aufgesaugt, sind seine Eier nicht mehr in der Lage auszureifen. Das bedeutet, daß der Hund zwar hin und wieder einen Flohbiß abbekommt, aber die Gefahr eines Flohbefalls in der Wohnung nicht mehr besteht. Fragen Sie den Tierarzt danach.

Ich empfehle ohnehin, sich bei der Flohbekämpfung auf den Tierarzt oder Zoofachhändler zu verlassen. Meiner Erfahrung nach sind Billigprodukte nicht vergleichbar mit guten Produkten aus dem Fachhandel. Nehmen Sie Flöhe ernst, wenn Sie das Flohproblem in Grenzen halten oder ganz verhindern wollen!

Zecken

Die meisten Hundebesitzer rasten bei Zecken aus. Es sind kleine Blutsauger, die wie Insekten aussehen, aber tatsächlich mit den Spinnen und Skorpionen verwandt sind. Wie Blutegel beißen sie sich fest und saugen das Blut ihres Opfers. Im Gegensatz zu den Flöhen wickelt sich der Lebenszyklus der Zecken nicht im Haus ab, deshalb braucht man einen Befall der Wohnung nicht zu befürchten.

In acht nehmen muß man sich allerdings vor den Krankheiten, die Zecken während des Beißens übertragen. Babesiose, FSE und Lyme-Borreliose sind Beispiele. Die Lyme-Borreliose scheint sich immer weiter auszubreiten. Sie ist benannt nach der Stadt in den USA, wo sie zuerst festgestellt wurde.

Nicht alle Zeckenarten übertragen die Lyme-Krankheit. Von denen, die es tun, ist nicht jede Zecke infiziert. Mensch und Hund können erkranken. Beim Hund ist Lahmheit ein häufiges Symptom, verursacht durch entzündete Gelenke. Meist tritt die Lahmheit unvermittelt ein. Einer meiner Hunde hatte die Lyme-Krankheit. An einem Tag war er in Ordnung, am nächsten konnte er kaum die Treppe steigen. Eine Antibiotikakur half.

Denken Sie also bei unklaren Beschwerden Ihres Hundes auch an eine mögliche Zeckeninfektion und weisen Sie den Tierarzt darauf hin, wenn Ihr Hund Zecken hatte.

Lyme-Borreliose löst beim Menschen verschiedene Symptome aus. Viele sind einer Grippe ähnlich, wie Kopfschmerzen, steifer Nacken, Fieber, Schüttelfrost oder Erschöpfung. Manchmal erscheint ein rötlicher ringförmiger Ausschlag auf der Haut. Das ärgerliche an der Krankheit ist, daß man nur schwer erkennen kann, ob man sie hat oder nicht. Aber es gibt heute recht zuverlässige Bluttests, und die Lyme-Krankheit läßt sich sehr gut mit Antibiotika behandeln, insbesondere, wenn sie früh erkannt wird.

Es ist also Ihre Aufgabe, den Hund täglich nach Zecken abzusuchen. Diejenigen, die sich am Hund festgesaugt haben, stellen für Sie kein Gesundheitsrisiko dar. Greifen Sie die Zecke dicht an der Haut, drehen und ziehen Sie. Die Drehung lockert die Mundwerkzeuge, so daß man sie herausziehen kann. Damit Sie die Zecke nicht anfassen müssen, schützen Sie die Finger mit einem Stück Küchentuch, wickeln die Zecke darin ein und spülen sie in der Toilette ab, verbrennen oder vernichten sie sonstwie. Werfen Sie sie nicht in den Müll, sie krabbelt heraus!

Zecken saugen sich am Hund voll Blut und sehen dann wie kleine graue Erbsen aus. Entfernen Sie sie sorgfältig, denn der blutgefüllte Körper kann zerreißen. Deshalb sollten Sie dabei ein Kosmetiktuch benutzen. Gut eignen sich die handelsüblichen Zeckenzangen zum Entfernen.

Sehen Sie Zecken durchs Fell krabbeln, sind sie noch auf der Suche nach einem geeigneten Plätzchen, um sich festzubeißen. Knuddeln Sie Ihren Welpen nach einem Spaziergang in freier Natur, wandert vielleicht eine Zecke an Ihrem Arm hoch. Vorsicht! Prüfen Sie sich und den Welpen nach jedem Spaziergang! Wechseln Sie notfalls Schuhe und Kleidung. Fahren Sie mit dem Finger durch die Haare und überprüfen Sie die Kopfhaut. Warme Köpfe und Nacken werden gerne angenommen. Geraten Sie nicht in Panik, wenn Sie auf eine Zecke stoßen. Läuft sie noch herum, vernichten Sie sie wie oben beschrieben. Hat sie sich festgebissen, entfernen Sie sie und heben sie möglichst, zwischen zwei Streifen Tesafilm geklebt, auf. Achten Sie auf Symptome, besonders den charakteristischen roten ringförmigen Ausschlag. Treten Symptome Tage oder Wochen nach dem Biß auf, gehen Sie zum Arzt. Ein Bluttest kann Ihren Verdacht bestätigen, und eine Antibiotika-Kur wird verabreicht. Nehmen Sie Ihre Pillen wie angewiesen, und Sie sind bald wieder gesund.

Ein letztes Wort zu Zecken: Falls Sie Zweifel haben, fragen Sie den Tierarzt. Man hört so alle möglichen unwahren Sprüche und seltsame Empfehlungen. Zum Beispiel bohren sich steckengebliebene Mundwerkzeuge nicht in die Haut des Hundes (sie können sehr wohl eine Schwellung oder Entzündung hervorrufen, werden aber endlich ausgeschieden wie ein Splitter). Die Zecke mit Nagellack zu bestreichen juckt, ist unsauber und unnötig. (Spülen Sie sie einfach in der Toilette ab.) Sie haben vielleicht noch andere Dinge gehört. Vergessen Sie sie und lernen Sie, richtig mit Zecken umzugehen – auch wenn Sie sich davor ekeln!

Badezeit

Jetzt kommen wir zum fröhlichen Teil der Hundepflege – dem Bad. Wie schon erwähnt, hängt es von der Rasse ab, wie oft und ob überhaupt der Hund gebadet werden muß. Auch Ihre körperlichen Fähigkeiten spielen eine Rolle, ob Sie den Hund zu Hause baden wollen. Eine kleine Duschkabine eignet sich nicht für einen Bernhardiner! Ein kranker Rücken macht es sicherlich nicht leicht, den Dackel in der Wanne einzuseifen. In solchen Fällen sollte man sich auf einen professionellen Hundesalon verlassen, damit das Hündchen immer sauber duftet!

Aber, wenn Sie den Hund selbst baden wollen, finden Sie hier einige Tips. Ist Ihr Welpe klein oder Ihre Spüle groß genug, baden Sie ihn dort. In der Spüle haben Sie den Hund in Hüfthöhe, was die Arbeit erleichtert. In der Küche ist es warm, und sie ist dem Welpen vertraut. Ein guter Ort, um etwas Neues einzuführen. Ziehen Sie alte Sachen und eine Plastikschürze an. Sie werden naß!

Benutzen Sie warmes Wasser, ein sanftes Hundeshampoo (niemals Menschenshampoo – es ist zu stark) und viel beruhigendes Lob –, solange der Welpe stillhält. Zappelt er herum, knurren Sie »Nhaa!«. Bitten Sie jemanden, Ihnen zu helfen, den Welpen in der Wanne zu halten, wenn es ein ganz wilder Bursche ist. Nach einigen Badeerlebnissen halten auch die lebhaftesten Welpen relativ still und dulden es, gewaschen zu werden.

Professionelle Hundefriseure erinnern mich immer wieder daran, wie wichtig gründliches Ausspülen ist. Seife im Fell verursacht Juckreiz und trocknet die Haut aus. Trocknen Sie den Welpen mit Handtüchern so gründlich wie möglich ab. Lassen Sie ihn dann in einem warmen Zimmer spielen, bis er trocken ist.

Manche Hunde stören sich nicht am Handfön. Mein Labrador

liebt die warme Luft in seinem Fell (niemals so lange zu dicht an die Haut halten, daß sie heiß wird). Der andere Labrador hat zu viel Angst vor dem Geräusch, allein der Versuch, ihn zu fönen, verursacht Streß. In Hundesalons benutzt man grundsätzlich Föns, deshalb ist es gut, den Welpen frühzeitig daran zu gewöhnen. Wie mit allem, fangen Sie kurz und sanft an. Sie müssen mit Ihrem Welpen keinen Schönheitswettbewerb gewinnen, er soll nur sauber und trocken sein.

Weitere Pflegemaßnahmen

Wahrscheinlich macht es Ihnen viel Spaß, sich mit dem Welpen zu beschäftigen. Das ist in Ordnung, solange Sie Ihren gesunden Menschenverstand bewahren. Ein Bad alle paar Tage ist schrecklich, sofern es nicht vom Tierarzt verschrieben wurde. Ständiges Waschen mit Seife und Spülen entfernt das natürliche Haut- und Haarfett, die das Fell gesund erhalten. Jeden Tag Krallenschneiden ist zuviel und unnötig. Selbst Fingernägel wachsen nicht so schnell. Tägliches Bürsten mit einer Floh- und Zeckeninspektion ist richtig. Die meisten Besitzer bürsten täglich. Tun Sie's, um so besser!

Ohren- und Zähnereinigen wird leider häufig übersehen. Die Zähne werden mit einer um den Finger gewickelten Mullbinde abgerieben (vergessen Sie nicht, »Nhaa!« zu knurren, wenn der Welpe beißen will!). Ich habe es sogar mit einer speziellen Hundezahnbürste und Hundezahnpasta versucht (am Hund, versteht sich). Die neuen bleibenden Zähne beim Junghund sind so blütenweiß, daß man sich nur schwer vorstellen kann, was an ihnen zu putzen wäre. Aber wie bei jeder Erziehungsmaßnahme lohnt sich die Mühe fürs spätere Leben. Ein gesundes Hundegebiß hält ein Leben lang, deshalb gewöhnen Sie den Welpen an gelegentliches Zähneputzen.

Überprüfen Sie die Ohren alle paar Tage. Bildet sich Ohrenschmalz, was bei vielen langhaarigen Rassen der Fall ist, wischen Sie die Bereiche aus, die Sie sehen und leicht erreichen können. Ein gefaltetes Stück Mullbinde, ein Wattebausch oder Kosmetiktuch ist alles, was Sie brauchen. Wischen Sie sanft um die fleischigen Falten im Ohr – sie sind relativ weich. Benutzen Sie keine Wattestäbchen und bohren Sie damit nicht auf der Suche nach Ohrenschmalz im Ohr herum. Mit einem tiefersitzenden Problem muß sich der Tierarzt befassen.

Zoofachhandlungen und Versandkataloge bieten eine unerschöpfliche Vielzahl an Pflegeutensilien an. Man braucht keinen Schrank voll, um einen Hund gut zu pflegen. Was Sie brauchen, sind ein guter Kamm und Bürste, Krallenschere, Hundeshampoo, Flohkamm und Spray oder Pulver, falls es Flöhe gibt, einige Wattebäusche. Das ist die Grundausrüstung eines Hundebesitzers, damit Fido immer gut aussieht und sich wohlfühlt.

Zeit für formelles Training

Hundebesitzer fragen mich immer wieder: »Wann ist der richtige Zeitpunkt für die Erziehung gekommen?« Wenn Sie dieses Buch gelesen haben, sollten Sie wissen, daß die Erziehung an dem Tag beginnt, an dem Sie mit Ihrem Fellbündel das Haus betreten. Stubenreinheit, Leine und Halsband, anfassen lassen, nicht beißen und mit allen möglichen anderen nützlichen Verhaltensweisen wird schon der Welpe im Kindergartenalter bekanntgemacht. Sie legen den Grundstein für einen reibungslosen und erfolgreichen Übergang in die formelle Erziehung.

Wie groß ist der Unterschied? Nicht sehr groß, wenn Sie dem Welpen schon gute Manieren im Kindergarten beigebracht haben. Deshalb sollte man früh anfangen. Lernt der Welpe, wie man lernt und Anweisungen befolgt, dann wird er ein eifriger und williger Schüler bei der Gehorsamsausbildung.

Schultage

Wann sollte man mit dem formellen Training beginnen? Ich habe festgestellt, daß das beste Alter für einen Erziehungslehrgang vier Monate ist. Dies ist einem sechsjährigen Kind vergleichbar. In den ersten sechs Jahren arbeiten die Eltern wie im Welpenkindergarten. Sie bringen ihren Kindern die Grundregeln bei, wie man die Toilette benutzt, ißt oder sich anzieht, vielleicht sogar Zahlen oder das Abc. Dann kommen die Kinder in die Schule. Natürlich sind Kinder, die Lesen, Schreiben, Rechnen lernen, im Alter von sechs Jahren noch nicht so geschickt wie Erwachsene. Aber sie werden mehr als Erwachsene erreichen, wenn früh mit der Erziehung begonnen wurde. Das gilt auch für Hunde. Mit einem vier Monate alten Welpen einen Erziehungskurs zu besuchen, heißt nicht, daß er in wenigen Monaten wie ein erwachsener Hund gehorchen wird. Aber Welpen erreichen bessere Leistungen als erwachsene Hunde, wenn ihre Erziehung früh begann. Wann also ist der ideale Zeitpunkt?

Hundeverhaltensforscher haben festgestellt, daß die Zeit der besten Lernfähigkeit im Alter von sieben bis 20 Wochen liegt. EEGs (Gehirnstrommessungen) sieben Wochen alter Welpen sind identisch mit denen eines zweijährigen Hundes. Im Alter von acht Wochen, wenn der Welpe in sein neues Heim kommt, ist sein Gehirn voll entwickelt, und er hat seine höchste Lernfähigkeit erreicht. Was ihm fehlt, ist Erfahrung, die er Tag für Tag sammelt.

Wäre Ihr Hund ein wildlebendes Tier wie ein Wolf oder Koyote, würde er nun seinen Meutegenossen in den Wald folgen und die Verhaltensweisen zum Überleben lernen. Er würde lernen, Igel und giftige Schlangen zu meiden oder wie man ein Kaninchen aufstöbert. Sein Instinkt gibt ihm vor, diesen Anweisungen des Lebens zu folgen.

Das gilt auch für den Haushundwelpen. Er lernt in dieser Zeit, egal ob Sie ihn dabei führen oder ob er sich selbst überlassen bleibt. Genau deshalb lege ich den Welpenkindergarten in diesen Zeitraum und die letzten Wochen in den Bereich des formellen Trainings. Dann ist der Welpe geistig und gefühlsmäßig reif zum Lernen!

Leider empfehlen viele Ausbilder, Züchter und Tierärzte, mit der Gehorsamserziehung zu warten, bis der Hund sechs Monate alt ist. Bis dahin ist die instinktive optimale Lernphase vorbei. Die Hunde erreichen eine Phase der Unabhängigkeit. In der Wildnis würden sie nun mit den Wurfgeschwistern ausziehen, um die Umgebung ohne Aufsicht der Erwachsenen zu erkunden.

Hundebesitzer stellen oft fest, daß ihr sechs Monate alter Junghund, der »nie den Hof verlassen hat«, sich plötzlich auf dem Nachbargrundstück wiederfindet. Die Junghunde werden immer unabhängiger von der Sicherheit des Lagers (Ihrer Wohnung) und der Führung der Rudelmitglieder (Sie und Ihre Familie).

Erlaubt man dem Welpen, sechs oder mehr Monate verstreichen zu lassen, ehe eine Gehorsamsausbildung erfolgt, läuft man Gefahr, daß sich unerwünschte Verhaltensweisen einschleichen, wie z.B. Möbelkauen, Leute-Anspringen, und zur schlechten Angewohnheit werden.

Im Alter von 18 Monaten bis zu zwei Jahren hat er seine volle Persönlichkeit entwickelt. Bis dahin hat der Hund in seinem Leben gemacht, was er wollte, wann er wollte, und möglicherweise die Rolle des Rudelführers übernommen. Ist es so weit gekommen, dann deutet er Ihre Erziehungsmaßnahmen als Versuche, ihm die Rudelführung streitig zu machen. Vielleicht verhält er sich genau so, wie es der Wolf täte, wenn ein untergeordnetes Tier seinen Rang streitig machte – er würde knurren, schnappen, beißen usw.

Das kann die Erziehung eines Hundes sehr erschweren, wenn nicht gar unmöglich machen. Aber die Redensart, man könne einem alten Hund keine neuen Tricks beibringen, ist falsch – sofern Ihr Hund nicht ein Stadium erreicht hat, in dem er jedem Lernen gegenüber stur bleibt. Deshalb ist es ein großer Vorteil, früh mit der Welpenerziehung zu beginnen.

Die Lektionen

In der formellen Gehorsamsausbildung lernt der Welpe einige Verhaltensweisen, die Sie ihm schon im Welpenkindergarten gezeigt haben. Er lernt sich auf Kommando zu setzen, zu legen, zu bleiben, wo er ist (sitzend, liegend, stehend) und zuverlässig auf Ruf heranzukommen. Je nach den Fähigkeiten und dem Programm des Ausbilders lernt der Welpe, wie man Leute begrüßt, ohne sie anzu-

Ein ausführliches Schritt-für-Schritt-Ausbildungsprogramm finden Sie in meinem Buch »Hunde verstehen und richtig erziehen«. Es enthält eine Fülle an praktischen Hinweisen für den Umgang mit älteren Welpen und erwachsenen Hunden.

springen, wie man an lockerer Leine geht, wie man dicht an der linken Seite bei Fuß geht.

Schritt-für-Schritt-Techniken der Erziehung finden Sie in meinem Buch »Hunde verstehen und richtig erziehen«. Selbst wenn Sie einen guten Ausbilder finden und die Erziehung Spaß macht, gibt Ihnen dieses Buch zahlreiche Hinweise zur Erziehung.

Wie man einen guten Ausbilder findet

Nun sind Sie und Ihr Welpe soweit. Wo fängt man an? Ein wichtiger Schritt ist zunächst, einen guten Ausbilder zu finden. Lassen Sie sich nicht aus Bequemlichkeit auf den nächstbesten in der Umgebung ein, dessen Programm unnütz oder der selbst ungeeignet ist. Hundeausbilder ist kein geschützter Beruf. Alle Bemühungen des Welpenkindergartens waren vergebens, wenn Sie dann mit einem inkompetenten Ausbilder arbeiten. Es ist traurig, aber eine Tatsache, daß es davon sehr viele gibt!

Hier einige Tips, wie man einen guten Ausbilder mit einem sinnvollen Ausbildungsprogramm findet:

- Überprüfen Sie seine Karriere als Hundeausbilder, ehe Sie sich einschreiben. Wie hat er Hundeerziehung gelernt? Hat er oder sie vielleicht für eine Führhundschule gearbeitet, die Blindenhunde ausbildet und dann den neuen Besitzern beibringt, mit dem Hund umzugehen. Oder haben sie bei einer Militär- oder Diensthundeschule gearbeitet? Hat der Betreffende seine Erfahrungen in der sportlichen Hundeausbildung gesammelt?

- Wertvolle Erkenntnisse und Erfahrungen kann man durch die Arbeit bei einem Tierarzt erlangen oder als Hundepfleger in einem Hundesalon oder in einer Hundepension. Nur durch den Umgang mit Hunderten und Tausenden von Hunden kann der Ausbilder Hundeverhalten und Wesen wirklich verstehen.

Hundeausbilder mit Erfahrung auf einem oder mehreren dieser Gebiete, wenn sie erfolgreich und ehrgeizig waren, haben einen erstklassigen Grundstock für die Gehorsamsausbildung. Aber ein hervorragender Ausbilder ist nicht unbedingt auch ein erstklassiger Lehrer für Menschen. Welchen Lehrhintergrund hat er? Geschick im Unterricht kann man auch in Berufen erlernen, die mit Menschen und Kommunikation arbeiten. Wägen Sie den Umgang des Trainers mit Ihnen ab. Kann er seine Vorstellungen klar zum Ausdruck bringen? Das ist für einen guten Lehrer absolut notwendig. Besorgen Sie sich zusätzlich Bücher über Hundeerziehung. Ein qualifizierter Hundeausbilder sollte sie kennen und empfehlen können.

- Erfahrung hilft. Wie lange arbeitet er als Hundeausbilder? Wie lange hat er Menschen Hundeerziehung unterrichtet? Keine dieser Fähigkeiten entwickelt sich über Nacht. Achten Sie darauf, daß Ihr Ausbilder über Erfahrung verfügt.

- Fragen Sie ihn, ob er einen Hund besitzt (nicht alle haben einen!). Wenn ja, achten Sie darauf, wie gut der Hund gehorcht. Tut es der eigene Hund nicht, dann stehen die Chancen schlecht, daß er Ihnen gute Hundeerziehung beibringen kann.
  Fragen Sie auch, mit wie vielen verschiedenen Rassen er gearbeitet hat. Waren es nur ein oder zwei, hat er vielleicht Schwierigkeiten mit Ihrem Hund und der Herangehensweise an Ihren Hund.

- Fragen Sie, ob Sie zunächst bei der Ausbildung zusehen dürfen. Welche Ausbildungsmethoden sehen Sie? Scheinen manche unangebracht streng? Wie z.B. Hunde am Halsband aufhängen, sie mit dem Leinenende schlagen oder unnötig grob an der Leine rucken, bis der Hund schreit. Man muß kein Fachmann in Hundeerziehung sein, um zu wissen, daß solche Vorgehensweisen tierquälerisch sind. Es gibt keinen Grund, einen Hund bei der Erziehung grob anzufassen.
  Andererseits, wie kreativ ist man in der Gruppe? Laufen die Hundebesitzer endlos im Kreis und tun nichts, als bei Fuß zu üben? Gibt es verschiedene Übungen im Programm? Nutzen Sie Ihr Urteilsvermögen bei dem, was Sie sehen.

- Wie ist der Unterricht ausgerichtet: Sie oder den Hund zu erziehen? Eine große Gruppe ist nicht dafür geeignet, einen unerzogenen Hund auszubilden. Neue Gerüche, Gesichter, Umgebung lenken den Hund ab, besonders junge, lebhafte Hunde.
  Stellen Sie sich vor, Sie lernen eine Fremdsprache bei lauter Rockmusik – und dauernd würde Sie jemand ermahnen, wenn Sie Fehler machen. So geht es in manchen Anfängerklassen zu. Tatsächlich wird der Hund am besten in ruhiger, vertrauter Umgebung erzogen, wo er sich konzentrieren und lernen kann. In einem guten Ausbildungskurs liegt der Schwerpunkt auf der Ausbildung des Hundehalters, nicht wie der Hund sich in der Klasse benimmt.

Wenn der Hundebesitzer
- versteht, wie er eine Technik auszuführen hat,
- den Sinn der Übung versteht,
- eine schriftliche Unterlage erhält, um nachzulesen, was er in der Klasse gelernt hat, und
- motiviert nach Hause geht, um mit seinem Hund zu arbeiten, dann wird man Erfolg haben.

Schließlich fragen Sie den Ausbilder, ob Hundeerziehung sein Beruf ist. Wie in anderen Bereichen auch, kann nur ein Profi professionelle Ergebnisse garantieren. Der Hobby-Hundeausbilder, der sich ein wenig nebenbei verdienen will, weil er Hunde liebt, ist möglicherweise nicht qualifiziert, um Ihnen den Expertenrat zu vermitteln, den Sie brauchen, um Ihr Ziel zu erreichen.

Haben Sie auch keine Angst, nach Referenzen zu fragen. Ein qualifizierter Profi wird Ihnen gerne Leute nennen, die bei ihm unterrichtet wurden, denn die Liste der zufriedenen Hundebesitzer mit wohlerzogenen Hunden sollte lang sein.

Der qualifizierte Ausbilder wird Sie in Ihren Bemühungen im Welpenkindergarten unterstützen. Ob Sie nun einen Kursus belegen oder private Stunden nehmen, Sie werden große Fortschritte machen.

Ein letzter Gedanke: Einige Hundebesitzer lassen sich weismachen, den Hund zur Ausbildung wegzugeben sei der richtige Weg. Glauben Sie das nicht! Gute Erziehung beruht auf der Verständigung zwischen Ihnen und Ihrem Hund. Niemand kann das für Sie erledigen! Hunde sind keine Computer, die man nur zu programmieren braucht. Es sind lebende Wesen mit einem Gehirn und einer Persönlichkeit, und sie binden sich an die Menschen in ihrer Umgebung. Hunde gehorchen zuverlässig nur dem, der sie ausbildet. Wenn Ihr Hund Ihnen gehorchen soll, dann müssen Sie ihn auch ausbilden!

Des weiteren lehrt Ihre Erziehung den Hund, sich in Ihr Leben einzufügen – das haben Sie während der Welpenzeit im Kindergartenalter begonnen. Bei einem Ausbilder sitzt der Hund viele Stunden am Tag im Zwinger mit eingezäuntem Auslauf. Das hilft ihm nicht zu lernen, mit Ihnen zusammenzuleben.

Bleiben Sie bei der guten Arbeit, die Sie bisher geleistet haben. Sorgen Sie für ein sinnvolles Ausbildungsprogramm (wie meines in »Hunde verstehen und richtig erziehen«), suchen Sie einen qualifizierten Ausbilder und stürzen Sie sich in die formelle Gehorsamserziehung. Die relativ kurze Zeitinvestition zahlt sich vielfach aus in lebenslanger Liebe, Kameradschaft und gutem Verhalten Ihres besten Freundes.

Verzogener Köter oder verwöhnt mit Liebe?

Könnten wir nur einen einzigen Rat zur Welpenerziehung geben, wäre es dieser: Veranlassen Sie einen Welpen, all das zu tun, das er eigentlich nicht tun möchte. Das setzt natürlich voraus, daß Ihr Welpe nur Dinge tun soll, die gut für ihn und die Familie sind. Streichen Sie den Satz »Er mag das nicht!« aus Ihrem Vokabular, wenn es um den Welpen und später den erwachsenen Hund geht. Nur Sie und die anderen erwachsenen Familienmitglieder wissen, was für den Welpen, seine Sicherheit und seine Gesundheit gut ist. Das weiß ein Welpe in diesem Alter ganz bestimmt nicht.

Hier einige Beispiele aus meinem eigenen Haushalt: Mein schwarzer Labrador Byron haßt es, wenn ich seine Krallen schneide. Ließe ich ihm seinen Willen, würden die Krallen wachsen und ihm wehtun. Mein Springer-Spaniel-Welpe Crea haßt es, wenn ich ihre Schlappohren saubermache. Ganz schlimm! Würde ich mich nicht durchsetzen, könnten sich die Ohren entzünden – eine schmerzhafte Angelegenheit. Drifter, mein Australian Shepherd, haßt das Baden. Aber er rollt sich liebend gern im Gänsemist am Teich. Jedesmal, wenn er nicht widerstehen konnte, wandert er in die Badewanne. Sagt mir mein Kind »Vati, ich hasse Zähneputzen!«, lautet meine Antwort stets: »Pech! Du brauchst gesunde Zähne, also müssen sie geputzt werden!«

Denken Sie über folgendes Beispiel nach: Der Welpe bellt und wimmert jedes Mal, wenn Sie ihn in den Laufstall setzen. So gehorsam Ihr Hund auch je sein wird, als Welpe sagt er Ihnen: »Ich kriege einen Anfall, wenn ich in den Laufstall muß!« – und Sie lassen ihn raus! Das beweist ihm nicht gerade, daß Sie das Sagen haben!

Angenommen, Ihr Welpe knurrt und schnappt nach Ihnen bei dem Versuch, ihm einen Socken oder Handschuh wegzunehmen – und Sie überlassen ihm den Schatz? Ihr Verhalten sagt dem Welpen

Welpen sind süß und machen viel Spaß, wenn sie richtig aufgezogen werden. Sie wachsen so schnell – genießen Sie die schöne Zeit!

deutlich, daß er bestimmt. Schlimmer noch, Sie vermitteln Ihrem Welpen, daß Knurren und Schnappen seine Position stärken. Das wollen Sie einem Hund niemals beibringen!

Wenn Sie glauben, ich sei stur und dickköpfig, haben Sie nur in etwa recht. Regeln sind Regeln, und ich bestehe darauf – zum Wohle und der Sicherheit meines Hundes und des Haushalts. Aber ich bin kein Ausbilder beim Militär. Rudelführer sind liebevoll und sorgen für ihre Meute, so lange sie die Verantwortung dafür tragen.

Ich gebe sogar zu, daß meine vier Hunde zu den verwöhntesten Hunden Amerikas gehören. Sie bekommen hochwertiges Futter, ihr Auslauf hat Vorrang im Tagesablauf, sie werden regelmäßig gepflegt und dem Tierarzt vorgestellt, sie haben einen großen Korb voller Spielsachen und Kauknochen, sie werden oft noch extra ausgeführt und erhalten Leckerbissen. Meine Hunde mögen verwöhnt sein, aber sie sind verwöhnt mit Liebe – keine verwöhnten Köter. Der Unterschied liegt in guter Erziehung und guter Rudelführung.

Danksagung

Besonderer Dank gebührt Jamie Keever für ihre harte Arbeit mit den Fotos für dieses Buch; Chuck Noonan, Tierarzt in Weston, Connecticut, für seine Hilfe bei unserem Kapitel über die Gesundheit; Chris Benyei, Tierarzt, für seine unermüdliche Unterstützung und Freundschaft und unserem großartigen Herausgeber, Bob Weil, der an unsere Bemühungen glaubt, verantwortungsvolle Hundebesitzer heranzuziehen.

Wir danken ebenfalls denjenigen, die zu unserem leiblichen Wohl beitrugen: dem Ropewalk für Shrimps und Bier; der Juice Bar für Wassermelonencremes; Steve McCluskey für das wunderbare Essen und Ambiente im Company of the Cauldon; und der Melrose-Gang – Joyce & Ted, Dennis & Wendy, Ecliff & Diana sowie Bob & Diane für die herrlichen Abendessen und den Spaß an den Melrose Montagen.

Von John: Ganz besonders danken möchte ich Jimmy Buffett für seinen Händedruck und die Gratulation, als ich ihn an meinem Hochzeitstag in Barry Thurstons Angelzubehörladen traf.

Register